- 国家民委后期资助项目“民族地区共生发展的理论与实证研究”(2015-GM-245)
- 国家社科基金一般项目“泛县域视角下产城融合共生路径研究”(16BGL212)
- 国家自然科学基金面上项目“绿色发展理念指导下区域绿色竞争力的动态监测与政策仿真研究”(71774074)
- 江西省社科规划重点项目“同城化视角下区域产业共生发展研究：以赣江新区为例”(16YJ03)
- 江西社科规划重大委托项目“赣江新区产城融合发展评价与风险治理研究”(16WTZD11)

民族地区共生发展的理论与实证研究

THEORETICAL AND EMPIRICAL RESEARCH ON THE SYMBIOTIC DEVELOPMENT OF ETHNIC MINORITY REGIONS

黄小勇 ◎ 著

经济管理出版社
ECONOMY & MANAGEMENT PUBLISHING HOUSE

图书在版编目（CIP）数据

民族地区共生发展的理论与实证研究/黄小勇著.—北京：经济管理出版社，2018.8

ISBN 978-7-5096-5810-9

Ⅰ.①民…　Ⅱ.①黄…　Ⅲ.①民族地区经济—区域经济发展—研究—中国
Ⅳ.①F127.8

中国版本图书馆CIP数据核字(2018)第100791号

组稿编辑：杜　菲
责任编辑：杜　菲　顾　新
责任印制：司东翔
责任校对：张晓燕

出版发行：经济管理出版社
（北京市海淀区北蜂窝8号中雅大厦A座11层　100038）
网　　址：www.E-mp.com.cn
电　　话：(010) 51915602
印　　刷：北京玺诚印务有限公司
经　　销：新华书店
开　　本：720mm×1000mm/16
印　　张：15.25
字　　数：219千字
版　　次：2018年8月第1版　　2018年8月第1次印刷
书　　号：ISBN 978-7-5096-5810-9
定　　价：68.00元

前言

共生发展是区域发展由单一追求数量，逐渐向追求绿色、生态、协调的共生发展目标转变。共生发展是科学发展、持续发展、包容增长理论的拓展和延伸，也是区域发展向追求高质量发展的智慧路径。民族地区大部分地处西部大开发区域，在推进区域发展过程中更需要这种智慧。当然，西部民族地区从提出西部大开发的那一刻起，就在积极地推进经济振兴，促进区域经济协调发展。然而，区域协调发展的效果毕竟是有限的，西部民族地区与中东部区域仍然存在较大差距。这种差距的产生与西部民族地区没能发挥好优势资源整体功能有极大的关系。本报告主要基于西部民族省份，对西部民族地区共生发展问题进行了研究，主要解决以下三大问题：一是民族地区为什么要推进共生发展？二是民族地区共生发展的水平怎样？三是如何推进民族地区共生发展？

一、提出问题——民族地区需要大力推进共生发展

工商文明虽然造就了高度发达的工业社会，但是生态环境也遭受到了非常大的牺牲，这一发展模式亟须转变，其转变的思路和方向应该是基于生态文明框架下的共生发展模式。区域经济增长过程中那种以邻为壑、恶性竞争、重复建设、固步自封的方式显然不利于区域经济的持续健康发展，区域经济发展需要在共生基础上实现资源共享、成果共享、信息共享、人才共享、技术共享和市场共享等。

因此，民族地区从提出经济发展那一刻开始，就在为加强区域经济协作不断努力。然而，这种协作毕竟有限，虽然西部大开发已经提出很多年了，但是民族地区经济发展水平还是滞后于全国平均水平，与发达地区差距并没有缩小，与中部地区还是有较大差距。这种差距的产生与民族地区共生发展水平较低有很大关系。因此，研究民族地区共生发展问题，可以为民族地区共生发展提供思路和方向，提升民族地区共生效应，使民族地区真正成为一个具有协作功能的整体和系统，推动整个民族地区共生发展。

二、分析问题——区域经济共生发展理论与民族地区实证分析

1. 通过把共生发展嵌入区域经济发展领域，构建“区域经济共生发展”理论体系

本书第二章至第三章分别介绍了区域共生发展的研究动态、理论基础与逻辑概念、理论本质。其中，第二章区域经济共生发展的研究动态与理论基础，主要是从理论角度推导出“区域经济共生发展”理念，具备理论上的研究空间，包括三大部分：

（1）研究动态。具体包括：①共生嵌入工业领域形成工业共生系统；②共生嵌入产业领域形成产业共生系统；③共生嵌入区域经济领域形成区域经济共生系统。

（2）相关理论基础。具体包括：①区域经济一体化理论；②区域经济协调发展理论；③区域经济可持续发展理论；④区域经济包容性增长理论。

（3）实践模式。具体包括：①产城融合共生模式；②科技入园共生模式。

第三章区域经济共生发展的概念逻辑与理论本质研究则集中解决了什么是区域经济共生发展的问题。主要包括三大部分：

（1）区域经济共生发展的逻辑起源。具体包括：①逻辑起源。从发展模式、理论基础和核心理论三方面论证了区域经济共生发展的逻辑起源。②发展趋势。从区域经济发展模式、区域经济发展路径、区域经济发展方式上论证了区域经济共生发展趋势。③共同知识。从信息化角度论证人们对绿色生

态认知度和参与度的提升，从而在增加共同知识的基础上积极推动共生发展。

（2）区域经济共生发展的本质属性。具体包括：①两个基本概念。通过对区域经济和共生发展两个概念进行拓展和延伸，找到两者的逻辑共同点。②区域经济共生发展的基本内涵。从概念逻辑、本质属性、概念界定和实现标志四个方面对区域经济共生发展的核心理论体系进行了分析。

（3）区域经济共生发展的分析范式。具体包括：①区域经济共生发展的范式内容；②区域经济共生发展的范式逻辑。

2. 研究影响民族经济共生发展的因子，并进行探索性分析，从而找出核心影响因子，并利用系统动力学研究这些因子对民族地区共生发展的影响机理

本书从第四章开始，通过文献判断、实证调查和因子探索等分析方法对民族地区共生发展的影响因子进行了分析，并分析了公共因子对民族地区共生发展的影响机理。主要包括两大部分：

（1）民族地区共生发展影响因子的探索性分析。①信度和效度检验。以确定问卷的可靠性和数据来源的可适性。②因子分析。利用探索性因子分析法对影响民族地区共生发展的公共因子进行提取。③分析结论。对提取的公共因子与初始分析的结果进行比较，分析了其一致性情况，从而最终确定影响民族地区共生发展核心影响因子。

（2）公共因子对民族地区共生发展的影响机理分析。①单因子对民族地区共生发展的影响机理分析。利用系统动力学模型分别分析了区际共生、代际共生、制度共生、生态共生、发展共生和低碳共生对民族地区共生发展的影响机理。②综合因子对民族地区共生发展的影响机理分析。把六大核心因子组合起来分析其对民族地区共生发展的综合影响。

3. 分析新常态下民族地区共生发展的战略意义及其面临的问题

民族共生发展是指各民族共生主体在对共生资源进行资源配置过程中以共生为核心，以代表政治、经济、社会和文化的族际、代际、生态、产业和政策等要素为主线，以人与人、人与自然、自然与自然的包容发展为民族地

区同步小康模式，以实现民族地区经济与自然和谐共生效应为目标，促进民族地区不仅形成经济共生体，更是生态共生体。本报告在第五章将生态学中的共生概念引入处理民族关系中，新常态下民族地区共生发展的战略意义在于：一方面，有利于实现民族地区同步小康的生态目标；另一方面，有利于提升民族地区同步小康的共生价值。与此同时，民族地区共生发展仍面临着众多难题，如减贫任务艰巨、绿色竞争力弱、族际和谐度低、经济质量不高等。

4. 根据民族经济共生发展的核心影响因子，对其进行合乎逻辑的延伸和拓展，从而构建了民族地区共生发展水平的测度体系，并对测度体系进行了多元化检验，从而进一步论证和检验区域经济共生发展水平测度体系的有效性、可适性和可靠性

同时，为民族地区共生发展提供实证依据。本书第六章通过把核心影响因子演化为民族地区共生发展水平测度体系的核心指标，并对这些核心指标进行拓展和延伸，构建民族地区共生发展水平测度体系。主要包括两大部分：

（1）民族地区共生发展水平测度体系的构建。①指标体系的构建。通过文献调研，参考和借鉴区域一体化和协调发展的部分指标，进行优选，并根据区域经济共生发展拓展和延伸的思路，初步构建民族地区共生发展水平测度体系。②权重与测算方法确定。对民族地区共生发展水平测度体系各指标的权重进行确定，并解释了每一指标的基本内涵，且选取和构建民族地区共生发展水平的测度方法。

（2）民族地区共生发展水平测度体系的实证分析。即利用此指标体系对民族地区共生发展水平进行综合评价，测算民族地区各区域单元共生发展水平的综合指数及其排名，并进行特征分析。

三、解决问题——促进民族地区共生发展对策

1. 基本思路

首先，拓展共生发展的深度。民族地区经济共生发展需要民族地区省域

间、省域内部各单元间不断增强共生发展的理念，逐渐形成共生发展的共同认识，从而实现共生发展过程由小到大、由浅入深、由简单到复杂的转变。共生发展领域选择方面，也要先从基础领域开始，优先选择旅游资源方面入手，从而逐步拓展共生发展范围和深度，最终实现全方位、立体化、多层次、宽领域的共生发展。

其次，扩大共生发展领域。可以根据资源优劣情况，在资源互补性区域边缘地进行投资建厂，通过生产合作，进而将共生发展的领域扩展至技术创新、市场开发、管理组织、员工培训、人才引进等方面，从而实现生产领域的共生发展至生产性服务领域的共生发展，实现资金、技术、人才、知识和信息等多元化流动、互补和共生发展。

再次，构筑共生发展纽带。通过兼并、收购、参股、控股、合资合作等方式，构筑共生发展纽带——跨区域集团企业，这些集团企业能够促进资源跨地区流动和优化组合，拓展资源优化配置空间。同时，基于这些资源的企业集团又可以形成跨区域产业园区和产业共生基地，从而促进区域经济共生发展。

最后，制定共生发展规则。共生发展是一种新的发展模式，在此过程中会不断出现各种不同形式的矛盾和问题，这些矛盾和问题需要有统一的规划和规制来加以制衡和约束，使共生主体能够符合共生发展要求，从而形成紧密有序的区域共生发展模式。并且这种规划和共生管理规制不是从一开始就能形成，而必须在共生发展过程中逐步探索，并在未来区域经济发展实践中不断得到改进。

2. 策略与路径

对民族地区共生发展提出相应的优化策略和动力机制，为民族地区共生发展实践提供了政策思路和方向。本文第七章主要是利用实证分析后民族地区共生发展方面存在的问题，结合民族地区共生发展研究动态，有针对性地提出优化策略和突破路径。包括四大部分：①发达国家民族地区共生发展经验及启示。从文献角度阐述发达国家民族地区共生发展实践，为我国民族地区的共生发展提供经验借鉴。②民族地区共生发展思路与策略。根据实证分析结果，主要从区际共生、代际共生、制度共生、生态共生、低碳共生和发展共生六大维度提出相应的思路与策略。③民族地区共生发展的突破路径。从共生扶贫、产业共生、金融共生、保障共生、政策共生等方面分析突破路径。

3. 动力机制

当然，促进民族地区共生发展，还需要找到相应的动力源，并对动力源进行合理转化。民族地区共生发展要充分保证中央政府、民族地区地方政府、产业、企业等主体之间的关系，在利益一致性基础上保证民族地区内部各区域间的共生发展，同时也要缩小民族地区与其他区域的差距，促进民族地区融入国家整体发展体系，实现共生发展。构建在内源动力和外源动力基础上的耦合机制主要有：一是注重顶层设计耦合机制。中央政府要充分调研和掌握民族地区实际情况，制定各项政策规划，并通过自上而下的直管方式传递到民族地区各地方政府，落实到产业和企业领域，做到政策有效落实。二是注重中层设计耦合机制。通过民族地区地方政府对民族地区情况的了解，实时地把民族地区共生发展的动态往上传递给中央政府，把国家的政策及地方实施意见往下传递给辖区内的产业和企业，促进地方政府向服务型政府转变。三是注重基层设计耦合机制。产业和企业是民族地区共生发展的中观和微观主体，是直接推动经济持续发展的重要利益主体，对经济发展过程中存在的问题非常清楚，可以由下往上把涉及共生发展的诉求传递给各级地方政府和中央政府，使政府各项政策更具针对性。

民族地区共生发展，必须在包容性理念指导下走共生发展之路。并在此路径目标下选择好内源动力和外源动力，理清各自运作机理，构建合理的耦合动力机制，把内外部资源优势发挥到极致，最大限度地产生综合动力效应和共生效应。

四、延伸拓展——共生发展的实践探索

1. 共生发展与产城融合

产城融合是在城市化进程持续推进过程中提出来的一个极具现实意义的

概念，目的是解决有产无城、有城无产、强城弱产、弱城强产等产城脱离的现实问题。为了更好地指导全国各地产城融合实践，国家发改委还专门印发了《关于支持各地开展产城融合示范区建设的通知》，在全国遴选了首批58家国家级产城融合示范区，重点予以建设支持。在此背景下，全国各省份也陆续开展省级产城融合示范区的遴选工作，确定重点支持区域。当然，各地积极推进这一工作是好事，但是不能以打造产城融合示范区为借口，形成新一轮的基础设施重复建设，制造新的空城、鬼城和烂尾工程，避免“别墅养猪和乱占山头”的行为，更不能以此为借口套取政府资金。为了避免以上问题，需要进一步明确：什么是泛县域产城融合？泛县域产城融合共生路径是什么？如何推进泛县域产城融合共生？

2. 共生发展与对口支援

自2013年《国家民委对口支援江西乐安县工作方案》明确国家民委对口支援江西省乐安县以来，国家民委高度重视，第一时间派出工作组深入乐安调研和帮扶。近四年来，在国家民委和乐安县委县政府共同努力下，乐安县在新农村建设、现代农业产业、绿色生态旅游、教育医疗等领域获得快速发展。国家民委在帮扶过程中逐渐形成了一系列经验：一是坚持高位推动，政策全力保障是前提；二是构建帮扶机制，高度的责任感是关键；三是坚持援县促市带省，多条道路并行是手段；四是突出援助重点地区，团结各民族齐心是核心。这些经验为国家民委对口支援工作创新提供了重要的支撑，而且可以为其他对口支援实践提供相应启示。主要体现在：一是紧跟新时代步伐，创新顶层设计是对口支援的重要保障；二是挖掘新理念精髓，形成善治机制是对口支援的必由之路；三是贯彻新实践要求，发挥产业优势是对口支援的有效举措；四是瞄准新目标导向，引领全面发展是对口支援的制胜法宝。

3. 共生发展与产村融合

当前，随着经济改革的深入发展，改革的前沿逐渐进入基层，中央最近也时有报道，县域经济发展的基础细胞在乡镇，乡镇的核心组成是农村，因此县域经济发展的核心细胞是农村。同时，当前村民通过打工和互联网技术接触了解了更多城市化的知识，能够体会和主动规划乡村未来发展的一些蓝图，特别是乡村产业如何发展？村庄如何建设？不难看出村民对美丽乡村建设有着强烈的期待。根据调研，江西省的美丽乡村建设尚处于起步阶段，主要存在以下问题：一是乡村房屋建设随意性较大，缺乏统一规划；二是配套措施不到位，“产村脱离”严重；三是环保意识较差，村庄绿色治理缺乏；四是特色产业优势不明显，生态产业发展滞后。省外产村融合引领美丽乡村建设的成功经验表明，做好“产村融合”，实现“产村融合共生”是美丽乡村建设的一个不错选择。为此，江西省美丽乡村建设需要做好以下工作：一是尽快制定《促进“产村融合”的指导意见》，引导美丽乡村建设；二是配合宜居政策制定《生态家园评级授牌制度》，打造美丽乡村品牌；三是树立“产村融合共生”典型，宣传美丽乡村建设经验；四是构建“产村融合共生”指标体系，动态监测美丽乡村建设。

4. 共生发展与产业转型

转型升级是经济发展新常态下区域经济发展的必然要求，也是产业可持续发展的关键。赣南原中央苏区振兴规划实施三年来，经济增长速度非常快，但是产业转型升级水平较低。赣南原中央苏区的经济增长速度在江西省处于第一方阵的领先位置，而产业转型升级水平却处于第三方阵的落后局面。其存在的问题主要有：一是产业集中度不高，集群水平低；二是产业发展的资源承载能力有限，持续性不足；三是产业链不长，深加工技术缺乏；四是产业联动滞后，开放型经济水平低；五是产业生态化落后，环境问题堪忧；六是产业结构单一，同质化竞争激烈。针对这些问题，提出了相应对策：一是构建共生产业园区，实现产业集聚；二是构筑循环共生模式，实现产业持续；三是搭建共生创新平台，实现产业整合；四是深化区际共生融合，实现产业联动；五是坚持生态共生包容，实现产业融合；六是合理布局共生产业，实现产业互补。

本书是在国家民委后期资助项目“民族地区共生发展的理论与实证研究”（2015 - GM - 245）、国家社科基金一般项目“泛县域视角下产城融合共生路径研究”（16BGL212）、国家自然科学基金面上项目“绿色发展理念指导下区域绿色竞争力的动态监测与政策仿真研究”（71774074）、江西省社科规划项目重点项目“同城化视角下区域产业共生发展研究：以赣江新区为例”（16YJ03）和江西社科重大委托项目赣江新区产城融合发展评价与风险治理研究（16WTZD11）的阶段性成果研究基础上完成的，凝聚了相关课题组成员的巨大心血，本书由江西师范大学财政金融学院黄小勇教授负责，硕士研究生成忠厚、李怡、熊洁协助完成。本书的出版得到江西师范大学财政金融学院的出版资助，在此一并表示衷心的感谢。在课题研究和写作过程中参阅了大量区域经济发展方面的文献，并得到相关课题项目的支持，在此对文献作者和相关课题组表示深深的谢意。由于水平有限，书中不妥之处，敬请读者批评指正。

黄小勇

2018 年 3 月 10 日于洪城

目录

第一章 导论

一、研究背景及价值

（一）研究背景

工商文明虽然造就了高度发达的工业社会，但是生态环境也遭受到了非常大的牺牲，这一发展模式亟须转变，其转变思路和方向应该是基于生态文明框架下的共生发展模式。区域经济增长过程中那种以邻为壑、恶性竞争、重复建设、故步自封的方式显然不利于区域经济持续健康发展，区域经济发展需要在共生基础上实现资源共享、成果共享、信息共享、人才共享、技术共享和市场共享等。共生发展是区域经济由纯粹、单一的数量竞争走向人性、协调的和谐共生，它是科学发展、持续发展、包容增长的延伸，是区域经济发展由数量向质量的回归。

民族地区从提出民族地区发展那一刻开始，就在为加强区域经济协作不断努力。然而，这种协作毕竟有限，西部大开发虽然已经提出很多年了，但是民族地区经济发展水平还是滞后于全国平均水平，与发达地区差距并没有显著缩小，与中部地区也有较大差距。这种差距的产生与民族地区没能发挥好整体功能有很大的关系。因此，探索区域经济共生发展耦合动力机制，可以为民族地区共生发展提供思路和方向，提升民族地区共生效应，使民族地区真正成为一个具有协作功能的整体和系统，推动整个民族地区共生发展。

（二）研究价值

（1）现有研究主要集中在工业共生和产业共生领域，这为区域经济共生发展提供了研究空间，而且要集中解决什么是区域经济共生发展、怎样测量区域经济共生发展水平和如何实现区域经济共生发展的问题。解决这三个问题其实就是在对区域经济共生发展的理论解构、测度研究、优化策略与动力机制进行系统审视，对该主题展开系统研究，有助于构建区域经济共生发展理论体系，可以更好地丰富和完善区域经济发展理论。

（2）通过对区域经济共生发展的理论解构与测度研究，可以架构区际联系与区际发展的桥梁，动态调整区际联系，实现区际发展正效应，推动区域经济协调发展向更高层次区域经济共生发展演进，实现区域间共生发展。有助于本课题研究揭示区域之间相互联系和相互影响的机理，不仅为不同区域处理区际关系、促进经济发展提供理论参考，也为实践领域制定区域经济共生发展战略提供理论支持。

（3）区域经济发展往往面临着经济增长与生态环境破坏的矛盾、区域经济一体化进程与行政区划分割的矛盾、区域均衡发展与非均衡发展的矛盾等尴尬境地，而解决这些矛盾的重要途径就是共生发展，即通过协调中央政府、区域组织、地方政府和企业等动力源的关系，构筑区域经济共生发展动力机制，使区域单元间能够在共生利益基础上合理地配置和利用共生资源，实现共生价值增值的目标。

二、研究的主要内容

1. 区域经济共生发展的研究动态与理论基础

从理论角度推导出“区域经济共生发展”理念，具备理论上的研究空间。主要包括两大部分：

（1）研究动态。具体包括：①共生嵌入工业领域形成工业共生系统；②共生嵌入产业领域形成产业共生系统；③共生嵌入区域经济领域形成区域经济共生系统。

（2）相关理论基础。具体包括：①区域经济一体化理论；②区域经济协调发展理论；③区域经济可持续发展理论；④区域经济包容性增长理论。在区域经济共生发展的研究动态与理论基础上植入实践模式。具体包括：①产城融合共生模式；②科技入园共生模式。

2. 区域经济共生发展的概念逻辑与理论本质

前两部分的研究结论都集中到了区域经济共生发展这一理念上，本部分内容要解决什么是区域经济共生发展的问题。主要包括三大部分：

（1）区域经济共生发展的逻辑起源。具体包括：①逻辑起源。从发展模式、理论基础和核心理论三方面论证了区域经济共生发展的逻辑起源。②发展趋势。从区域经济发展模式、区域经济发展路径、区域经济发展方式上论证了区域经济的共生发展趋势。③共同知识。从信息化角度论证人们对绿色生态认知度和参与度的提升，从而在增加共同知识的基础上积极推动共生发展。

（2）区域经济共生发展的本质属性。具体包括：①两个基本概念。通过对区域经济和共生发展两个概念进行拓展和延伸，找到两者的逻辑共同点。②区域经济共生发展的基本内涵。从概念逻辑、本质属性、概念界定和实现标志四个方面对区域经济共生发展的核心理论体系进行了分析。

（3）区域经济共生发展的分析范式。具体包括：①区域经济共生发展的范式内容；②区域经济共生发展的范式逻辑。

3. 民族地区共生发展的因子探索与影响机理

从文献判断、实证调查和因子探索对民族地区共生发展的影响因子进行分析，并分析了公共因子对民族地区共生发展的影响机理。主要包括两大部分：

（1）民族地区共生发展影响因子的探索性分析。①信度和效度检验。以确定问卷的可靠性和数据来源的可适性。②因子分析。利用探索性因子分析法对影响民族地区共生发展的公共因子进行提取。③分析结论。对提取的公共因子与初始分析的结果进行比较分析其一致性情况，从而最终确定影响民族地区共生发展核心影响因子。

（2）公共因子对民族地区共生发展的影响机理分析。①单因子对民族地区共生发展的影响机理分析。利用系统动力学模型分别分析了区际共生、代际共生、制度共生、生态共生、发展共生和低碳共生对民族地区共生发展的影响机理。②综合因子对民族地区共生发展的影响机理分析。把六大核心因子组合起来分析其对民族地区共生发展的综合影响。

4. 民族地区共生发展的战略意义及其面临的问题

新常态下促进民族地区融合共生发展，是实现民族地区振兴的关键。在处理民族关系中引入生态学中的共生概念，可以更好地解决阻碍民族地区同步小康的难题。民族地区同步小康，绝对不是单纯的经济增长和居民人均收入的增加，实现共生发展，以便在此基础上构建民族命运共生体是民族地区同步小康的目标。民族共生发展是指各民族共生主体在对共生资源进行资源配置过程中以共生为核心，以代表政治、经济、社会和文化的族际、代际、生态、产业和政策等要素为主线，以人与人、人与自然、自然与自然的包容发展为民族地区同步小康模式，以实现民族地区经济与自然和谐共生效应为目标，促进民族地区不仅形成经济共生体，更是生态共生体。

5. 民族地区共生发展的水平测度体系与实证分析

通过把核心影响因子演化为民族地区共生发展水平测度体系的核心指标，并对这些核心指标进行拓展和延伸，构建民族地区共生发展水平测度体系。主要包括两大部分：

（1）民族地区共生发展水平测度体系的构建。①指标体系的构建。通过文献调研，参考和借鉴区域一体化和协调发展的一些指标，在进行优选的基础上，根据区域经济共生发展拓展和延伸思路，初步构建民族地区共生发展水平测度体系。②权重与测算方法的确定。对民族地区共生发展水平测度体系各指标权重进行确定，并解释每一指标的基本内涵，而且选取和构建民族地区共生发展水平的测度方法。

（2）民族地区共生发展水平测度体系的实证分析。即利用此指标体系对民族地区共生发展水平进行综合评价，测算民族地区各区域单元共生发展水平的综合指数及其排名，并进行特征分析。

6. 民族地区共生发展的优化策略与动力机制

在此，主要是利用实证分析后民族地区共生发展方面存在的问题，结合民族地区共生发展的研究动态，提出有针对性的优化策略，并构建相应的动力机制。包括四大部分：

（1）发达国家民族地区共生发展的经验及启示，从文献角度阐述发达国家民族地区共生发展的实践，为我国民族地区的共生发展提供经验。

（2）民族地区共生发展的思路与策略。根据实证分析的结果，主要从区际、代际、制度、生态、低碳和发展共生六大维度提出相应的思路和优化策略。

（3）民族地区共生发展的突破路径。从共生扶贫、产业共生、金融共生、保障共生、政策共生等突破路径。

（4）民族地区共生发展的动力机制。主要从区域经济共生发展的行为主体提出相应的动力机制。

三、研究的主要观点及方法

（一）主要观点

（1）区域经济共生发展是区域经济发展理论的拓展和延伸，能够丰富和完善区域经济发展理论。

（2）民族地区省域经济发展的未来趋势是共生发展，民族地区发展的未来应该是民族地区共生发展。

（3）区域经济共生发展是指共生主体在共生利益基础上对共生资源进行合理有效的配置，并形成共生价值，促进共生主体间不仅形成经济共生体，更是生态共生体。

（4）通过探索性因子分析，发现影响区域经济共生发展的核心影响因子是发展共生、生态共生、制度共生、低碳共生、代际共生和区际共生六大因子。

（5）区域经济共生发展水平是可以通过构建指标体系来测量的，而且经过实证检验，指标体系具有可靠性和可适性。

（6）民族地区省域经济共生发展水平较低，这与省域经济动态监测的结果是一致的，这进一步论证了区域经济共生发展水平测度体系的可靠性，同时也论证了民族地区发展要向共生发展的结论。

（7）民族地区“共生发展”需要在六大核心影响因子基础上提出优化策略，并做好顶层、中层和基层动力机制设计。

（二）研究方法

1. 方法逻辑

研究涉及系统动力学、计量经济学、区域经济学、博弈论等多学科理论和方法，拟采用理论分析与实证分析相结合、定量研究和定性分析相结合、动态分析与静态分析相结合的研究方法。主要采用探索性因子以及动态监测建模的实证研究方法，具体逻辑有以下几个方面：

（1）现状研究。通过对区域经济运行发展、后劲和统筹指数现状的研究，提出需进一步解决的实践问题。

（2）文献研究。在现状研究基础上，通过对共生理论、区域经济发展与共生发展的文献研究，提出需进一步研究的命题——区域经济共生发展的理论解构与测度体系研究。

（3）研究假设。提出区域经济共生发展基本内涵、本质属性和现实意义的理论假设；提出影响区域经济共生发展相关影响因子的假设；提出相关影响因子对区域经济共生发展有效性的初步判断假设。

（4）系统观测与数据收集。①根据研究假设，设计调查问卷，进行区域经济共生发展影响因子水平调查；②与本课题研究领域的专家学者进行多次循环调查，并通过研究团队讨论调查情况；③实施调查，主要利用项目组成员对专家学者进行问卷发放，并面谈；④对回收问卷进行整理、汇总，保留有效问卷，并对数据进行初步统计。

（5）探索性因子分析。根据调查问卷的初步结果，对水平较高的影响因子进行探索性分析，构建探索性因子分析模型，同时进行因子提取、因子旋转和因子值计算，从而选择出核心因子，并利用系统动力学分析方法研究核心因子对区域经济共生发展的影响机理。

（6）指标体系构建。根据核心因子，在此基础上进行拓展和延伸，构建区域经济共生发展水平测度体系，并对相应指标进行赋权。

（7）实证分析。①运用加权综合方法计算各个核心因子和区域经济共生发展的综合指数。②进行模型辨识和模型估计，对于模型中的各个参数，运用SPSS统计分析软件，进行描述统计、推理统计和检验。③进行模型评价，计算检验的拟合优度，进行模型的信度和效度检验，根据检验结果进行模型修正。根据以上计算结果，对模型的各个层次假设进行检验，并对上述假设检验的结论进行综合评价，分析这些结论产生的原因。④动态监测，运用时间序列和空间序列的研究方法对区域经济共生发展进行动态监测，对各区域经济发展偏离共生发展的情况进行修正，以达到经济发展的共生效应。

（8）优化策略与动力机制。利用博弈论与系统动力学相关理论，研究区域经济共生的策略优化和动力机制构建问题，为区域经济共生发展水平的提升提供保障体系。

（9）理论总结与建议。根据分析结论，对基于共生理论的区域经济共生发展影响因子探索与动态监测进行理论设计，解决所提出的命题。

项目研究方法体系可用图1－1表示。

图1－1　项目研究方法体系

2. 方法内容

同时根据每一章研究内容的需要，选择相应研究方法，其研究的主要方法如表 1－1 所示。

表 1－1　研究方法

研究内容	研究方法
区域经济共生发展的研究动态与理论基础	文献分析法、区域一体化理论、区域协调发展理论、可持续发展理论、包容性增长理论
区域经济共生发展的概念逻辑与理论本质	文献分析法、规范研究方法、服务模块方法、协调发展理论、共生演化理论
民族地区共生发展的因子探索与影响机理	文献分析法、实证调查法、因子分析法、数理统计法、系统动力学方法、共生演化理论、协调发展理论
民族地区共生发展的战略意义及其面临的问题	文献分析法、实证调查法、比较分析法
民族地区共生发展的水平测度体系与实证分析	文献分析法、主成分分析法、深度汇谈法、专家调查论证法、实证研究法、协调发展理论、共生演化理论
民族地区共生发展的优化策略与动力机制	文献分析法、共生发展理论、协调发展理论、机制设计理论

四、研究思路与技术路线

（一）研究的主要思路

首先，通过把共生发展嵌入区域经济发展领域，构建“区域经济共生发展”的理论体系。然后，研究影响区域经济共生发展的因子，并进行探索性分析，从而找出核心影响因子，并利用系统动力学研究这些因子对区域经济共生发展的影响机理。其次，根据区域经济共生发展的核心影响因子，对其进行合乎逻辑的延伸和拓展，从而构建了区域经济共生发展水平的测度体系，并对测度体系进行多元化检验。再次，根据上述系统测度体系和测算模型，对民族地区的区域经济共生发展水平进行实证研究，从而进一步论证和检验区域经济共生发展水平测度体系的有效性、可适性和可靠性。同时，为民族地区共生发展提供了实证依据。最后，根据实证研究结果，对民族地区的地区共生发展提出相应的优化策略和动力机制，为民族地区共生发展的实践提供政策思路和方向。

（二） 研究的技术路线

研究的技术路线遵循前期的资料收集与文献整理以及综述；实施阶段的研究分工和调研工作以及专题研究，并最终取得研究的初稿；咨询阶段进行研究专著的会议讨论、专家咨询和修改；最后形成完整的研究专著。技术路线如图 1 - 2 所示。

五、创新之处

（一）研究视角创新

现有的研究主要是把共生理论延伸到了社会学领域，而经济学领域主要应用于企业和产业领域，共生理论与区域经济发展相结合的研究相对滞后，也未形成区域经济共生发展的理论体系。本文通过尝试重新界定区域经济和共生发展，并找到它们的逻辑共同点，提出区域经济共生发展的理

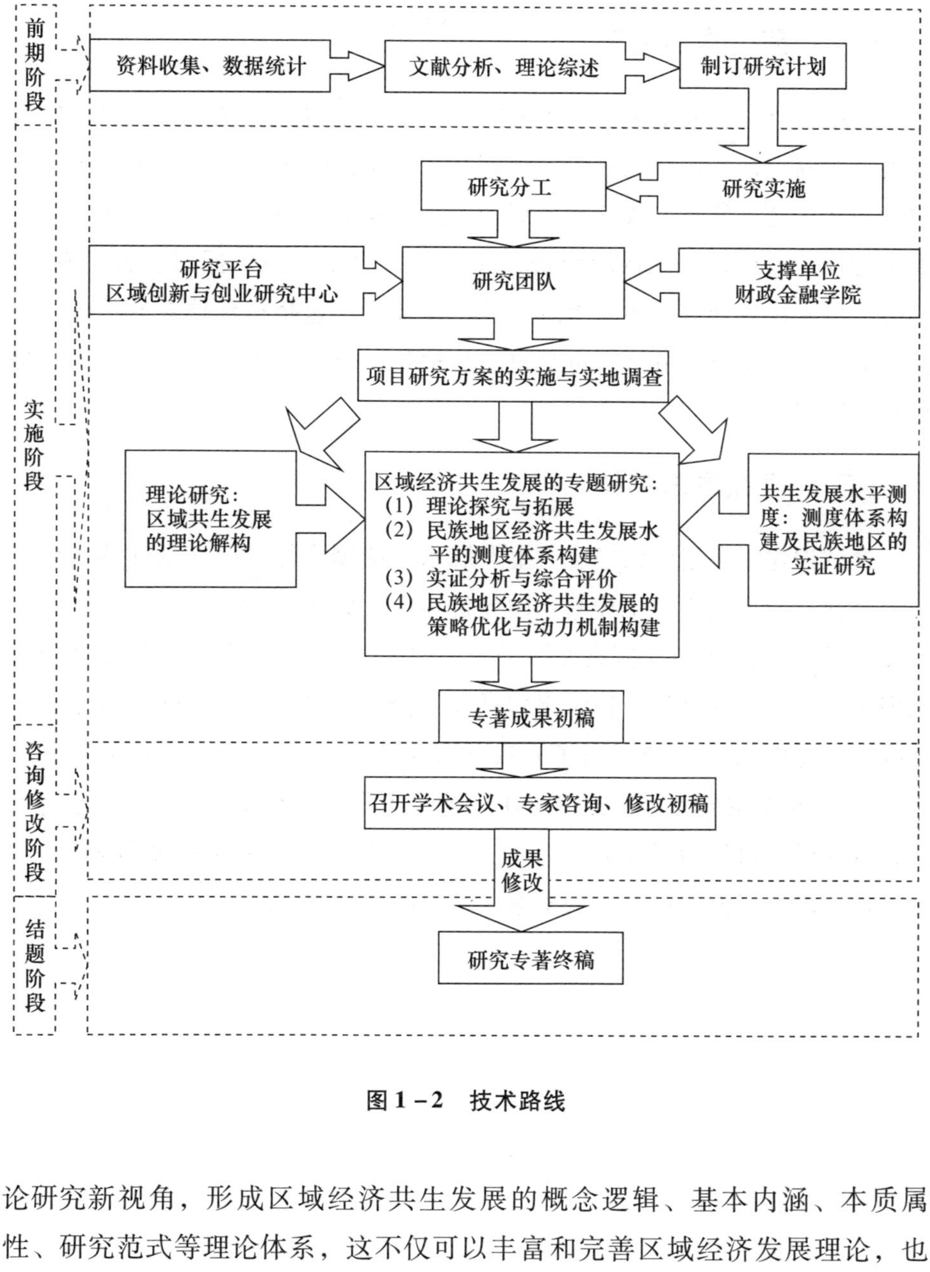

图1-2 技术路线

论研究新视角，形成区域经济共生发展的概念逻辑、基本内涵、本质属性、研究范式等理论体系，这不仅可以丰富和完善区域经济发展理论，也可以指导区域经济发展实践。

（二）研究内容创新

以往的研究主要集中在共生主体、共生模式和共生媒介方面对共生发展进行研究，并提出偏利共生、互利共生、寄生共生模式，偏重于理论探讨。而本课题的研究主要站在区域经济共生发展视角，对区域经济共生发展进行理论解构，包括区域经济共生发展的界定、因子探索、影响机理。同时，研究民族地区共生发展水平的测度体系，包括指标体系的构建、实证检验，并应用于民族地区进行进一步检验，为民族地区“共生发展”提供实证依据。

（三）研究方法创新

尝试构建了衡量区域经济共生发展水平的测度体系，在以往的研究中主要有衡量产业共生、工业共生的评价体系，而缺乏民族地区共生度的评价体系研究。利用 EFA 探索性因子分析方法对影响区域经济共生发展的相关因子进行探索性分析，探索出包括发展因子、区际因子、代际因子、生态因子、低碳因子和制度因子六大指标体系，并对其进行合理分解。同时，利用 PCA 主成分分析方法构建区域经济共生度评价指标体系，通过加法合成法模型对评价结果进行综合分析。并通过在民族地区实证检验后，可以在全国推广使用甚至成为衡量区域经济共生发展的标准。

第二章　区域经济共生发展的研究动态与理论基础

国外学者开创了共生理论研究，并把其理论从生物学领域不断延伸和拓展到医学领域、农业领域和经济学领域，在经济学领域集中研究了产业共生与工业共生以及区域经济合作问题。国外共生理论在经济学领域的拓展和延伸研究，也为国内共生理论研究提供了相应的理论指导。结合国内产业发展和区域发展现状，国内研究也主要集中在基于共生理论的产业与工业共生以及区域经济协调发展领域。本章①正是在国内外研究基础上，对这些相关文献进行梳理，为区域经济共生发展研究提供研究空间和理论发展的可行性，从理论角度推导出区域经济共生发展理念。同时，综述了区域经济共生发展理论基础，包括区域一体化发展理论、区域经济协调理论、区域经济可持续发展理论、区域经济包容性增长理论。这些理论与区域经济共生发展有着千丝万缕的关系，构成区域经济共生发展理论基础，对区域经济共生发展的内涵界定和理论解构具有重要理论指导作用，为区域经济共生发展理论体系的形成提供了研究方向。

① 本章关于“共生与包容性增长”部分内容形成了论文《基于共生理论的区域经济包容性增长文献综述研究》，并已发表于相关杂志。

一、区域经济共生发展的研究动态

区域经济共生发展在当前还没有形成系统的研究理论，其相关研究主要零散地分布于工业共生、产业共生、区域协调发展、区域经济可持续发展或者包容性增长研究理论中。

（一）共生嵌入工业领域形成工业共生系统

1. 共生理论应用领域的延伸

Ahmacl（1986）是最早提出“共生”一词的生物学领域专家学者，指出共生就是不同种属生活在一起。自此，共生在生物学领域得到了延伸发展，并且形成了生物学领域的共生理论。共生理论在生物学领域是指动植物互相利用对方的特性和自己的特性一同生活相依为命的现象。随着应用领域的广泛推进，共生逐渐上升为哲学理念，并认为“共生理论”所主导的共生普遍存在于自然界和人类社会，具有哲学意义上的普遍性。而且进一步认为，共生的本质是竞争基础上的协商与合作，是脱离单纯强调“物竞天择、适者生存”的达尔文主义理论。协同是自然与人类社会发展的基本动力之一，正如钱宏先生所倡导的，共生是人类由工商文明向生态文明演变的基石，只有应用共生理论才能解决当代政治、经济、社会的突出问题。共生理论和方法在20世纪中叶以来开始应用于社会科学领域，主要是医学领域、农业领域和经济学领域。西方社会学者们认为，在科技高度发达的现代社会里，互联网致使世界变得更小，构建在地球村基础上的扁平世界使人们之间的交往越来越密切，人们具有更加专业的知识和发达的技术生产工具，人们更加知道竞合关系的重要性，能够在人与人、人与物之间形成一个高度协调、相互依赖的共生体。在此基础上，西方一些社会科学家提出可以应用共生方法理论来设计社会生产体系，这能够使个体之间内耗尽可能降到最低，发挥总体间最大生态效应，形成人与人、人与物之间的自组织生态系统，强调共生效应。

2. 工业共生系统的形成

正如马克思所说，任何一门学科在引进了数学后就变得更加精确，而随着共生理论向各学科领域推进，使各学科发展前景变得更加生态，尤其是在区域经济发展领域，首当其冲的就是工业发展领域。工业使人类社会由农业文明演变到工业文明，工业生产系统带来了巨大物质财富，也极大地毁坏了我们共同的家园，解决这一难题的钥匙只有共生，使我们的工业生产系统向工业共生系统演变。而相关专家学者也已经对此展开了相应研究，Agarwal 和 Strachan（2008）认为，工业共生是基于共享服务而产生的理念，副产品资源可以在不同产业中进行演化和延伸，并得到最大可能的相互利用，以达到增加利润、降低成本和改善环境的目的。由此形成了工业生态学，单从生产循环角度来讲，工业生态学是工业共生的一个子集，关注的是工业生态系统内部各企业间物质和能量的交换。基于自然生态循环范式下的工业生态学是一个相对较新的研究领域，各个产业间能够得以相互应用各自的副产品得到最大的综合利用和回收目的，而且这一系统能够应用于对接自然生态系统，其中的一切都可以得到回收。工业共生在我国学者中其实早有研究，并形成了相应的研究成果。马世俊（1985）就认为，工业共生的核心是工业生产系统中各主体间能够相互利用副产品，并形成工业合作关系，其理念来源是自然生态系统，即可以通过把人类工业活动拟合成自然生态系统，进行类似的物质、能量以及信息流动及储存，从而提高资源综合与生态利用效率。这种观点进一步强调了工业共生关系的存在，构建工业生态系统，实现工业生态效率，这是工业共生所追求的最高境界。王寿兵等（2006）认为，工业共生的载体是企业，通过企业间合作共同配置资源，从而增加企业生存能力和获利能力，而且通过这种无间合作，可以在精益生产方式下实现资源综合利用，从而减少资源浪费，达到环境保护的目的。也就是说，企业间共生合作本身就是在节约资源，而节约资源也就减少了对自然的滥伐，有利于环境保护。而要达到节约资源、减少浪费、废物利用的目的，生态工业生产方式的选择非常重要。正如王兆华等（2007）所认为的，企业要通过内部系统集成，做好精益生产，从而实现最优资源利用和最小化废弃物排放，最好是实现零排放，这就是生态工业生产方式核心内容，其对应的方法和工具包括循环生产、清洁生产、零废物排放、生命周期分析等。这些方法丰富了工业共生选择空间，而且这种空间在工业企业之间进行链接，就能够整合形成较大范围共生系统，进而形成自组织工业共生系统，这无疑是工业生态文明的开始，也是生态文明在共生基础上对工业生产系统的改造和提升，是工业对整个经济社会、自然环境负责任的开始。

当然，做好工业共生不仅需要企业间形成合作无间的生态系统，而且需要得到公共政策的大力支持。工业共生的形成本身要花费巨大成本，特别是在形成伊始，需要投入巨大技术开发成本、系统对接成本和共生整合成本。这一巨大成本只靠企业来承担显然很难完成，因此，公共政策支持就显得尤为重要。Ehrenfeld 和 Gertter（2003）认为，工业共生系统需要公共政策支持，因为工业共生系统构建需要花费巨大社会成本，而且能够产生巨大公共利益，为了弥补私人公司的社会成本支出，需要政府出台相应公共政策支持其发展，补偿私人公司做出的环境保护贡献。这似乎在告诉我们，承担政府的社会成本，即当企业的社会成本超过了私人成本时，需要有政府来加以补偿，这也符合了西方经济学的基本理念。工业共生在政府政策支持下会得到较好发展，正如 Baas 和 Boons（2004）所提出的，工业共生的稳定发展要经过三个重要的阶段：区域效率→区域学习→稳定的产业区。这是对工业共生演化过程所做的深度概括，只有完成了区域效率提升，才能为区域间学习提供机会，而且能够产生较为稳定的产业区，这是一个工业共生学习过程。在这一过程中势必面临着较多风险，私人公司不愿承担也很难承担，这需要政府政策支持。杨玲丽（2010）认为，其中信任危机和高度依赖的要挟风险是工业共生系统所要面临的最重大问题，这需要政府公共政策和财政政策的支持，以弥补这一市场失灵缺陷，通过帮助工业生产系统形成共生体，从而减少这种风险。为了能够较大可能减少风险，使政府成本也得到降低，可以考虑在工业集聚形成基础上构建具有循环经济特质的生态工业园，这样就能够使政府公共政策支持带有聚集效应，其公共政策效率就能够得到大大提升，从而提升政府对工业共生体的支持效率。Ayres（1996）认为，政府要支持生态工业园区建设，而且能够在至少一家大型轴心公司推动下，使生态工业园区形成以它为核心的循环产业链条，而其他公司成为其一系列的卫星型企业，这样能够使大型轴心公司向其他公司提供原料或已加工过的材料，将废物转化为可以使用的产品。这样的生态工业园区，需要政府支持政策才能打造，政府能够规划好这样一个区域，并且有选择地让相应企业进入，形成生态产业聚集，并打造成为巨大的生态型工业园区，这样就形成了工业共生体。Lowe（2001）认为，工业共生能够带来双赢效应，当然，也可以认为是多赢效应，在政府政策支持下构建生态工业园区，能够使工业园区从他组织行为转化为自组织的共生行为，促进生态共生工业园区形成。这需要在土地资源、财税政策、创新资源、高技术人才等方面提供支持，在天时地利人和的基础上产生生态共生工业园区，相信这本身就是一种共生理念。

工业共生系统的形成，势必会对其他产业产生深远影响，尤其是对整个制造业系统以及与此相关联的产业，从而使产业共生成为共生理论延伸和拓展的领域。

（二）共生嵌入产业领域形成产业共生系统

1. 产业共生的基本内涵

共生向工业领域不断延伸和发展的同时，产业共生理论也逐渐形成，并明确提出了产业共生的基本内涵。Renner（1947）认为，产业共生就是不同企业间的共生关系，这种有机关系主要体现在一家企业的废弃物作为另外一家企业的原材料。正因为这种关系存在，如果在工业领域就是工业共生，如果是延伸到农业领域和服务业领域就分别形成了生态农业和共生服务业，而这正是共生向产业领域延伸的开始，并逐渐形成产业共生的思想。共生在产业领域注定成为重要理念，而且会不断影响着战略性新兴产业，在信息技术时代将体现得更加明显。因为信息技术整合优势可以更好地发挥产业的共生效应。Kurokawa（1997）认为，产业共生在后工业社会应该更多地体现为社会生产与信息的共生，而且通过研究发达国家与发展中国家各产业共生的关系，揭示经济和文化以及农业、工业和信息技术等的共生问题，并作出判断，认为人类社会已经进入一个全新的共生时代。共生在经济学领域的拓展不断深入，并延伸到产业发展领域形成了产业共生思想。这一思想让共生在经济核心领域中得到了较为重要的实践，并且还将继续影响各种产业和形成新的产业形态，尤其是绿色生态产业的形成。产业共生更加肯定了企业间资源与废弃物的综合利用，能够更好地保护环境。Engberg（1993）进一步认为，产业共生是以共生理论和产业生态学相关理论为基础，研究不同企业间通过相互利用副产品（废弃物）而发生的各种合作关系，通过和谐合作，实现废弃物合理使用，资源优化配置，提高企业生态状况水平，在资源和能源高效利用下实现环境保护目的，从而更好地服务生态系统。这一观点，进一步强调资源合理化使用和废弃物在企业间的综合利用，这有利于产业共生体的形成。对于产业共生体来讲，其效率大大高于某一个产业，而且企业也能够在产业共生效应下获得较多外部经济和正能量。Ehrenfeld（1995）认为，产业共生体系通过不断演进，能够产生共生效应，而这种效应具有“1+1>2”的能量，对于能源和资源利用效率要大于各企业单独运作之和，这就是共生效应。而且这种效应的存在也是吸引产业引入共生的重要前提，在开始之初，可能要为此支付较多成本，但是当产业共生体形成并较为稳定后，这种外部经济效应就会增加得越来越多，并且大大超过构建之初所支付的成本，获得较多利益，而且这种利益是共生利益。Chertow（2000）通过对产业共生进行系统总结评述，把产业共生归纳为产生共赢效应过程或者现象，而且这一过程是企业经由物质、能量、水或其他副产物的物理交换而产生。其实不只物理交换，还应该体现为在物理交换基础上产生了化学效应，就是企业间变得更加生态和和谐，产业间更加绿色和循环，经济和社会变得更加健康和持续，这就是共生所带来的产业共生体的外部经济。袁纯清（1998）通过引入共生理论对小型经济进行了研究，并认为共生不仅是一种生物现象，也是一种社会现象；共生不仅是一种自然现象，也是一种可塑状态；共生不仅是一种生物识别机制，也是一种社会科学方法。这一思想，其实是共生在哲学领域的高度概括，是产业发展应该遵循的科学方法和路径。

2. *产业共生的主要模式*

产业共生理念的形成，给产业共生研究发展带来重要启示，推动了产业共生模式研究。Hannan 和 Freeman（1977）认为，组织与共生环境之间存在适应性，可以通过研究“适应性理论”来解释组织与共生环境之间的关系，并在此基础上提出组织种群生态模型，也就是产业共生初步模式。这种观点为产业共生模式研究提供了环境因子观点，在构建产业共生模式时，一定要注意产业共生环境分析，并构成产业共生模式的一部分。Hawken（1994）、Suan（1996）据此认为，可以利用生态共生思想来研究商业活动与市场环境相关关系，在构建可持续发展的商业共生模式时要充分考虑市场环境，而且市场环境是构成商业共生模式的一部分。有针对性地产业共生模式进一步确认了共生环境的重要性，能够为产业共生体系的形成提供更加有利的措施。对于商业共生系统，Moore（1996）认为，组织、个体和其他子系统构成商业共生生态系统，要注重这些主体之间的经济联合模式，把他们有机地联系在一起，并形成生态共生体，实现共生效应。也就是说，在构建产业共生体时，还应充分认识到构成产业共生模式的行为主体，即共生主体。在了解共生环境和共生主体的基础上，就可以较好地研究共生模式，构建产业共生模式。Chertow（2007）认为，根据共生理论，产业共生发展可以分为两类模式：一是自发演进模式，即通过产业自组织演化形成产业共生模式；二是计划规划模式，即由政府规划他组织形成产业共生模式。产业共生模式在专家学者的研究过程中，逐渐与产业集群融合起来，形成产业聚集共生理论。而且产业聚集共生也属于产业共生系统范畴，只不过更加强调聚集而已，本质上还是属于产业共生。

Gordan 和 McCann（2000）认为，产业集群模式一定要按照社会生物学来进行研究，而且美国学者马库森认为，产业集群分类中卫星式大企业和轮轴式小企业可以形成良好的共生关系，并在资源配置过程中相得益彰，共赢共生。程大涛（2003）认为，企业集群共生能够降低在资源配置过程中产生的市场交易成本和内部管理成本，实现资源配置整合效应，实现共生价值。杨毅、赵红（2003）认为，在研究共生性企业集群模式时，要着重考虑组织结构和运行模式。赵红（2004）认为，企业共生体行为方式及其共生经济效益是企业集群共生模式要重点考虑的问题。这些观点都站在企业共生集群角度研究了产业共生模式构建要考虑的问题，对于产业集聚共生模式构建具有重要指导意义。周浩（2003）认为，可以运用 Logistic 模型来分析产业集群共生模式，而且通过模型构建，重点分析了产业集群卫星式和网状式两种共生模型的稳定性。冯德连（2004）运用共生理论分析中小企业与大企业八种共生组合模式，对产业共生模式做了较为详细的研究，对产业共生模式构建具有重要意义。胡晓鹏（2008）认为，构建产业共生模式应该从共生单元出发，综合独立产业或其他业务模块，形成产业共生单元，进而构建产业共生模式。这些观点试图将共生原理引入到产业经济理论中，对产业共生模式和特征进行剖析，而且形成以行为模式、系统类型和基本问题为基础的产业共生研究特征。在此基础上，对产业共生资源互换及其运行机理进行建构性研究。齐宇、李慧明（2009）认为，把共生理论引入到产业共生实践中，可以形成产业共生单元、产业共生模式和产业共生环境三要素。这一观点重新诠释了产业共生构成要素，具有独特分析视角。在此基础上，冷志明、张含平（2007）进一步细分了产业共生模式的共生单元、共生模式、共生环境和共生界面，而且提出相应保障机制，包括激励机制、约束机制、利益共享、补偿机制和中介服务机制。同时，要实现产业共生发展，还需要政府宏观调控机制保驾护航，实现机制对共生模式的充分保障。而石磊等（2012）依据三个准则，将国际范围内的产业共生实践划分为五种模式，分别是丹麦卡伦堡模式、美国模式、英国模式、日本模式和韩国模式，这些模式对我国构建相应共生模式具有重要的理论指导意义。

产业共生较之工业共生具有较大进步，而且共生范围也在扩大，能够促进区域经济在产业领域共生问题的研究，为共生引入区域经济领域创造实践条件和科学依据。

（三）共生嵌入区域经济领域形成区域经济共生系统

1. 区域经济共生系统的雏形

工业共生与产业共生系统的形成为共生理论向区域经济发展领域推进提供了现实条件，并在此基础上形成区域经济共生理论的基本雏形。虽然没有直接提出区域经济共生发展理论，但是已经具备区域经济共生发展相关理论的影子，对区域经济共生发展理论最终形成具有重要指导意义。迈克尔·麦金尼斯（1951）认为，有两种社会秩序规范会规制人类社会活动，其中一种为单中心秩序，即通过人为设计或指挥形成的规范秩序，具有他组织约束性；另一种为自发或多中心秩序，即强调自组织多因素相互独立与相互协调的规范秩序。这个观点非常明显就是社会系统理论的构成模式，对区域经济共生发展逻辑秩序具有重要指导意义。而构建在自组织基础上的多中心理论是由奥斯特罗姆（2000）在“多中心秩序”基础上发展并创立的多中心自主治理理论。这些理论都为区域经济共生发展理论探索提供了理论支持，而且影响了区域经济生态共生理论的形成。在区域经济共生发展理论雏形方面，国外研究主要体现在区域经济生态共生，并且形成了一定研究成果。Martin 和 Sunley（1998）认为，区域经济系统处在一个开放系统中，不仅自身内部各行为主体之间存在各种物质和信息联系，而且还会受到系统外其他经济主体影响，从而使一个经济体的经济发展不仅依赖于自身经济实力，而且会受到其他经济主体的影响。这种观点非常注重区域经济体之间的相互联系和共生关系，而且是开明和开放系统，能够畅通地与其他经济体交流各种资源，乐于接受其他区域经济体的信息和文化甚至制度，以至于为我所用，合作共生。因而，有学者认为，区域经济合作其实就是基于区域经济一体化发展、协调发展，区域经济各个行为主体，即自然人、法人、经济组织、行业协会、地区政府在共同利益基础上，对生产要素和资源进行重新组合和配置，这种配置本身所要强调的就是共生发展，只不过区域经济共生发展更加注重生态环境保护，更加注重人与自然的和谐共生关系。而区域经济合作过程恰恰是生态共生理论中一个较高层次——共生模式的形成和运行过程。生态共生理论正是区域经济在合作发展到一定阶段的产物，而其中就包含了区域经济共生发展的影子，区域生态经济系统为区域经济共生发展理论的形成提供了理论发展空间。Agarwal 和 Strachan（2006）认为，随着参与的行为主体越来越多，共生面变多、变复杂，需要从宏观层面发展与各地联系的网络生态系统，这种网络是有序网络，而不是超自然的无序状态，是对区域生态经济系统的完善和发展。Carter（1972）进一步强调，城市是自然、社会、经济、文化的复合体，需要做好城市各方面的共生问题，使其成为一个生态系统，并且能够使社会、经济、文化等诸多方面协调发展。协调发展又为区域经济共生发展提供了一个研究思路，协调发展的高级阶段也是区域经济共生发展必须经历的过程，是在生态文明基础上需要实现共生发展目标的重要保证。区域经济共生发展的雏形在区域生态经济系统、区域经济合作发展、区域经济协调发展领域都有相应体现，说明共生已经进入了区域经济发展理论，这也将会不断改变区域经济发展理论，丰富和完善区域经济学基本理论，使未来区域经济学不断走向区域共生经济学。

2. 区域经济的共生发展模式与机制

区域经济共生发展雏形不断演变和演化，为区域经济共生发展研究提供了思路，特别是共生发展模式与机制方面的探讨。国内研究主要集中在区域经济共生发展模式与机制方面。孙长雄、孙婉睿（2006）认为，振兴东北老工业基地是我国区域经济振兴战略之一，要做好这项工作，必须加强与俄罗斯的经济技术合作，以共生发展理念强化互动协调机制。这一观点把区域共生直接引进到区域经济发展领域，具有重要理论导向作用。共生理论开始用来指导区域经济协调发展与区域经济一体化发展实践。刘荣增（2006）认为，在推进区域经济协调发展时，必须运用共生理论来加以指导，用合适的共生行为方式和共生组织方式来构建区域经济协调发展模式，而且要在实践中构建我国东部、中部、西部三大共生单元之间的共生机制，共生机制是保障基于共生构建的区域经济协调发展模式能够更好地得以运行。区域经济协调发展一旦引入共生理论，其模式与机制构建就更加明确而有效，而且为共生引入区域经济其他领域提供了机会。冷志明、张含平（2007）认为，在区域经济合作领域，可以把种群生态学共生理论引入其中，并研究共生理论在区域经济合作领域的普适性，从而形成共生行为主体间能够在有机合作的基础上形成生态共生体，进而构建由共生单元、共生模式、共生环境和共生界面的区域经济合作模式。这一观点从一个全新角度提出了区域经济合作模式、运作机理和政策措施，对区域经济合作发展注入全新理念，更好地推进区域经济合作。当然，在推进区域经济合作的同时，一定要注意到构成区域经济合作的其他因素，并能够加以优化组合，形成共生合作模式，驱使区域经济合作逐渐向共生合作演化。正如李刚、周加来（2008）所认为，区域合作一定要考虑除经济因子外其他因子，包括政治、生态、人口、文化、制度等，把这些因子考虑在内，区域经济合作领域变得更加超然，其超越了单纯经济因子而更加倾向于运用共生理论来诠释区域经济合作，这能够更加深刻地揭示区域经济合作本质。而且，他们还通过把共生理论用于研究成渝两地区域经济合作，并认为两地可以构建互惠共生合作模式，并在良性竞争机制和顺畅的政府沟通协调机制基础上做好机制设计工作，促进两地形成优势互补和联动发展。这一观点更加明确了区域经济共生合作模式是互惠共生模式，而保障机制是良性竞争和政府顺畅沟通机制。吕爱华（2008）更进一步解释了区域间的共生关系，认为我国东部和西部的共生关系可以描述为：构成共生单元的是资源、构成共生模式的是合作、构成共生环境的是互补关系。在这一过程中还要坚持好东部、西部和谐发展，并坚持 3B 和 3E 原则。这把区域经济合作关系解释得更加清楚，就是一定要做好共生关系，并把共生模式进行解构，从而更好地推进经济合作。区域经济共生合作的提出为共生在区域经济发展领域提出了更多模式，朱俊成（2010）认为，在大转型背景下，可以基于共生构建区域多中心共生模式，包括共生机理、共生结构和共生模式，这都带有多中心主体和多中心层级结构特征。做好区域间的多中心关联与互动竞合关系，这是影响和制约区域经济共生合作关系模式的重要因素，而且还从长三角多中心区域协同共生发展实践出发，认为共生是促进多中心区域协同发展的重要推力，共生模式将成为一种新型区域关系模式，为区域协同发展多中心共生模式提供实力，并且这种实力会成为区域潜力、能力、综合竞争力与软实力的重要部分，在此基础上形成了多中心共生结构与模式，包括体制一体化、产业组合式集群化、研发一体化和社会共生多元化等模式，这些模式都是建构在共生基础上，并且形成相应模式。区域经济共生模式深入推进，在区域经济一体化发展中的应用也不断得到推进和使用。刘光柱（2011）认为，在当前，区域一体化正在不断推进，需要明确自身目标，并且利用共生理论来进行建构区域经济一体化发展模式，而且以广西北部湾经济区为实例，剖析了区域经济共生在一体化发展中的适用性，再构建相应经济社会发展指标、城市经济能级指数来进行实证分析，在分析一体化共生机制基础上，形成广西北部湾经济区一体化共生发展“132”空间战略结构和共生模式。这一模式更加肯定共生在区域经济一体化发展领域的应用。

总结起来可以看出，共生已经成为区域经济发展的重要主题，已经融入区域经济协调发展、区域经济合作发展、区域经济一体化发展领域，而且形成相应模式与机制。

（四）研究述评

国内外文献关于共生理论在经济学领域研究，大多集中在产业共生、工业共生和区域经济合作与协调方面，这些理论虽然对进一步研究共生发展问题具有重要指导意义，但是这些文献并没有明确提出区域经济共生发展的基本概念和相应的理论体系，更没有论及区域经济共生发展的实证研究。可是，这一问题如果不进行深入研究，构建合理的区域经济共生发展评价体系，协调好区域内影响区域经济共生发展的核心影响因子，就无法解决各区域独立发展的故步自封问题，共生发展也就只是一种理想。为此，我们将更加注重区域经济共生发展理论体系的研究，包括基本内涵、影响因素、影响机理、评价体系和系统分析模型构建研究；同时对区域经济共生发展的优化策略和动力机制进行有效研究，通过对内源动力和外源动力进行有效探索，为推动区域经济共生发展找到合理的动力源，并以此为着力点构建好相应的内源动力机制、外源动力机制和耦合动力机制，从而提升区域经济共生发展水平。

在以往研究中主要有衡量产业共生、工业共生评价体系，而区域经济共生度评价体系缺乏。未来研究可以利用 EFA 探索性因子分析方法对影响区域经济共生发展相关因子进行探索性分析，探索包括发展因子、区际因子、代际因子、生态因子、制度因子等大指标体系，然后进行指标分解，包括城乡协调、区域协调、代际公平、产业发展水平、生态、绿色、低碳、循环、环境、就业、贫困、基础设施、不平等、健康、制度开放度、制度开明度、制度生命力、内外合作态度等可测量子指标体系。同时利用 PCA 主成分分析方法构建区域经济共生度评价指标体系，构建加法合成法模型对评价结果进行综合分析。并通过对民族地区进行实证检验后，可以在全国推广使用甚至成为衡量区域经济共生发展的标准。同时，根据实证分析结果，揭示区域经济内源动力的来源基础，构建区域经济共生发展动力机制。

二、区域经济共生发展的理论基础

虽然区域经济共生发展是区域经济与共生发展理论相结合的产物，但其发展过程受到其相类似理论的影响，特别是区域经济一体化理论、区域经济协调发展理论、区域经济可持续发展理论和区域经济包容性增长理论等。在此，以下对这些已存在的理论进行系统综述，为区域经济共生发展研究提供必要的理论支持。

（一）区域经济一体化发展理论

区域经济一体化是通过构建协同机构、一致经济贸易政策制度，来消除两个或两个以上国家或地区之间的贸易壁垒，从而实现资源优化配置，以促进区域内各单元之间协调发展和经济贸易快速发展。互联网普及和发展，促进了国际经济互联互通，区域经济一体化进程得到前所未有的发展，区域经济共生发展的要求将更加迫切，而且这将会进一步促进世界经济格局转变和经济全球一体化发展，对世界经济发展及经济关系调整将产生重大影响。Tinbergen（1954）认为，区域经济一体化主要有消极一体化和积极一体化，促进国际经济一体化发展的目标就是要通过消除阻碍经济发展的人为消极因素，创造相互协作与统一的积极适宜性国际经济结构。Balassa（1962）认为，经济一体化是过程与状态的结合体，在过程中要采取各种有效措施不断消除区域内各单元间经济歧视，以实现一种良好、无差异的区域经济发展状态。然而，佩克曼斯（2005）认为，区域经济一体化仅仅消除了区域各单元间的经济边界，经济一体化带来的结果是实际或者潜在竞争者的不断增加，因此，经济一体化揭示的是区域一体化的必要条件，而非充分条件。这一概念体现了区域经济一体化不仅表现为合作，还存在竞争，一体化也可以增强区域之间的竞合性。

从区域经济一体化发展形态来看，理查德·利普塞通过研究，基于生产要素流动程度高低，把区域经济一体化分为六个等级，从低到高分别是特惠关税区、自由贸易区（商品自由流动）、关税同盟（统一对外关税）、共同市场、经济与同盟和完全经济一体化六种形态。彼得·罗布森也提出了类似观点，把区域经济一体化分为关税同盟、自由贸易区、共同市场、货币联盟和经济与货币联盟五种形态。两者观点最终结果是要实现区域经济一体化，这是区域经济共生化发展的关键。李斯特（1885）则进一步强调关税同盟的作用，因为它可以加强对工业的保护，从而促进工业发展。

当然，瓦伊纳（1950）认为关税同盟只是实现了成员国之间的自由贸易，并没有消除对非成员国的差别待遇，肯定不利于区域经济一体化发展。在吸收以上观点后，伍贻康（1994）认为，基于区域经济一体化发展现状和经济政策一体化发展情况，把区域经济一体化归纳总结为自由贸易区、关税同盟、共同市场、经济共同体、经济和货币联盟五种形态。李瑞林（2009）在论述区域经济一体化概念时，更加强调地理位置的相临性，只有两个或两个以上相邻国家（地区）才能够更好地实现资源互补，从而实现经济聚集效应，进而实现生产要素自由流通，并构建区域经济共同体，实现资源优化配置。

区域一体化发展理论可以为区域经济共生发展研究提供坚实的理论支持，虽然两者具有一定区别，区域一体化理论更加强调市场一体化，在市场一体化基础上配置各种资源，以达到区域间要素无阻碍流动，这也建立在区域间制度规制和相关政策基础之上，而区域经济共生发展研究可以此理论为基础，展开区际之间合作协调研究，实现共生发展，只不过区域经济共生发展研究领域会更加宽泛，始终秉承共生理念，打破行政区划限制，形成自主共生行为，达到共生效应。在构建区域经济共生发展体系中，区域一体化发展的构成要素可以作为其借鉴依据，有些影响区域经济一体化因子也可能正是影响区域经济共生发展的影响因子，在适合区域经济共生发展的理念下可以修正使用。区域经济一体化为区域经济共生发展领域的区际共生提供了研究思路。

（二）区域经济协调发展的理论

区域经济协调发展就是各区域之间在经济交往上日趋密切、在经济发展上关联互动、各经济主体之间相互依赖程度日益加深，从而达到各区域之间经济均持续发展的过程。促进区域经济协调发展的途径主要有促进各区域之间经济体制环境的统一、促成各区域之间生产要素市场的统一、推动各区域产业协调发展（包括实现区域之间产业的合理分工、各区域之间实现产业合作、实现各区域之间产业的合理转移）、推动和规范地方政府间的区域经济合作、鼓励企业跨区域发展、加快欠发达区域的经济发展。

覃成林（1996）认为，区域经济协调发展是区域之间在经济交往上日益密切、相互依赖日益加深、发展上关联互动，从而达到各区域的经济均持续发展的过程。这一过程是基于区域经济非均衡发展所提出，正如张可云（2007）认为，区域经济协调发展是在区域经济非均衡发展过程中不断追求区域间相对平衡和动态协调的发展过程。这两个观点都是在论证区域经济协调发展是一个过程，准确地讲，是一个联动发展的过程。郝寿义（2007）认为，区域协调发展是不同区域基于自身要素禀赋特点，确定不同要素约束条件下的开发模式，形成合理分工，同时在政府调控下，保持区域之间的发展条件、人民生活水平差距在合理范围内，人与自然之间保持和谐状态下的发展状态。这种观点不仅涉及经济之间的协调，还涉及人与自然的协调发展，具有生态理念意味。而孙海燕（2008）认为，区域协调发展就是区域内部和谐与外部共生，此观点把和谐共生嵌入区域协调发展概念中。

在此内涵界定下，区域经济协调发展理论开始向不同经济领域进行延伸，张泰城、刘家桂（2008）认为，区域经济协调发展理论其实可以应用到我国农村发展领域，促进农村经济协调发展，可以改变农村经济社会发展滞后的现状，对全面建成小康社会具有重大的战略意义，而且能够积极推动社会主义新农村建设。依据这一观点提出了农村区域协调理论，对农村区域协调发展具有重要的现实意义。范恒山（2011）认为，在我国区域经济发展不平衡还是一个极其严重的问题，在未来发展的很长时期内，这都是一个很难改变的现实，为此，要深刻把握区域经济协调发展的内涵，缩小地区发展差距，做好各区域功能的战略定位，实现区域经济间良性互动发展，这是我国促进国民经济又好又快发展的本质要求。同时，在推进区域经济协调发展中要做好金融协调发展，周再清、彭建刚（2012）认为，促进农村金融协调发展具有重要的现实意义，要充分协调好农村政策性金融机构、合作性金融机构及商业性金融机构关系，为“三农”提供良性化支农效果，构建包括系统论、金融共生论及劳动分工为理论基础的

“一体两翼”农村金融协调发展路径。区域经济协调发展在实践领域进行延伸，其中在旅游产业领域应用较为广泛，姜嫣等（2012）以区域旅游产业与经济间互动发展关系为理论基础，对旅游产业系统与区域经济系统耦合关系进行分析，并构建耦合协调度模型，通过收集和整理相关省份数据，实证分析论证了区域旅游产业与经济发展耦合互动效应明显，分析结果表明只有粤达到高度耦合协调状态，而京、鲁、苏、沪、浙五省（市）仅达到了中度耦合协调，而辽、冀、津、闽则呈现出低度耦合协调。这一分析方法得到推广使用，鲍捷（2013）通过研究，构建了旅游经济与生态环境系统协调发展关系理论，并提出了动态耦合模型，收集和整理了安徽省黄山市 1990～2010 年旅游业与生态环境的相关数据，利用模型对其耦合协调度进行实证分析。结果显示，黄山市需要大力促进旅游、文化、生态“三位一体”融合发展，才能有效地提升旅游经济与生态环境协调度。

区域经济协调发展在各经济领域的发展，特别是在旅游领域的发展为区域经济共生发展理论在各经济领域发展提供了思路和方向。协调发展与共生发展具有较强共同点，都是在研究区域间各类资源协作开发和利用问题，而且尽可能在资源禀赋方面实现优势互补。但是他们之间也有区别，区域经济协调发展更加强调区域之间的行政强制性，更多的是他组织行为，而共生发展更加注重区域间的融合共生发展，强调区域自组织发展行为。而且区域经济共生发展消除了一切歧视、优劣势、贫富观念，是一种和谐共生关系。当然，区域经济协调发展对区域经济共生发展在资源综合利用和共生发展测度方面具有较大指导意义，能够为区域经济共生发展研究提供理论支持。区域经济协调发展为区域经济共生发展领域发展共生、制度共生提供研究思路和理论指导。

（三）区域经济可持续发展理论

可持续发展理论是指既满足当代人的需要，又不对后代人满足其需要的能力构成危害发展。可持续发展理论的形成经历了相当长的历史过程，20 世纪 50～60 年代，人们面临经济增长、城市化、人口、资源等问题，环境压力巨大，导致人们开始反思当时的发展模式，对增长和发展等提出了质疑。莱切尔·卡逊（1962）出版的《寂静的春天》作为一部环境科普著作，在当时引起很大轰动，由于农药污染所导致的可怕景象，让沐浴在“春光明媚的春天”中的人们惊醒，引发了人类发展观念上的巨大争论。10 年后，两位著名美国学者巴巴拉·沃德（Barbara Ward）和雷内·杜博斯（Rene Dubos）出版了享誉世界的著作《只有一个地球》，把人类生存与环境问题的争论推向更高境地，即可持续发展领域。同年，一个非正式国际著名学术团体罗马俱乐部发表了有名的研究报告《增长的极限》，明确提出持续增长和合理持久的均衡发展概念。1987 年，以挪威首相布伦特兰为主席的联合国世界与环境发展委员会发表了一份报告《我们共同的未来》，正式提出可持续发展概念，并以此为主题对人类共同关心的环境与发展问题进行了全面论述，受到世界各国政府组织和舆论的极大重视，在 1992 年联合国环境与发展大会上，可持续发展要领得到与会者共识与承认。“可持续发展”一词在国际文件中最早出现于 1980 年，由国际自然保护同盟制订的《世界自然保护大纲》，其概念最初源于生态学，指的是对于资源的一种管理战略。其后被广泛应用于经济学和社会学范畴，加入了一些新的内涵，是一个涉及经济、社会、文化、技术和自然环境的综合动态概念。

可持续发展是发展中国家和发达国家都可以争取实现的目标，广大发展中国家积极投身到可持续发展实践中，也正是可持续发展理论风靡全球的重要原因。美国、德国、英国等发达国家和中国、巴西这样的发展中国家都先后提出了自己的 21 世纪议程或行动纲领。尽管各国侧重点有所不同，但都不约而同地强调要在经济和社会发展的同时注重保护自然环境。正是因为这样，很多人类学家都不约而同地指出，可持续发展思想的形成是人类在 20 世纪中，对自身前途、未来命运与所赖以生存的环境之间最深刻的一次警醒。2000 年，在海牙举行的 20 世纪最后一次《联合国气候变化框架公约》缔约方大会就因个别发达国家阻挠而未能达成协议，使框架公约得以贯彻的前景变得黯淡。但是区域经济可持续发展形成了几大具有特色的研究理论：一是着重从自然属性定义可持续发展；二是着重从社会属性定义可持续发展；三是着重从经济属性定义可持续发展；四是着重从科技属性定义可持续发展；五是被国际社会普遍接受的布氏定义的可持续发展。同时可持续发展理论具备了丰富内涵，包括共同发展、协调发展、公平发展、高效发展、多维发展的外延。在研究内容方面主要包括经济可持续发展、生态可持续发展、社会可持续发展等方面。

可持续发展理论其实就是在研究当前和未来发展问题，研究的是一种代际关系，当代人和下一代人在资源利用、开发和保护方面应该做好的各项工作。这为区域经济共生发展的代际共生问题研究提供了研究思路和方向。同时对生态共生、低碳共生也具有建设性的理论指导。虽然区域可持续发展更加强调代际之间的资源分配问题，是当代人主导下的一种分配制度，在组织分配控制方面还是强调他组织行为，但是代际共生却更加注重代际间和谐共生关系，通过加强代际联系，加强代际间合作交流，做好资源分配和保护工作，并在代际沟通、代际配置和资源承载方面分别做到代际和谐、公平和持续，从而实现代际共生效应。当然，在衡量区域经济代际共生水平时，可以借鉴区域经济可持续发展的一些理论来加以论证。

（四）区域经济包容性增长理论

包容性增长是一个新名词，从 2007 年亚洲开发银行首次提出到现在也不过 5 年时间，但是随着对这一概念的深入研究，国内外专家学者对此的兴趣也越来越浓厚，并形成了相应的研究成果，构成了区域经济共生发展的重要理论基础。坚持包容增长，让所有人分享经济增长成果，让自然享受经济发展的保护效应，这就是共生，就是自己过得好，也要让别人、让自然过得好。因此包容性增长构成了共生发展理论基础。

1. 包容性增长的基本内涵

包容性增长内涵的界定与区域经济共生发展具有很紧密的关系，包容性增长理论是区域经济共生发展的理论基础。Ali（2007）和 Zhuang（2007）认为，包容性增长能够促进机会平等增长，能够为所有人给予公平竞争环境和共享氛围。这与 Klasen 提出的非收入曲线有直接的关系，体现了经济增长成果能够被大部分人所拥有和共享。Rauniyar 和 Kanbur（2010）通过把亚行关于包容性增长的研究成果进行整合，认为包容性增长就是减少不平等的增长。根据国外包容性增长理论，国内相关学者也提出了相应的研究成果。孙翎（2010）认为，包容性增长也是经济增长和社会发展的一种过程和状态，它是在可持续经济增长的基础上对社会行为主体的包容，并给予平等的机会。陈宪（2010）认为，包容性增长不仅要实现经济、社会和生态自然的包容，还应考虑经济社会的短期利益和长期利益，实现长短期利益的包容，而且要实现本土与全球化包容，这其中最重要的是实现效率与公平包容，保证经济利益为人民共享。全球化过程中单纯的经济增长，已经让贫富差距较多。为此，我们应该让低收入群体也能够受益于经济增长的好处，让低收入水平国家在经济增长过程中获得更多好处，让自然生态环境受益。俞宪忠（2010）认为，从包容性本质上来看，其更加倾向于民权和民生，遵循民本主义宗旨。伍山林（2011）认为，可以按照一定的规制或者规则，推进企业进行制度深化改革，并且实现劳动者、雇主和政府之间的合理分享比例，达到三方共赢格局，从而为“两个提高”和包容性增长目标实现提供支持。包容性增长理念的提出为更多专家学者提供了理解空间和研究方向，对其概念深究就有了许多不同理解。对包容性增长含义进行研究的还有周建军（2010）、邢小强（2010）、梅伟霞（2011）等专家学者，这些专家各自从不同角度提出包容性增长的基本内涵，而且加入自己独特的理解，对区域经济共生发展研究起到巨大的推动作用。

2. 包容性与共生的融合性

包容性增长目的是为了消除社会排斥，实现大家共生共荣，提升社会福利水平，构建和谐共生经济社会。正如范铁琳、吴晓波（2011）所认为的，基于共生理念的社会排斥理论和福利经济学构成了包容性增长理论基础，它们之间具有重要的理论关系。基于共生理念，法国学者 Lenoir 最早提出社会排斥观念，自此，研究的专家学者越来越多，其理论也得到较大的变迁，Social Exclusion Unit 在此基础上认为，社会排斥很容易在这样的社会状态下发生，即存在失业、技能缺乏、收入低下、住房困难、罪案高发、丧失健康以及家庭破裂等情况下，而且这些情况往往会复杂地缠绕在一起（Sen、王燕之，2005）。Silver 认为包容性增长就是未来实现共生，突破排斥，而且把社会排斥概括为团结型、特殊型和垄断型三种类型，并加以解释（景晓分，2004）。包容性增长也是构建在基于共生理念的福利经济学基础之上，Sen 认为，帕累托原则对个人私利空间不容许，也就是帕累托最优和个人自由是完全不相容的，这就需要有一种理论能够促进其相容发展，而这只有利用共生理念，从而实现包容性增长，这也是包容性增长的理论基础（周林刚，2004）。Symbiosis（1986）认为，共生理论构成了包容性增长的理论基础，而且相当重要。虽然共生理论始于生物学领域，但是自进入包容性增长领域后，构成了包容性增长最重要的理论基础。蔡荣鑫（2009、2010）认为，包容性增长与共生发展具有相互促进的作用，认为包容性增长可以推动区域和谐共生发展。包容性增长与共生发展理念融合形成了其他相关理论：一是以林毅夫（2006）为代表的参与共享理论，认为我国和谐社会发展的有效途径是以共享式增长为基础的发展战略；二是以马晓河（2013）为代表的经济社会协调理论，认为包容性增长理论是为了促进经济、政治、文化、社会、生态等各个方面互相协调的理论，这与共生发展理论已经非常接近了；三是以汤敏（2010）为代表的低收益者收益理论，认为包容性增长的本质是共享收益，而且是让低收入者受益更多；四是以向德平（2011）为代表的增长价值导向理论，认为包容性增长理念的价值导向是重视经济社会协调发展、突出发展机会平等、加强贫困人群能力建设、坚持并完善开发式扶贫、建立社会大扶贫格局，从而实现社会各方面的协调发展。郭俊华（2011）进一步认为，包容性增长战略导向是发展战略的转型；包容性增长提供思想导向是改革共识的转型；包容性增长价值判断是经济增长伦理的转型；包容性增长社会环境是经济增长模式的转型；包容性增长激励措施是经济增长制度的转型；包容性增长主体是人的转型。

3. 包容性增长的实证方法

包容性增长研究目前才刚刚开始，与传统经济学领域相比，在实证研究方面还比较薄弱。但是其在实证研究领域为共生发展的实证研究提供了思路。包容性增长的实证研究通过构建若干指标，可以测量包容性增长，具有代表性的有 Son、Ali、Klasen、McKinley 等。Zhuang 和 Ali 主要是强调过程导向，认为包容性增长程度依赖于机会曲线向上移动程度以及移动发生在收入分配的哪一部分。机会曲线不但适合收入分配，还适合教育、健康以及政府政策的包容性增长。用这种方法对包容性测度主要从人均经济机会和经济机会共享程度两个方面进行度量。但其测量指标的操作性不够强，在具体操作中会产生较大的系统误差。Ali 和 Son（2007）认为，就业和生产率、人的能力发展、社会保障是测量包容性增长的三项重要指标。Klasen（2010）的观点则认为，可用于测量包容性增长的指标主要有：绝对贫困是否减少？穷人就业是否增长？高收入和低收入不平等是否减少？贫困地区和人群面临的体制和结构障碍是否得到根除？人的能力是否得到提升？穷人的非收入性福利，如住房是否得到改善？McKinley（2010）对包容性增长的测量更具操作性，他构建了一套测量体系，将包容性增长划分为七个维度，并在每一个维度下开发相应的指标。同时，用这些指标对孟加拉国、柬埔寨、印度尼西亚、菲律宾和乌兹别克斯坦五国的包容性增长状况进行实证分析。刘嫦娥等（2011）认为，这种测度方式具体、易操作，但权重的赋值缺乏严谨性，如何确定包容性增长的指标，并为每个指标测度确定一套科学方法，这是今后需进一步思考的问题。

包容性增长理论在经济学领域的应用给共生理论与其有机融合的机会，共生理论与包容性增长在区域经济发展领域有了结合点。共生理论在区域经济学领域是为了解决区域经济发展差距以及区域经济发展非均衡问题而提出，而包容性增长提出解决区域经济发展差距、生态平衡和可持续发展问题的直接模式、方法和路径，目标和模式在区域经济领域达成了最大限度的一致。因此，区域经济包容性增长理论可以为区域经济共生发展提供研究思路，特别是区域经济普惠发展、共享经济成果方面，是解决经济发展和人的发展关系问题，对区域经济共生发展中的发展共生具有重要的指导作用，在研究区域经济共生发展的影响因子、影响机理和指标体系构建方面都会用到包容性增长理念。

三、区域经济共生发展的实践模式

（一）产城融合共生模式

党的十八大报告指出，坚持走中国特色新型工业化、信息化、城镇化、农业现代化道路，推动信息化和工业化深度融合、工业化和城镇化良性互动、城镇化和农业现代化相互协调，促进工业化、信息化、城镇化、农业现代化同步发展。但是在发展过程中普遍存在产城不融合、单纯产业园区、单纯居住城区的现象，睡城、空城、卫星城等比比皆是，这势必会影响区域经济的整体发展。因此，产城融合共生模式是区域经济发展过程中产业与城市发展的必然结果，是区域经济共生发展的实践模式之一。在研究过程中，与产城融合共生存在密切相关的因素主要有以下方面，分别是制造业发展、现代服务业的发展、城市基础设施建设、交通网络、土地资源供给、城中村改造、资金来源、人才聚集、市场机制、国家政策，根据因素之间相互关联、相互影响的特点，现用系统动力学的方法可以充分展示出各大因素之间的内在关系，并形成产城融合共生的实践模式。如图 2 –1 所示。

如图 2 –1 所示，国家政策的颁布可以促进新城区内城中村改造的实施进度，增加使用土地供给量；区域新城的城中村改造可以促进整个区域城市功能的发挥，建设过程中，使各种市政配套设施齐全，绿化、净化、美化均可达到人居与商业要求，实现整体环境的改良；土地的批准推进城

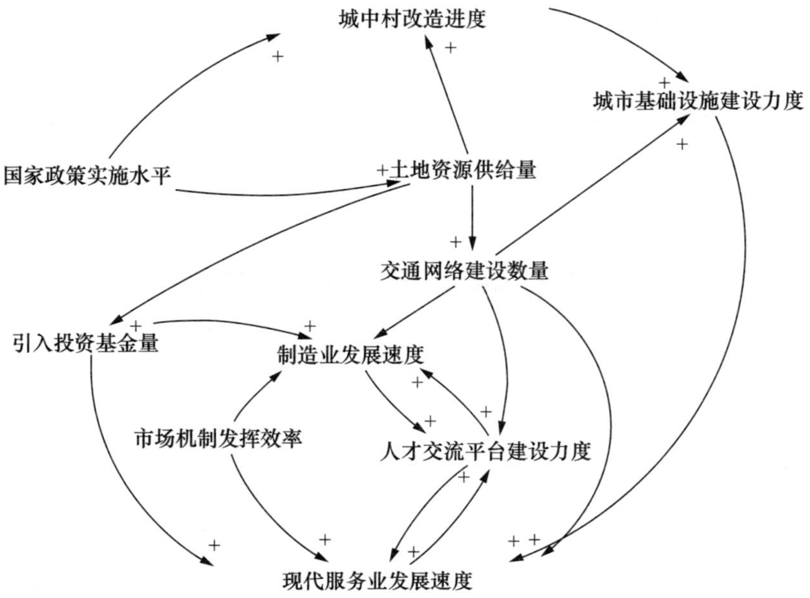

图 2-1 产城融合共生模式

中村改造，不仅加大了交通网络的建立，构建了更好的发展环境促进园区工作与生活的人员流入，扩大人才储备，同时能使用土地的增加也吸引了更多的企业进行竞标投资；这就为产业的建设注入了新鲜血液，促进制造产业和服务性产业共同发展；产业在不断发展过程中，创造了较好的利润，又会自然而然地吸引一部分人才的流入；由于城市功能带来的众多产业发展优势，促进高科技人才流入园区，从而在人才与资金双向投入的情况下，产业规模会不断扩大与延伸。各个要素都有相互影响和相互关联，实现良性循环和自组织发展，这便构成了如图 2-1 所示的整个融合区发展要素的产城融合共生实践模式。

（二）科技入园共生模式

在区域经济发展过程中，江西逐渐形成具有共生性质的科技入园工程实践模式，这是共生理念在区域经济科技服务创新模式上的充分体现和有效实践，从江西“科技入园”的发展历程来看，共生理念贯穿“科技入园”的每个阶段并已渗透至“科技入园”的各个层面。“科技入园”是时代发展需求催生的江西科技工作创新之举，不断创新的“科技入园”工作态势则已成为江西科技创新服务体系建设的主要推动力量，为江西实现创新驱动发展提供了有力的支撑。科技入园是一项协同共生的系统工程，它会受到多种因素的影响，要使这一系统工程有效完善，就要在协同共生理念的指导下充分了解其影响因素、运作的方式和条件。科技入园的影响因素主要体现在影响机构入园、政策入园、项目入园、服务入园和人才入园，并各自构成相应的子系统，且把这些子系统结合起来就形成了科技入园工程的综合共生创新总体模式。如图 2－2 所示。①

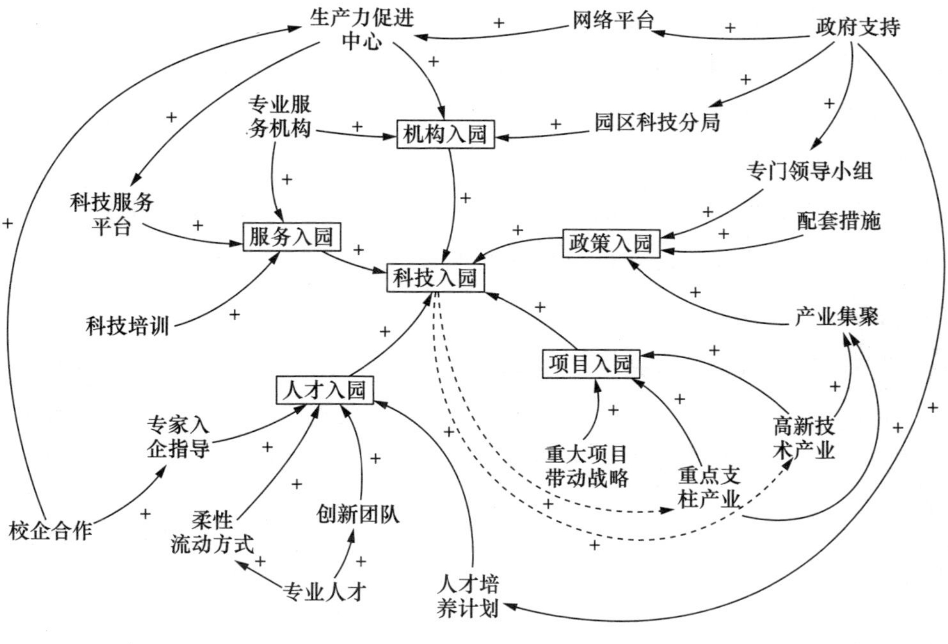

图 2－2　科技入园共生模式

① 本部分内容参考笔者发表的论文《基于系统基模的科技入园系统模式与运行机理分析》。

根据图 2－2 可以看出，该总体模式研究的主要问题是影响科技入园的战略决策，利用总模式模型的流程图，可以进行相关因素分析。通过对子系统及总体模式的模型构建，科技入园模式中主要的因果反馈关系概括如下：

（1）生产力促进中心对科技情报的信息起着直接作用，科技情报又推动着网络平台的建设，促进了产品推介基地规模的同时，提高了生产力促进中心的水平。

（2）生产力促进中心通过数据库系统，搭建了科技服务平台。该平台直接助力于服务入园，并最终服务科技进入工业园。

（3）政府通过建立园区科技局，扶持网络平台，改善融资环境，协助了机构入园。通过成立专门科技领导小组，指导政策入园。在园区优惠政策下，积极吸引外部专业人才，实现人才入园。

（4）项目入园后可能带来地方品牌创新，品牌创新是创新型企业建立的基础之一，而创新型企业的发展壮大可能形成产业规模，并最终成为当地重点支柱产业。

（5）高新技术产业、地区重点支柱产业对实施重点项目入园有直接关系，项目入园是科技入园较为直观的成效体现，科技入园形成规模之后，又将推动各地高新技术产业和重点支柱产业的发展。

（6）高校与企业之间进行校企合作，形成的技术产业对接，不仅有助于推动产品设计、提高产品试制转化率，通过对生产力促进中心的完善深化机构入园。还能为专家学者进入企业指导提供便利，加强人才入园的系统。

第三章　区域经济共生发展的概念逻辑与理论本质①

从理论角度对区域经济文献综述和从实践角度进行民族地区省域经济运行监测发现，区域经济共生发展蕴含着一定空间和可行性。在这样一个基础上，我们就需要追根溯源，对区域经济共生发展概念、理论体系进行深入剖析。与区域经济其他理论不同，区域经济共生发展是共生理论与经济领域融合产生的。通过阅读相关文献，本章从基本内涵、理论本质、现实意义三个方面对区域经济本质和共生概念得出一个全新的理论，即区域经济共生发展。

一、区域经济共生发展的逻辑起源

随着经济发展、社会进步，各区域经济联系会愈加紧密，区域经济的走向必然是科学、和谐、生态和可持续的，其共生发展也会有一定的路径和逻辑。

① 本章核心内容发表于《华东经济管理》2014 年第 1 期，原题目为《区域经济共生发展的界定与解构》。

（一）逻辑起源

在区域经济一体化、区域经济协调发展、区域经济合作发展兴起的时代，区域和区域单元也同样受到这些经济发展模式的洗礼。经济的发展都会有这样一个过程，即由粗放式到集约式再到绿色发展，区域经济发展也不例外。基于此，立足长远区域经济共生发展概念便应运而生，即使暂时看不到 GDP 增长，但仍要坚持以生态、绿色为目标。区域经济共生发展理念还要追溯至生物学领域，共生是由生物学领域产生而后应用于社会学领域，大家为了证实共生在经济中的存在，在经济领域中做出一些尚不成熟的理论尝试，如区域经济一体化、区域经济协调发展和区域经济合作发展等。在这些理论尚不成熟的情况下运用，区域经济共生发展理论是共生理论在经济学领域的又一次大胆尝试。区域经济发展理论追求的目标是实现绿色发展，而共生理论则体现的是包容性增长，两种理论在某种程度上不谋而合，所以两种理论融合带来的区域经济共生发展理论应该是可持续的、科学的、包容的。

（二）发展趋势

社会在不断地发展，这种发展的表现就是社会环境的稳定与和谐，区域经济理论和实践也会在这种背景下不断发展和延伸。在推行绿色、低碳的今天，区域经济发展应该更趋向于生态、持续和共生。粗放式经济发展模式不会为区域经济带来多大改观，它与人类发展的可持续性相违背。因此，区域经济发展过程中原始积累所带来的破坏必须缩小直至消除。所以，从发展模式来说，共生不论是同其哪种要素共生，都会带来可观效益，共生会是区域经济发展的最优选择；从发展路径来说，选择共生发展可以使区域各单元间和谐共存，产出效益达到最大化，符合未来经济发展健康与可持续性路径；从发展方式来说，区域经济发展在走向共生过程中会更加注重资源综合利用，注重以最小资源发挥最大效益。

（三）共同知识

信息时代的到来，人们对事物的认识不再局限于一个区域，人们对某种事物的共同认知也就是共同知识在增长，在经济发展领域也同样如此。在过去疾病和饥饿困扰着人们，只顾解决温饱问题的人们不会太关注生态发展，而在全面建成小康社会的如今，大家生活水平显著提高，对生活质量的要求也在提高，很明显的反映就是大家衣食住行都在追求着低碳、健康、绿色。由此可以看出，经济发展在影响着人们的共同知识，而人们的共同知识也在敦促经济向着更绿色、更生态的方向发展。共同知识变化要求区域经济发展不能一成不变，要学会用科学技术武装，推陈出新；共同知识的增加要求区域经济发展要有全局意识，不能坐井观天，学会吸纳其他优秀区域经济发展成果；共同知识的拓展要求区域经济发展不能仅满足于现状，要不断学习优秀经验，不断保持经济发展的持续稳定增长。共同知识的变化对经济发展具有一定影响力，现如今互联网时代到来，人们的学习途径变得多样化，共同知识被无限放大，在区域经济共生发展深入人心的同时，人们作为劳动力和生产要素提供者也在贡献自己应有的力量。

二、区域经济共生发展的本质属性

社会发展有一定规律可言，共生理论是社会发展的产物，也代表着社会发展趋势，共生理论应用于区域经济是经济发展遵循一定规律的结果。

（一）两个基本概念

1. 区域经济

任何理论发展都是从不成熟到成熟的发展过程，区域经济发展也是经历从农业区位理论的提出到研究不同区域发展变迁、空间布局、单元间的相互关系。区域经济理论不是研究单个企业经济增长方式，而是从地域范围来研究生产力分布及发展规律，研究区域范围内如何利用位置优势实现资源优化配置，利用区域经济发展的效益、效果为当地政府提出决策依据，发现区域经济发展过程中的规律性问题，主要涉及区域特征分析、目标系统与政策手段、产业结构演进、人口增长与移动、城市建设与布局、区域国土规划、区域联合与区际利益的协调、区域比例关系。学科主要研究方向包括：城市化与城市经济问题、空间结构理论、区域生产力布局、资源合理开发利用、农村经济、区带规划及管理、区域投融资等。

社会处在不断变化发展的过程中，经济发展也是这样，区域经济发展相关理论也在不断变化的形式当中逐渐丰富，区域经济发展不能只是“井底之蛙”，要学会“走出去”与“引进来”相结合，把其他相关区域单元都考虑进来，进行合理规划，将各单元资源优劣势进行优化，区域单元间取长补短。实际上，区域经济发展依靠的不是某一个因素，而是区域单元之间多个因素在空间上的优化布局。区域经济发展不是单纯只看经济指标增长，它更多地强调包容性增长。什么是包容性增长呢？包容性增长寻求的是社会与经济协调发展、可持续发展，包容性增长倡导机会均等。在区域经济发展过程中，区域各单元间能够公平合理地去利用资源，包括矿物资源、土地资源、人力资源和生物资源，并且区域各单元间把合作和相互协调作为一种习惯，这样一来区域经济发展摒除了区域单元间的恶性竞争，区域经济发展形成一个有序、正当、公平的良性发展机制，包容性增长营造良好环境下的共生发展理论就呼之欲出。

2. 共生发展

对于共生发展，我们首先把这个术语分成两个部分来解释，一个是发展，一个是共生。发展是哲学领域的专业术语，意指事物由小到大，由简到繁，由低级到高级，由旧物质到新物质的运动变化过程。事物的发展原因是事物联系的普遍性，事物发展的根源是事物的内部矛盾，即事物的内因。唯物辩证法认为，物质是运动的物质，运动是物质的根本属性，而向前的、上升的、进步的运动即是发展。发展的本质是新事物的产生和旧事物的灭亡，即新事物代替旧事物。

发展是哲学界的术语，共生则是生物学界的术语，是指两种密切接触的生物间形成的互利关系。自然界生物包括人类都存在着共生的可能性，共生的互利关系是指一方在无形中为另一方提供生存条件时，另一方正在“默默”地帮助自己，二者相互依存，共同发展。共生思想在黑川纪章这里不仅指生物领域的共生，他提出的共生已经涉及不同文化、人与技术、人与自然的领域，黑川纪章之所以能把共生发展到其他领域，是因为他吸纳了中西方思想中“反观合一”、“即非理论”、“诸行无常”等思想，然后融合自己的理解，将共生思想上升为一种哲学即共生哲学。

在哲学领域，共生和发展相碰撞，产生了本文的共生发展，共生发展是指共生主体之间为达到自身发展，形成利益共享、风险共担的局面。这种发展不是两个共生体间其中某一个的发展，不是以一个的牺牲来成全另一个存活的发展，是共生体之间具有相互包容性的发展。本章中共生与自然界共生有些许不同，自然界中生物领域的共生具有原始性和初级性，而人类具有能动性，人类可以在发现规律和认识规律的基础上，对资源进行优化，所以共生在经济领域具有一定人为创造性，正是这种创造性才促进了区域经济共生发展。

（二）区域经济共生发展的基本内涵

针对区域经济发展，我们主要考虑的是如何在共生基础上使区域经济得到发展。那么什么是共生发展呢？共生发展在区域中的体现是区域经济发展和区际关系共生，顾名思义，区域经济发展需要利用共生理论，并通过利用共生途径去放大区域经济发展共生效应。

1. 概念逻辑

资源是区域经济发展不可缺少的因素，为了避免区域不同主体间进行资源争夺这种恶性竞争的出现，减少区域经济发展原始积累对资源的浪费和破坏，为保证区域间经济尽量做到均衡发展，许多专家学者纷纷提出自己的理论，并把这些理论在实践中运用，如欧共体、东盟等的建立。我们先撇开这些理论的好与坏，单看其具体实施过程，各区域内部都在奉行合作协调、资源优化配置、利益互惠共享原则。

区域经济要往均衡方向发展，不仅需要理论来指导也需要实践来佐证，但是现实是残酷的，如此多理论加上如此多次尝试仍不能改变区域经济非均衡发展。那么，我们不禁感到困惑，这些理论的提出不是在修补区域经济发展存在的问题吗？为什么还是达不到理想均衡状态？通过我们的调查发现，区域经济从最初发展开始就存在参差不齐的现象，不在同一起跑线上的各个区域在最初就已经受到不公正对待，就拿稀缺性经济资源来讲，经济发展水平高的区域在谈判中对经济资源就会有绝对话语权，这场资源竞争使得经济发展水平弱势一方已经输在起跑线上，在得不到资源不能发展经济的情况下则使强者越强弱者越弱，这样便与区域经济均衡发展理念背道而驰。再者，竞争力弱小区域为了保护属于自己的资源，采取地方保护主义，造成“闭关锁国”状态，这样更容易造成经济发展水平高的区域“眼红”，“内忧外患”局面致使竞争力弱小区域发展越发艰难。“经济的丛林法则”在这场经济资源竞争中发挥得淋漓尽致。

经济学中的自利性导致了经济资源的掠夺性开采和无序竞争，就算加上政府宏观调控，那也是在各区域间非自身情愿状况下达成的协调化和合作化，这种意义的合作不能从根本上解决区域经济中各组成部分的自利性。只有区域单元间自发、主动去寻求合作，从共生利益出发，使区域单元间文化、经济、制度形成共生，整个区域经济才更具发展潜力。以资源互补或者共享的方式，自发寻求合作产生的共生主体会减少资源内耗，提高资源利用率，形成共生经济。如同破茧成蝶的蚕蛹般，共生经济没有了共生体便只剩一个空壳，这意味着这个“茧”的生命结束或者形成一个如蝶一般的新共生体。互补共享型和互补竞争型是共生经济的两大组成部分，互补共享是指共生各方经营资源互补，做到取他之长补己之短，互利共赢共同发展。共生经济中最常见的变现形式就是互补共享型，依赖程度越高的互补，强度越大，产生的共生效益越好。

谈到这里，共生经济逻辑概念的面纱就即将被揭开，研究区域经济共生理论可以为区域经济共生发展提供理论基础，在区域各单元间对资源利用不仅仅强调资源优化配置，更注重资源配置过程中的共生，通过区际、代际、生态、发展、制度的主线，发展人与人、人与自然、自然与自然的包容性模式，促进区域各单元间不仅形成经济共生体或者说生态共生体，达到带动区域经济更加追求绿色、持续、健康、生态、环保的融合发展。生态不论是人类社会还是经济发展都是焦点所在，经济生态化和生态经济化虽说知识名词前后位置互换，但它都是区域经济发展的目标所在和包容性增长的发展趋势，共生一词在区域经济发展中的提出既符合经济生态化的要求也符合生态经济化的要求。对共生理论和包容性增长的思考得出区域经济共生理论的概念，再结合对国内学者发表的相关文献进行梳理，发现区域经济共生发展理论的延续性。区域经济共生发展理论紧随“科学发展观”、“和谐社会”这些时代潮流，共生理论在区域经济中的碰撞也是“科学发展观”、“和谐社会”在区域经济发展中的表现。粗放式经济发展并不能达到经济发展均衡的目的，只有融合共生理论和包容性态势的经济发展才能使人民生活水平提高，才能使经济生态可持续性发展。对区域经济共生发展概念，本书打算从图 3－1 理论逻辑、图 3－2 结构逻辑、图 3－3 要素逻辑来进行进一步解释。

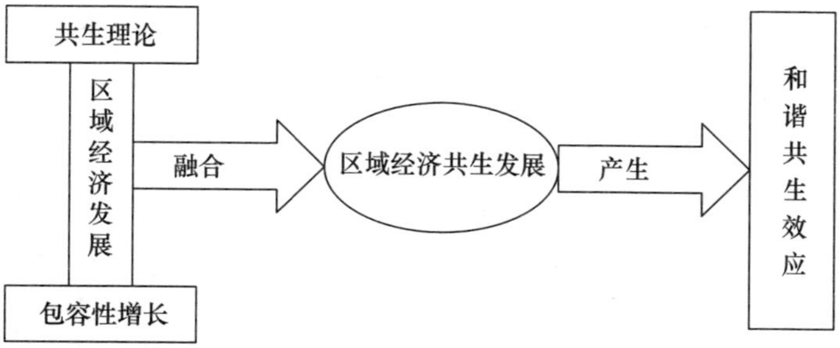

图 3－1　理论逻辑

如图 3－1 所示，区域经济发展既需共生理论又需包容性增长，只有两个因素融合在区域经济发展过程中，区域经济才能真正地发展，并且产生一种效应，即和谐共生。共生理论、包容性增长和区域经济发展的逻辑概念还比较系统，我们继续基于共生理论和包容性增长再次构建一个结构模型（见图3－2），所以本文研究范畴就锁定在区域经济共生理论、包容性增长和发展这三个方面，通过进一步研究，我们提出区域经济包容性增长的最基础的含义、最本质的属性和研究它在实践中对经济的影响，通过这些理论与实践相结合，我们要对包容性增长的适用对象、内部含义以及以后还会有什么样的发展路径有所了解。

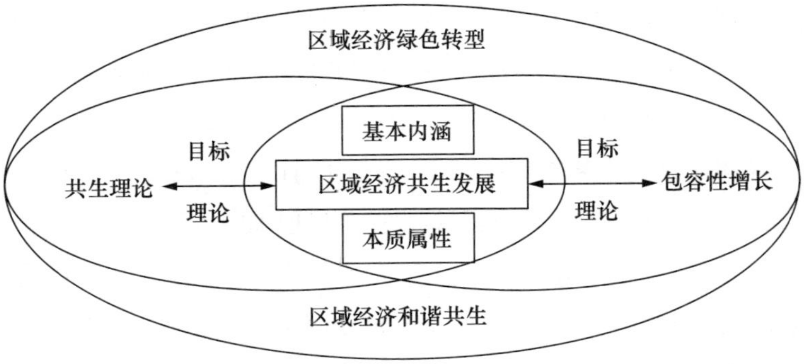

图3－2　区域经济共生发展的结构逻辑

从图3－2中我们可以清晰看到区域经济共生发展既需要共生理论又离不开包容性增长，共生理论和包容性增长既是区域经济共生发展的目标又是其理论基础，在包含两个不同要素的基础上交融成一个属于自身的具有基本内涵和本质属性的逻辑结构，同时从结构图中我们可以看到区域经济绿色转型和区域经济和谐共生也是区域经济共生发展要实现的目标。

如果根据区域经济共生发展的结构逻辑，把区域经济共生发展的其他外部环境考虑在内，我们对其结构再进行一次细分，可以发现如下几个影响因子：发展、区际、生态、低碳等。具体如图3－3所示。

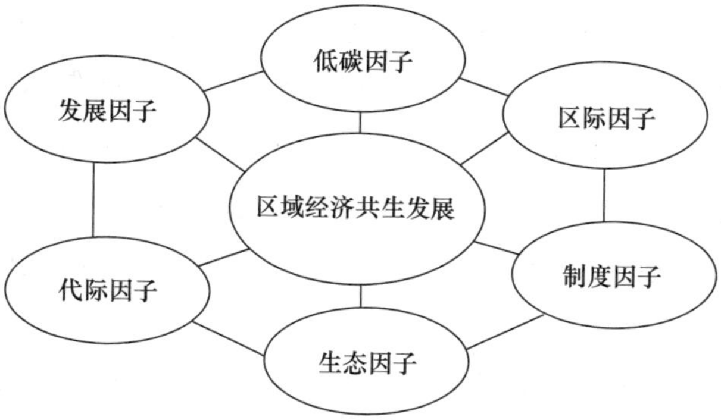

图3-3　区域经济共生发展的要素逻辑

制度、生态、低碳、发展等这些都是区域经济共生发展的影响因子，如果能将这些影响因子之间的关系进行优化处理，那么区域经济共生发展产生的和谐共生效应也就指日可待，由于众多的区域单元可能存在不同的偏好，所以区域利益主体追求的目标也会不一致，但是机会均等和利益共享使区域各单元间寻求合作共生成为可能。区域自利性的弱化，区域单元间利用要素优化发展，大家心往一处想，劲往一处使，这样这个区域经济的价值会得到明显增值。

2. 本质属性

共生发展是区域经济的题中之义，它本质目的是增进区域内部子板块之间的共生价值，而由此带来的共生效应必须由共生价值来进行量化和衡量。在之前区域经济概念中已经清楚地阐明，由于区域各单元间所占有的资源总是不尽相同，由此而产生长期发展不均衡的态势也就不足为奇。那么，无为是不是我们唯一的选择呢？不，有所为才是正确的行为方式，众所周知，增进区域经济各单元间的协调发展与合作是区域经济协调发展与合作发展的要义，如此，共生便成为促进区域经济发展的趋势，共生价值也是区域各单元间应坚守的底线。综上所述，区域经济共生发展的本质属性可以分为共生利益、共生资源、共生价值这三个逻辑架构。

（1）区域经济共生发展的动力是共生利益。共同利益目标是捏合各种力量的关键。区域经济共生发展涉及区域内各单元间以及相关利益主体，他们在区域经济发展的同时都有自己的行为倾向。因此，不失时机地构建共生利益并把它作为共同的利益目标，以此来整合各种有生力量，为区域经济发展添砖加瓦。而共生利益的抉择应该综合考虑发展、代际、生态、制度和区际等方面的因素，因为我们最终是为了实现经济与生态融合发展。

毫无疑问，在当今区域经济发展的高级阶段，区域内各单元间的发展要素呈现出水乳交融的态势，共生利益无疑在其间日益凸显。如此，共生利益现象是显而易见的。除了这些现象之外，我们也可以用理论加以证明。先贤亚当·斯密的“理性人假设”下的利益主体更多关注自身利益实现，而这往往会导致自身对于对方目标或可能产生的共享目标认识不足。画地为牢式的经济可能不需要共生利益存在，但是如果把生态考虑在内，那就要另当别论，如同在孤岛上生存的鲁滨逊一样，如果没有孤岛上的生态环境与其共生，那也就没有如今口口相传的故事。共生利益可以在众多领域被造就，尤其是在政治、经济、文化相互融合的区域单元之间。既然区域单元间形成了共生利益，那么在此基础上形成共生意愿就成为必然，由意识产生行为，在共生意愿指导下形成的共生行为也就理所当然，毕竟统一了思想，不统一步伐，共生利益理念也只能是停留在口头上而没有落实到实践中。虽然区域经济共生发展需要区域各单元间摒弃自利性，但是各单元间在发展时仍会存在追逐自身利益现象。基于此，我们可以从利益这个词出发，让区域各单元在共生中寻求利益，使他们了解共生发展带来的利益要比“单打独斗”高许多，这样区域各单元间就会更乐意主动去寻求合作，共生关系也就因此形成。

（2）区域经济共生发展的源泉是共生资源。如同人类发展离不开水一般，共生资源便是区域发展的源泉，如果单个审视区域内单元间资源占有情况，会发现他们所占资源不尽相同。因此，资源的优劣势互补势在必行。由于历史沿革，出现了行政区域划分，这些划分固然可以使管理更加便捷，但是它在某种程度上也限制了经济发展，比如说由于区域限制，使原本可以共生发展的资源被割裂开来，所以这里就需要区域经济共生发展的理论，这种理论正好可以用来弥补行政区域划分给资源共生带来的缺陷，这种理论符合自然规律，可以让割裂的资源再次融合形成共生，使资源和环境达到优化。

行政区划是掣肘共生资源实现的一个重要瓶颈，为了使生态环境能从人类分享资源开发利益的同时获益，要用全局的眼光看问题，在资源开发上也不例外，既然行政区划的设置本身阻碍了资源共享，那么区域内各单元间应该摒弃条条框框，切实践行一切从实际出发的原则，以更加开明的态度有效整合一切可以整合的资源，以此让资源在区域经济发展中发挥更大的作用。科技是第一生产力，被行政区域划分割裂开的资源需要科学技术去进行“黏合”，以科技带来的资源共生，会以最小能耗带来高效与可持续发展。共生资源是共生经济发展的不竭动力，团结起来力量大用在共生资源上可以说是恰到好处，将区域各单元间资源进行整合，优化配置，形成共生资源体，这样可以减少资源本身的内耗，真正实现生态与经济相融合，促进经济可持续发展。

（3）区域经济共生发展的目标是共生价值。区域经济共生发展强调的是共生后产生的经济利益，也就是在生态与经济融合之后，给区域经济发展提供的增加价值，在这里我们把这个价值称为共生价值。共生价值在共生基础上产生，这里的共生是区域单元间以自愿方式将自有资源进行优化配置，它排斥政策性、机械性资源组合。

没有资源就谈不上共生价值，共生价值产生是资源在区域单元间共同开发、合理利用、优化配置的结果。如果资源是共生价值产生的来源，那么与资源相关的利益主体也是决定共生价值高低的条件，如果各利益相关者能够站在一定高度上秉承合作共赢理念，以开明开放的共生策略为先，区域经济才能真正做到共生发展。这些利益相关者主要有区域各单元的政府、产业、企业等，这些利益相关者在利用区域资源时，要以合作共生的姿态去对待区域资源，这样在实现经济增加值的同时也对生态起到保护作用，达到双赢局面。共生价值是区域经济共生发展的目标，是本质所在也是理论核心，共生价值的提出使区域经济发展逐渐向绿色、生态方向发展。

从理论上讲，实行区域经济共生发展与未实行区域经济共生发展在最终产生的经济增加值也就是共生价值上肯定迥然不同，我们通过区域内两个单元来进行论证。假设同一区域内有两个单元，在自然属性上它们拥有同一处旅游资源，但是由于行政区域划分使自然资源被划分为两块，在资源利用上我们采取两种方案：第一种是区域内两个单元各自开发各自资源；第二种是区域内两个单元将资源形成共生，进行综合开发利用。

假设用 A、B 分别表示行政区划下的两个共生单元或者叫做两个利益主体，共同拥有 C 资源（可开发成旅游资源），两个共生单元的开发成本假设分别都为 D。共生成本（因为共生发展的需要各共生主体间需要进行谈判以及维持长期的共生关系的费用）为 E，社会总福利 T。

首先，我们考虑将自然资源按照行政区域划分进行开发。

收益函数分别为 F(A)、F(B)，则

$$社会总收益 = F(A) + F(B) \tag{3-1}$$

成本函数分别为 C(A)、C(B)，根据假设：

$$C(A) = C(B) = D \tag{3-2}$$

因此，

$$社会总成本 = 2D \tag{3-3}$$

因为，社会总福利 = 社会总收益 - 社会总成本，由式(3-1)、式(3-2)、式(3-3)，即

$$社会总福利\ T_1 = F(A) + F(B) - 2D \tag{3-4}$$

其次，可以考虑将资源作为共生资源，共同开发、利用和运作。

收益函数为 F（A，B），作为共生资源进行综合开发，这种方式的收益虽然低于按照行政区域划分进行开发，但是这种降低相应地减少了消费者的费用，也就将收益转移至社会福利中，这种开发方式使消费者能够用相对较低的价格同时体验这块由于行政区划的影响被人为地划分为两处的自然资源。

由于自然资源在空间上具有不能忽视的一体性，作为共生资源打破了行政区域上的划分进行开发，将能够维护自然规律和生态本性，可以吸引更多的消费者，实现可持续发展，共生关系维持也有利于维护并提升总体收益。因此，

$$F(A, B) > F(A) + F(B) \tag{3-5}$$

由于作为共生资源进行开发，成本函数为 C(A, B)，考虑到规模效益的影响，必然会减少各自的成本，但却会由于共生资源的开发带来共生成本 E，随着长期维持和稳定促进各区域不仅能够形成经济共生体，更是生态共生体，共生成本 E 从长期来讲，是可以忽略不计的。因此，

$$C(A, B) < 2D \tag{3-6}$$

所以，社会总福利 $T_2 > T_1$。

$$共生价值 = F(A, B) - C(A, B) - [F(A) + F(B) - 2D] > 0 \tag{3-7}$$

总而言之，对共生资源进行综合开发会带来价值增值，并增加社会总福利。

3. 概念界定

综上所述，就提出了区域经济共生发展的概念，区域经济共生发展的本质就是增加各单元间的共生利益，发展更加全面均衡，主要是以共生为主，区际、代际、生态、发展、制度等为辅，考虑了人与人、人与自然、自然与自然之间协调发展，不以单纯地发展经济为目标，而是以经济与自然协同转型为共生目标，使之成为生态共生体。区域经济共生发展要求各单元间以共生价值作为发展方向，在发展中互相磨合，以期达到资源的共生和融合。

各区域一开始不是主动地去融合发展成共生体，经过共生发展概念的提出开始主动地组织行为。在这当中，各行政区域在协调发展过程中并不是上下级关系，而是从共生利益需求出发的行为。这个过程是在不断冲突磨合中调整产生的共生价值，是各区域之间共生融合和包容的过程。

该理论主要有下列特征：首先，区域经济共生发展的动力是共生利益，各利益相关主体在共生利益的推动下衍生出了共生意愿和共生行为。

其次，我们认为行政区域划分没有办法消除资源共生性，资源具有整体性，所以资源的开发和利用就不应该忽视它的共生性。最后，区域经济发展的目标是共生价值，通过对资源使用得到共生价值并产生价值的增值，创造更大的价值，减少各自开发的成本。

4. 实现标志

综上所述，可以界定出区域经济共生发展的概念和特征，可是到底什么是区域经济共生发展，这是研究区域经济共生发展实现的关键。综上可知实现的标志：一是区际联系更加紧密和深化；二是构建依托资源本性的共生领域；三是区域经济包容性增长。

标志一："区际联系更加紧密和深化"从字面上很好理解，各区域间相互合作，通过不断的默契合作，消除区域内耗产生的共生乘数效应。通过构建信息交流的平台或是共生媒介，使得各区域间的交流更加密切。

标志二："构建依托资源本性的共生领域"，依据行政区域划分资源本身就忽视了资源的共生本性，资源的本质决定了开发的方式，必须尊重自然规律，使用共生资源的方式去进行综合开发。主要是改变了一直以来依据行政区域划分的传统，使得各单元间不仅可以在自然资源、资本、科技、信息等生产要素方面相互交流，而且在产业、企业等领域相互交流，从而产生了共生产业园、跨区域项目等。

标志三："区域经济包容性增长"，这种增长应该能够有利于区域内居民和生态，使区域内居民生活水平能够有可量性提升，帮助生态环境良性循环，尽可能减小区域内贫富差距，使区域经济发展成果具有普惠性。从而，区域经济包容性增长主要看社会保险覆盖率、区域发展差距、恩格尔系数，可以从这些系数体现各单元区域经济包容性增长下的共生发展状态。其增长的目标是共生价值的增长，创造更大的价值。

综上所述，区际联系的紧密、共生资源的形成、区域经济包容性增长情况是区域经济共生发展实现的重要标志。因此，我们可知区域经济共生发展的本质是共生利益、共生资源和共生价值。

第四章　民族地区共生发展的因子探索与影响机理[①]

民族地区共生发展会受到诸多因素影响，各因素影响大小也不尽相同。在此，主要是通过文献调查和问卷调查两种方法，来发现民族地区共生发展影响因子，然后对调查问卷的数据进行探索性因子分析，并分析出核心影响因子。同时，对探索性因子分析后的影响因子进行影响机理分析，即分析各核心影响因子对民族地区共生发展的影响机理，而且分析核心影响因子对民族地区共生发展的综合影响机理。

一、民族地区共生发展影响因子的基本判断

民族地区共生发展影响因子较多，但是在分析过程中会因为各因子的相关性和包含性，有必要对这些因子进行取舍和选择。在这里，所应用的方法主要是探索性因子分析法，从而找到影响民族地区共生发展的关键因子。

① 本章核心内容发表于《企业经济》2015 年第 11 期，原题目为《基于系统基模的区域经济共生发展影响机理探析》。

（一）影响因子

民族地区共生发展关键因子的探索，首先必须探寻到有哪些因子，并且对这些因子进行分类整理。在此，主要是对相关影响因子的基本内涵在共生发展的框架下进行界定，为民族地区共生发展水平指标体系的构建提供核心层指标。

（1）发展因子。也可以叫作发展共生，它体现的是经济发展对人的包容性，解决的是人与经济的共生问题。没有人的发展，经济发展就失去了其意义。经济发展就是要以人为本，为社区居民带来更多的实惠，而且不断促进人的发展，包括劳动力就业的增加、人均收入水平的提升、人均寿命的提高、人均受教育水平的提升和社会保障的增强等。这些方面展现了民族地区共生发展在包容性理论框架指导下的惠民性，是包容性增长的本质。因此，发展共生表达了区域各单元间要注重经济发展与人的关系，做到经济发展与人的发展的共生，实现人与经济共生效应增强的目标，通过经济发展和人的发展来彼此传递正能量，为经济与人融合共生注入新的生命力。

（2）区际因子。其实就是区际共生，它体现的是区域各单元间发展的包容性，解决区域各单元间的对称性互惠共生问题。在生物学领域共生模式包括偏利共生、互利共生、间歇性共生、持续性共生、寄生共生、内共生、外共生等，但是在民族地区发展领域，作为人类社会组成的一大部分，在此，主要是分析社会性的一面，即对称性互惠共生问题。区际共生就是要寻找到能够加强区域间联系的一切方式，加强区域之间联系，包括快速有效交通网络设施、覆盖率广的信息网络设施、频繁的政府间各种交流、大量的贸易往来、紧密的金融依存度、区域协作组织的成立等方面。这些因素的存在无疑是加强区际联系的标志，使区域单元真正成为了区域共生单元，因为他们之间正在编织和形成共生关系，这无形中会形成共生平台，寻找到共生利益基点，创造共生价值。

（3）制度因子。也就是制度共生，它体现的是区域各单元间制度的一致性和协调性，解决的是经济发展与制度的共生问题。只有在制度框架下的体制机制能够较好地适应经济发展的要求，才能实现制度与经济的共生，才能有效地促进经济的发展，制度也就有了强劲的生命力，并且柔性能够兼具弹性。制度共生就是要不断创新和发展，提升制度开放度和增强制度接纳性，良好的制度能够做到包容并蓄和内外兼修，从而为制度插上腾飞的翅膀。具体实现标志主要是体制机制的灵活性、体制机制的开放度、体制机制的弹性、区域单元的市场开放度、中介组织的活跃性、民营中小微企业的数量等，这些标志都体现了制度开放度和开明度，并且能够做到制度对经济的包容度，从而与经济发展达到共生。

（4）代际因子。也就是代际共生，它体现的是区域内部充分考虑当代人与后代人之间的共生性，这是考虑到人类未来的持续性问题，充分考虑后代发展的需要，当代人要更加倾向于关注资源、环境、生态的承载性和持续性。要实现代际共生，就要减少代际冲突、代际剥削和代际差异，取而代之的是构建代际公平、代际和谐、代际持续的共生平台，增强代际意识，营造良好的代际环境。在经济发展领域表现为当代人与后代人共同地享有地球资源与生态环境，其实质是当代人对环境资源的利用不能妨碍、透支后代人的环境资源利用，建立有限资源在不同代际间的合理分配与共生机制。为此，在实现标志方面要提升资源的利用效率、开拓可再生资源、减少非再生资源利用、减少生态环境破坏等，使各项资源不仅满足当代人需要，也能够较好地满足后代人需要，最好的状态是使当代人和后代人能够在共生基础上达到代际传承。

（5）生态因子。是指生态共生，它体现的是经济发展过程中经济与生态、人与生态的共生关系，解决的是生态与经济的融合、人与生态的融合问题。在人类生产和生活过程中，尽可能考虑生态因素，能够做到以生态为本，这样才能做到共生。在经济发展过程中，要尽可能地依据生态规律组织生产经营，从而减少对生态的破坏，甚至通过生态与经济的融合，能够促使生态与经济共生，相互协调和互补，完善整个生态系统，这才是真正意义上的生态产业化和产业生态化。而人类也应该在生活中，更加注重环境的保护和治理，减少对生态破坏的生活习惯，选择对生态健康和环保的生活方式，这也是生活的生态化，或者叫作生态化的生活。具体来看，必须在扩大循环生产方式、美化生产生活环境、发展高新技术企业、选择良好的生活习惯等方面做好各项工作，从而从源头保证生态环境与经济发展的共生。各级政府要加大环保执法力度，完善垃圾污水处理等环保设施，实行排放总量控制、排放许可和环境影响评价制度，运用经济手段推进污染治理进程，切实加强污染防治、生态保护和节能减排，实现环境质量在水、气、声等环境要素功能区达到国家环境质量标准，环境质量明显改善。

（6）低碳因子。这自然就是低碳共生了，主要是在利用资源进行生产和生活方面，要保持低碳的方式，解决的是生产、生活与生态环境的共生问题。为此，在生产领域要减少二氧化碳、二氧化硫和其他废气的污染，甚至是做到零排放或者变废为宝，这都是低碳的体现。在生活领域要做到生活消费尽可能选择低二氧化碳排放的方式，在增强低碳意识的基础上甚至做到零排放的生活方式，做到低碳生活。为此，在减少三废、减少煤电使用、增加电动等新能源的使用、减少垃圾直接焚烧等方面要做好工作，从而保证生产、生活在低碳领域与生态环境的共生。

（7）民生因子。其关注的是人民生活问题、幸福指数问题，主要是研究国家政策与人的共生问题，解决的是国家各项政策能否促进社会公平、公正和幸福，产生最大的社会福利，使各项政策能够真正落实到人的身上，实现政策与人的融合共生。为此，在制定和实施政策时，不能有失偏颇，顾此失彼，既要顾全大局，也要重点突出。做好顶层设计，落实好基层工作，使政策能够真正在人民中间落地生根。因此，民生因子需要在缩小贫富差距、减少社会不公、提升人民幸福指数、增加人民的精神生活等方面做好相关政策工作，以保证政策与人融合共生。

（8）和谐因子。在此特指人与人之间和谐共处，和谐共生，主要研究人与人之间的共生关系，解决人与人之间的和谐相处问题。健康的社会应该是大家和睦相处基础上的稳定社会，减少人与人之间的冲突与摩擦，在竞争中不断加强合作，以减少内耗带来的社会福利的净减少，反之，可以在人与人和谐共生中产生共生价值，这是社会福利的净增加。这关系到社会人之间在效用目标上的策略选择，本质上具有一定的利益关系，与社会人的素养和素质也有一定的关系。为此，在这一方面要不断做好减少社会犯罪、减少家庭冲突、减少社会离婚率、构建良好的网络信息环境、提升人均受教育年限、增强社会教育功能等工作，以保障人与人之间的和谐共生。和谐共生是人的基本存在方式，任何人都生活在人与人、人与自然的共生系统之中。共生关系不止存在社会某个方面，而是遍布人类社会的经济、政治、文化、社区、社群、家庭等所有领域，其表现更是形形色色，千姿百态。没有共生，也就没有人的存在。人之本性力图伸展，人与人之间的关系有双重性：既互相排斥，又相互依赖。每个人都希望占有更多资源发展自己，而资源具有稀缺性，所以人与人之间会出现冲突。然而，个人生存所需的许多资源只有通过别人才能得到，所以人与人之间还存在互相依赖的一面。社会分工越来越细，人对他人的依赖越来越多。排斥引发斗争，依赖导致妥协。斗争与妥协互动，形成共生。共生关系有优劣之分，和谐共生就是达到相对最优化。

（9）资源因子。资源共生注重资源之间的共生关系，诸多的资源是属于一个整体，只是被行政区划或者其他人为的关系分成了若干的部分，这违背了资源整体规律。资源从本质上来看，都应该是有机的整体，具有内在的规律性，需要从整合角度来进行资源配置和利用，使资源能够维持好内部的共生性，产生资源共生效应。解决资源的共生关系也就是共生资源的产生过程，是一个整合和复制的过程，会牵涉区域内诸多的利益相关主体，会受到区域内各共生单元的影响。这就需要各共生单元或者利益主体能够放下恶性竞争的包袱，减少强势剥削行为，从资源本性出发，构筑共生资源。特别是做好以下工作：加强项目合作、促进资源综合开发、促进生产要素的畅通流动等。

（10）产际因子。指的是产业与产业之间的共生关系，产业与产业之间都有着千丝万缕的关系，产业链就是产业纵向和横向的结合体，产业链整合是产际关系深化的关键，也是产业共生发展的具体体现。同时要不断地实现产业的梯度转移和迁移，使健康产业能够惠及所有地区和其他产业，从而促进产业间的共生。产业虽然包括了第一、第二、第三产业，而且每一个产业又包括不同的类别，但是这仅仅是为了核算、统计和分析的需要，从实质上来讲，他们应该是一个整体，构成了民族地区中的产业体系，促进产业间的共生是维持和发展产业的重要内容，也是产业可持续发展的重要工作。为此，在不断促进产业间共生的过程中，要不断整合产业链，特别是生态产业链、低碳产业链，形成绿色产业链，并在此基础上构建绿色生态工业园区，打造绿色产业集聚地，使产业间能够形成循环产业链，促进产业低碳、生态、绿色共生。同时，要实现产业的转型和升级，使传统产业能够与高新技术产业、战略性新兴产业加深合作，实现传统产业与新兴产业的共生。

（11）企际因子。企业之间的合作和整合，也是企业共生的重要内容，企业是经济发展的微观主体，其直接作用于市场和生态，对企业与企业、企业与市场、企业与生态具有重大的影响。做好企际共生需要企业与企业之间形成良好的沟通、交流和合作的平台，寻求共生利益点，在价值增值的基础上形成新的经济增长点，而且这一合作目标并不以牺牲其他利益主体为目的，从而实现竞合共生关系。在此过程中，要实现企业的跨区域合作，在有条件的区域打破行政区划，构建企业合作协会，并在协会指导下，加强企业之间的合作，并能够形成对接关系，或者对口支援关系，从而形成新的合作型企业，实现边际效用的增加，达到企业共生的目标。同时，企业之间也能够构筑循环链条，在资源、技术、信息、人才、废料利用等方面形成循环关系，达到绿色共生。

（12）文化因子。文化共生是文化发展和融合的结果，高度的文化交流可以大大地促进文化的传递和融合，从而形成较为一致的文化体系，促进文化的共生。文化对经济发展具有重要的推进作用，是区域软实力的重要体现，文化共生更能够促进民族地区的发展，民族地区发展也需要共生文化资源的积累和沉淀。为此，在促进文化共生的过程中，要提升文化交流的速度，拓宽文化交流的渠道，构筑宽阔的文化交流平台，增强文化的向心力、包容力，使文化能够对经济发展起到真正的正向作用，传递正能量。具体来看，一是要加强教育发展，提升受教育水平。二是拓宽社会职业培训体系，促进社会教育的发展。三是尽量保护传统文化遗存，并在保持过程中得以不断地拓展和延伸。四是加强区域各文化交流，把属于民族的文化共享于天地，服务于社会和经济。

以上十二大因子，都从不同的侧面界定了各自的基本内涵，是民族地区共生发展体现中的重要组成部分，也是民族地区共生发展的外延，是在推进民族地区共生发展中需要做好的重要工作。

（二）文献判断

上文选择的十二大因子是否准确，在此，主要是从文献角度来做一个初步的基本判断，以证明因子在理论上的有效性。

1. 发展共生

发展共生是民族地区包容性增长的重要体现，是经济增长对所有社区居民的惠及，经济成果能够为所有人共享，这样才能使经济发展与人的发展达到共生。包容性增长提供了一种新的经济增长范式，它是以往经济增长理论的继承和发展，而且充分考虑实现经济社会发展需求，其内涵更加关注包容、公正、效率和公平，把其进行延展，包容性增长主要体现在经济增长、社会制度及结构发展、人口发展、科技进步等方面，对构建包容性增长评价指标体系具有重要的指导意义（周佰成等，2011）。这一理论与发展共生的理念高度一致，是发展共生的具体体现，要处理好经济增长与人的发展的共生关系。在此基础上，康伟、段文武（2011）认为，包容性增长就体现了这方面要求，对全方位经济管理效能的综合效应进行充分考虑，在经济发展过程中，要充分考量就业增长，解决就业问题，同时要更加注重社会保障体系，更加关注民生发展。关娜、吕立志（2012）在此基础上进行了进一步的扩展和延伸，经济增长本身也要保持持续健康发展，同时把公平合理融入其中，设置相应的社会保障制度，这个社会保障制度除了包括就业、社会保障，还应该包括社会教育等多方面，这样做的目的就是使经济社会发展的成果能够惠及全体民众，尊重劳动者的劳动，实现劳动者获取的劳动力价值不仅同其自身劳动相符，也同社会发展趋势相一致。这些研究都是构建在包容性增长理论基础上的经济发展与人的发展问题，因为就业、收入、教育、公平、保障等问题都是关乎人的发展问题，是经济与人的关系问题，是经济发展与人的发展共生问题。刘笔利（2013）的观点可以作进一步证明，他认为对于教育的重视程度怎么都不为过，必须实现教育与经济协同发展，因为这是实现包容性增长的重要途径，通过教育可以增加人们对包容性增长的共同知识，从而认识到经济与社会、自然、人的发展协调和可持续的重要性，并能够真正参与到经济增长过程中，实现自身价值、分享经济成果和提高把握机会的能力。这一观点主要是从协调性、协同性方面论证经济发展与社会、自然、人的发展问题，可以认为是共生发展问题的初步观点。

2. 区际共生

区际联系主要是相关区域之间在商品、劳务、资金、技术和信息方面的交流，以及在此基础上发生关联性和参与性经济行为，而区际共生主要是区域各单元间的共生关系，使区际联系更加紧密和深化。路洪卫（2005）认为，协调是民族地区发展的关键，民族地区省域之间应该形成共生态势，要对现有行政版图主导下的“中心—次中心—中心”的经济布局进行有效改变，实现空间共生格局，即以经济为主导的“中心—次中心—中心”共生框架模式。这一观点形成了城市群共生发展的初步理念，对城市多元化共生发展理论的形成有一定的指导意义。赵敏（2008）认为，区域间要实现共生，就需要对区域共生形成和发展条件进行研究，在诸多条件中，首先做好区域共同物流是最重要的，并进一步以长株潭为例，分析了物流资源整合下可以形成统一的、全方位的、多层次的、快捷高效互动的共同物流系统，这有利于区际间一体化的有效形成，对推进区际间共生发展十分重要。物流体系的构建就是在提升区际联系功能，也是在构筑相应的共生平台，为区际共生创造条件。朱俊成（2010）在共生理论分析基础上，通过对区域间共生机理与组织结构模式进行剖析，认为区域多中心嵌套共生结构模式是推进区域共生的关键模式，而且利用武汉城市圈案例论证了共生机制、共生模式、区域共生空间结构与共生战略的重要性。这一观点直接提出了区域共生理论，而且提出了城市多中心共生模式，对区域共生理论的突破具有一定的影响。结合区域共生理论，更有专家提出了在局部区域大力推进经济一体化。刘光柱（2011）就认为，构建区域共生完全可以运用种群生态学的共生理论，并利用广西北部湾经济区为例，对区域共生的适用性进行了剖析，通过构建经济社会发展指标和城市经济能级指数模型，对经济区城的一体化共生机制进行了有效分析，并在此基础上提出了广西北部湾经济区城一体化共生发展的模式，即体现民族地区一体化和共生发展的"132"空间战略结构和共生模式。这一观点提出了民族地区一体化共生模式，对区际共生在理论空间上进行了更进一步的论证，区际共生确实存在，也是能够形成的。

3. 制度共生

推进区域共生发展，必须保证区域单元间的制度共生性，特别是在制度框架下的体制机制应该保持一致，促进制度与制度、制度与文化、制度与技术、制度与经济的共生。蒋军锋（2010）认为，技术—制度的共生演变过程其实就是世界经济持续的创新发展，通过技术与制度的共生，使大量创新网络与核心企业相互交织，并形成强大的创新力量。这一观点直接点出了制度与技术的共生，论证了制度的包容性。马可、田亦尧（2011）进一步论证了这一观点，认为节能减排技术创新和知识产权制度具有彼此互惠、共同生存、协同进展的共生关系。不仅制度与技术具有共生性，制度与文化也具有共生性。魏波（2010）认为，企业有效的管理手段主要体现在企业文化与企业管理制度两大方面，而且这两者关系非常紧密，有着双向的共生效应。企业文化与企业管理制度能够相互学习与融合，通过企业管理制度形成企业文化，通过企业文化的沉淀又形成企业管理制度。而传统文化、企业家、员工素质和企业成长阶段等因素又是构成企业文化与企业制度共生环境的主要因素（田虹，2009）。当然，制度与制度也具有共生性，这是纯粹的制度共生。昊照云、刘灵（2008）在《我国国有企业社会责任的层级模型和制度共生》一文中提出了制度共生的概念。可惜对制度共生的理论体系的阐述较少。对此，王承艳（2009）的观点可以作为一种补充，其认为，制度伦理是与制度共生共灭的存在体，中华民族的伟大复兴，需要制度创新，而且是由整个社会全体主体的制度创新，而制度伦理的研究应该是基础，必须作为理论先行者进行研究，从而为制度创新提供理论支持，实现制度共生。制度共生无论在广义领域还是在狭义领域，都是存在的，也论证了制度共生在经济社会发展中的作用。只有进行制度创新，才能为经济发展提供有效保障。

而与制度有紧密关系的是体制机制，要做到体制机制的共生，可以有效地促进经济健康发展，这可以认为是体制机制的共生，但是归根结底还是制度共生。“机制”一词，原意是指机器、机械、机构的构造和工作原理，后来逐渐地应用于生物学和医学，用来表示生命有机体的各个组织和器官如何有机地联系在一起，通过各自的相互作用产生特定的功能，从而维护生命有机体的正常活动。“机制”一词用于经济学中，大约是 20 世纪 50 年代，社会经济形态作为社会有机体，必须依靠自身经济机制的功能，才能维持整个经济过程的运行和发展。新制度经济学家最初从交易费用的角度提出制度与经济增长之间的关系（Coase，1937）。诺思从产权的角度研究了产权与经济增长的关系（North，1990）。此外，研究者还从制度变迁、政治制度、法律制度和经济制度等方面进行了探讨。目前，我国学者关于体制机制对经济增长影响的实证研究较少，但都认为体制机制是影响经济增长的一个重要因素。党的十七大报告指出，“实现未来经济发展目标，关键要在转变经济发展方式，完善社会主义市场经济体制方面取得重大进展”。廖飞（2004）认为，欠发达地区发展滞后的深层次原因主要在于传统观念和体制机制的束缚。体制机制差距的体现主要有：市场化程度的差异、对外开放程度的差异、所有结构的差异。在此基础上，指出了缩小体制机制差距的几个思路：加快市场机制建设和对外开放程度、健全法制环境和政策氛围、加快国有经济改革和非公有经济发展。李应振、李玉举（2008）也认为，从深层次上看，欠发达地区发展滞后的原因主要在于体制机制的束缚。充满活力的体制机制是发展的强大动力，也是加快转变经济发展方式的制度保障。姜作培、陈峰燕（2008）认为，目前经济发展方式转变面临一些深层次矛盾，大多与现行体制机制不够合理、不够完善有关。但对经济增长是负向作用，这是由于它们主要是用来稳定经济形势，具有逆周期性。阮敏（2010）通过实证发现，中国应该大力发展市场主导的金融体制，加大企业直接融资，这对经济增长是有利的。霍影（2010）研究了1949～2009年中国经济体制改革及改革开放30年来中国经济增长态势及其路径演进，明确当下中国经济所处增长区间以及下一阶段经济增长的可持续性问题，文章构建了改革演进的理论框架。

贾康、刘微（2007），朱志刚（2006），宁素嵚（2007）等论证通过财税制度改革可以弱化地方政府盲目追求产值和税收增长的扭曲式激励机制，让企业公正合理地负担资源和环境的真实成本以推动企业转变经济增长方式。同时，通过财政支出结构性调整促进经济增长方式转变，如在财政支出结构中重点向基础产业和教育、科研及社会保障体系等公共服务领域倾斜（钱淑萍，2007；周波，2007）。孙州霞（2007）认为，经济增长方式能否实现彻底转变，关系到科学发展观能否在经济领域里得到真正落实，关系和谐社会构建。而且从青海经济与社会发展现实出发，指出要实现增长方式彻底转变，必须在体制和制度创新上寻找突破口。谢琦（2007）认为，由数量型经济增长向质量型经济增长转型是现代经济增长的显著特征，要实现这种经济增长模式转型，需要通过行政体制创新、经济体制创新、体制综合创新和发展观创新等一系列体制创新支持形成合理的协调机制。这一观点在（任保平，2003）研究低成本经济增长的制度阐释中也有详细论述。

关于体制机制对经济增长的实证分析是学术界一大难题，一些专家学者也在此提出一些自己的观点。李应振、李玉举（2008）选择五大类指标构建测度模型：第一类指标是市场和政府方面，具体包括市场化指数、政府收入占GDP比重、政府消费支出占GDP的比重三项指标。第二类是所有制结构方面，包括非国有经济全社会固定资产投资所占比重、非国有经济从业人员所占比重、工业总产值中非国有经济所占比重三项。第三类是科技创新与人才机制方面，用“各地区 R&D 从业人员”指标来衡量技术对经济发展的影响，对于人力资本，常用的测算方法有两种：一是各种受教育程度的人数；二是各种受教育程度人数的比重。第四类是经济开放度方面，外贸额/GDP 即贸易依存度和利用外资额/GDP 两项指标表示。第五类是社会服务水平方面，用教育经费支出、科技三项经费支出、卫生经费支出、行政管理费用支出四项指标衡量。利用所建模型对我国各省进行测度，得出我国东部地区省份的体制机制比较完善，而中部、西部省份比较落后。这与人们的感性认识基本一致。高萍、孙群力（2006）以经济体制变迁和产权制度变迁为样本，利用 1978 ~ 2003 年 28 个省市区的面板数据，通过建立模型并对模型估计检验，证明制度变迁差异是地区间经济增长差异的主要因素之一。钟昌标、李富强、王林辉（2006）根据经济制度和经济增长作用模型，利用一国经济制度和经济增长指标的面板数据（Panel Data），对经济制度和我国经济增长的作用机制进行实证研究。结果表明，近年来，我国的经济制度对经济增长是有效率的，并且政府对当前经济增长起着决定性作用。孙铮等（2005）通过利用我国上市公司相关数据，论证了市场化程度、政府干预与企业债务期限结构之间的关系。田野（2005）也利用国家间交易成本模型论证了国际制度形式选择对经济增长的影响。不同学者通过构建相应模型进一步论述了制度对经济增长的影响，强调市场深度和广度、市场失灵、资本约束、多重经济环境约束（Acemoglu，2002）下的经济增长特性，这些研究与新制度经济学理论对制度与经济增长的作用关系认识一致，制度作用可能是多维的，它可以对经济增长起最终决定作用，同时制度安排、制度环境和制度变迁将对经济增长产生决定性影响。刘志强、康晓光、张家励（2009）通过实证研究认为，随着改革的深化，我国经济高增长下的深层次体制性障碍开始逐步显现，解决制约我国经济稳定增长的体制性障碍需要我们进一步推进制度创新。叶卫平（2006）认为，体制机制的创新是京津冀北民族地区协调发展的保障，它涵盖了区域政绩评价机制的创新、区域财税体制的创新、区域利益分配机制的创新几个方面。魏旭（2006）以东北老工业基地为例通过实证研究认为，东北地区等老工业基地振兴关键是体制机制创新，其核心是打破原有制度变迁过程中路径依赖和锁定效应。功能性锁定、认知性锁定和政治性锁定是东北老工业基地制度变迁中所面对的三种主要路径依赖和锁定效应，即锁定到本地企业与政府间的纵向垂直关系、锁定到当地有效的制度供给不足和锁定到保留原有传统结构的组织和制度三个层面上。必须从正式制度和非正式制度两个方面入手，实现东北地区体制机制变迁中制度解锁，从而实现东北地区经济振兴。

从以上文献可以看出，在研究民族地区发展中，体制机制因素已引起学者重视。造成区域间经济发展不平衡原因，除了历史因素说、地理优势说、政策倾斜说外，传统观念和体制机制的束缚被广大学者认为是最深层次、最重要的原因。制度经济学强调体制机制因素对经济增长的影响，但是关于体制机制与民族地区共生发展关系的实证研究较少，特别是关于体制机制要素的度量没有有效一致的解决方法，这将值得进一步研究。

4. 代际共生

代际共生是当代人与后代人共生关系问题，也是代际关系在共生领域的具体体现，代际关系的和谐持续即是共生。杨小勇（2003）认为，代际关系非常强调可持续发展问题，可持续发展是一种不能停顿和中断的持续不断过程，当代人的发展不仅不能妨碍后代人发展，而且还需要能够促进后代人的发展。而这一观点与秦在东、李平（2000）持类似观点，也认为要积极做好代内公平与代际公平，使两者紧密相连。一方面，要在代际公平的保障下实现代内公平，代际公平的原则可以为代内公平提供良好的处理方式，并真正达到代内公平；另一方面，解决了代内公平问题，也就形成了良好的资源分配制度，这可以为代际公平问题的解决提供资源分配的良好原则，并创造良好物质基础，而且能够为代际公平提供多元化经济、政治、社会和文化等制度条件。这两个观点都是把代际关系作为可持续发展的哲学意义，诠释了代际关系对可持续发展的意义。而代际关系中最重要的可能是公平问题，即代际公平。段显明等（2001）认为，保证代际公平，就要解决好代际交叉、代际跨度、代际基金、代际转移等问题，并对这些问题进行有效处理使之得到加强管理。当然，也只有做好这些，才能使代际公平得到社会重视和承认，实现代际共生。这就需要为代际公平提供代际处理原则，以保障代际公平问题有效解决，其中处理代际关系最重要的是要把握好相应的原则，这些原则中特别重要的就是代际继承原则和代际创造原则（方玮，2001）。这进一步确立代际公平要解决的原则性问题。当然，处理好这些关系，特别是要达到共生效果，就必须选择好确立代际公平的具体策略。颜俊（2007）认为，压力—状态—反应的人力资源可持续开发模式构成了代际公平的有效策略实现模式，而且自然资源可持续利用可以利用艾奇沃斯方框图来进行有效分析，并通过非合作博弈来对代际之间在环境污染方面进行研究，提出合理处理代际公平的管控机制。这些观点基本认同了这一观点：人类社会的发展是一个世代发展的过程，因此，代际公平是可持续发展的根本所在。而且代际关系的和谐处理就是代际共生的关键，代际共生在理论和实践上都是存在的，也是可行的。

5. 生态共生

生态共生追求人与生态、经济与生态的融合共生，与构建美丽中国具有一样的内涵。在经济发展和人类生活中尽可能考虑生态要素，保持与生态高度共生性，这是人类社会持续发展的关键。在经济发展过程中保护好环境，其实就是在走生态化之路。陈曦（2009）认为，可持续发展是经济社会发展的主要方式和基本要求，在经济发展过程中，要充分做好环境保护工作，并尽可能使这两者做到协调发展，并能够使这种协调做到市场化和产业化，提升经济发展的环境效率，促进环境保护对经济的刺激效率，实现两者间在效率层面的动态平衡。这一观点充分说明了经济发展与环境保护之间是协调动态关系，而协调的高级形态应该是共生。重视生态环境的保护，其实早就引起了诸多专家学者的重点关注，吴亚梅（2006）认为，要正确处理好经济发展与环境保护的关系，而且二者具有在哲学领域的高度相关性，是一对矛盾体，要做好他们之间的既相互制约又相互促进的关系，在动态中使之能够均衡发展，并最终能够在人与自然框架下得到统一，即通过经济与环境的融合，从而统一于生态环境。说明人与自然的关系应该遵循共生规律，实现经济发展与环境的共生。冯刚（2008）认为，从行为主体来看，参与经济发展和生态环境保护的各行为主体都会影响经济发展质量和环境保护水平，并在此过程中进行多方博弈，这都会受制于经济、制度政策、思想意识、法律等方面的实际条件。博弈是解决经济发展与生态共生的重要手段，也是一种合理的治理模式。其实这种共生关系在李志萌（2006）的论文《生态保护区环保与经济和谐共生发展研究——以东江源区为例》中直接提到，通过论述生态保护区的功能、环境保护和经济共生发展关系、发展基础，并以国家级生态保护区东源区为例，剖析了环境保护与经济发展之间的哲学理论关系，论证了它们之间产生矛盾的原因，阐明了经济发展过程中环境保护源头控制的战略意义，最后明确提出环境保护和经济发展之间的共生政策，实现环境保护与经济发展的和谐共生发展。这一观点直接论述了经济与生态的共生问题，可以认为是生态共生概念的雏形。受这一观点影响，相关专家学者结合民族地区发展实践，进一步论述了经济发展与生态共生问题。例如，罗志斌（2010）的论文《福建省民族地区发展与生态环境的关系及对策》、方丽（2012）的论文《贵州省经济发展与生态环境的协调路径探析》和杨洋等（2010）的论文《湖南省经济发展与生态环境质量变迁分析》等分别论述了经济发展与生态环境问题，提出了相应的对策。这些理论和观点都从一个侧面论证了生态共生的可靠性和存在性，推进民族地区共生发展离不开生态共生。

6. 低碳共生

低碳共生为民族地区绿色转型找到一个相对比较具体的支点，也可以说是比较切实可行的可控点。狭义的低碳可能只是要求低的甚至是零二氧化碳排放，而广义开来就包括所有废气排放、节约能耗以及非再生资源的利用问题等。追求低碳共生也是经济发展的一个重要主题，而且是社区居民要不断学习的共同知识。于成学、武春友（2012）在收集和整理相关文献的基础上认为，影响低碳生态产业链多元稳定性因子包括共生单元、共生模式和共生环境，并在此基础上构建了一个符合经济社会发展领域的低碳生态产业链三要素多元稳定共生模型。为了消除文献研究的主观性，于成学、武春友（2013）进一步从问卷调查角度实证研究和论证了共生单元、共生模式、共生环境三要素，通过构建生态产业链多元稳定影响因子分析表，进而进行问卷设计、问卷调查、问卷收集和整理，最后通过因子分析方法实证检验了三大共生因子，同时识别出生态产业链多元稳定性因子，从而奠定生态产业链多元稳定性管理机制设计的研究基础。这些观点为低碳共生的提出提供了较好的理论基础，基本上把低碳共生的影响因素进行了较好论证。卜华白（2010）从协同学的研究视角出发研究了企业价值网络，认为企业价值网络的实现目标是低碳共生，而且其低碳共生演化遵循序参量控制的机理，从而在企业价值微观角度下解释了低碳共生演化机理，对企业价值网的研究具有重要作用。这个观点基本上直接提出了低碳共生的概念，低碳共生成为民族地区发展一种惯性。早就有专家学者对此做了相应研究，李志青（2009）提出，“后危机时代”实体经济发展方向与出路到底在哪里？经过研究其认为，低碳产业是未来实体经济发展的趋势和方向。鲍健强等（2008）也强调了这一点，低能耗、低排放、低污染将成为未来经济发展的主要特征，并在此基础上形成了低碳发展模式，且认为这种模式是未来经济发展模式的新选择。共生已经渗透到了经济发展的诸多领域，低碳领域也不例外，其具有不断延伸和拓展的趋势。

7. 民生共生

民生问题关注的是人民生活问题，需要解决好国家政策与人的融合发展问题，使各项政策能够较好地提升人民生活质量。同时，要减少贫富差距，实现人与人之间的和谐共生和民生水平的提升。段跃庆（2010）认为，保障和改善民生是政府政策所要坚持的最重要方面，而且要做好以下工作：一是通过推动经济发展增加社会财富，进而保障和改善民生；二是通过促进经济发展提升公民的可支配收入，从而增加农民收入；三是通过转移支付和降低贫富差距，以解决人们的生产生活困难。这一观点，把致力于民生需要做好的工作诠释得比较清楚，而且从发展、收入和困难着手也是民生共生的关键。而韩福国（2013）从治理角度研究了民生共生问题，认为做好现代民主工作，需要充分认识到现代民主与现代城市治理之间的共生关系，它们之间的联系非常紧密，在发展协商民主时一定要注意把民主作为一种治理资源，同时，把这种资源嵌入现代城市治理过程中，避免民主的形式化而使治理制度成为了虚构的约束制度，其发展路径化解了民主与发展互为前提或者结果的外生困境，为中国民主的发展提供了具体实践形式。民生治理成为共生关键，赵路（2008）就认为，加大对保障和改善民生的支持力度是当前民生共生的重要方面，为此，要通过调整和优化财政支出结构来充分发挥财政职能，这是财政职能充分实践科学发展观的基本要求，也是各级财政部门在改善民生方面的重要工作任务。总之，民生问题包括了就业、收入、医疗、保障、养老等方面，需要在民生共生框架中加以解决。

8. 和谐共生

和谐共生无论是在国家层面还是社会各阶层方面，都是当今时代的主题，和谐共生与和平发展应该是同等重要，和谐共生是中国高层集体智慧的结晶，是在构建和谐社会基础上的拓展和延伸。提出和谐共生的智慧观点，也就是承认过去的经济发展实践存在相应的问题，特别是社会贫富差距、社会失衡、群体事件等现象，这需要得到根本改变，其中改变的最重要的方面就是理念，即和谐共生，关注社会和谐关系、完善全民社会保障体系、减少贫富差距、缩小社会失衡现象、消除社会矛盾，从而达到和谐共生。和谐，意味和睦相处，谐平共生，“和”与“谐”二字看是有共义，实则有分义，“和”有“和面”之意，意即“面对面”商讨、议事、谈判；而“谐”具有“糅合”之意。意即“谐调”、“统一”、“共处”。①由此可见，在当今利益时代，和谐是建立在公正公平地享受利益的基础之上，而要保证公正公平地享受利益，就离不开实现利益的本质——权利。

① 参考袁纯清．和谐与共生［M］．社会科学文献出版社，2008.

潘凡平、吴兹益（2007）认为，共生可以促进和谐，在其中要做好相应的其他工作，包括以下方面：一是在劳动力就业创业方面要让外来务工者、创业者有归属感和归属地，就可以促进“和馨行动”，为和谐共生增添新内容；二是通过构建民生工程，大力实践共生行为，把人民群众的衣食住行放在头等位置；三是通过“富民攻坚计划”在让一部分人先富起来的同时，也让另一部分人尽快富起来，从而构建和谐共生的新蓝图。这一观点其实已经直接提出了和谐共生的基本概念，也有了基本意义。和谐共生的思想在共生发展理论体现中具有一定的地位，作为一个重要的方面在理论上也是可行的。

9. 资源共生

资源共生也叫作共生资源，是资源作为整体进行综合开发和利用，并注意与生态保持共生的资源利用模式。具有合乎资源生态本性和规律的资源开发和利用方式，能够保持资源共生本性。共生资源的提法较早就有了论述，高阳宗（2001）曾借助共生理论和索洛剩余启示，在对自创商誉性质的论述基础上，认为自创商誉在资源形成和配置过程中是一项共生资源。这是共生与商誉结合下产生的共生资源，对于共生资源的延展论述提供了研究空间。而共生资源的早期引用中以矿产资源开发为盛，李英超（1998）认为，在煤炭开发过程中，要加强煤炭资源的整体开发效应，通过综合勘探，在应用研究和新产品开发方面加大力度，从而实现煤炭资源、环境资源、共生资源和社会经济效益间的协调发展，以最大限度地实现煤炭资源的利用效率。这里的共生资源具有更加物质化的概念，对共生资源的研究将更加具体。周文裕（2009）继续利用共生理论证明了这一观点，认为在矿产资源开发和利用过程中要按照“减量化、再利用、再循环”的原则来进行，通过对元沙煤矿共生资源条件、生产条件进行的充分研究，为了提高矿产资源的综合开发效益，应该采取异体共生铅锌矿综合开发利用方案，这可以增加共生资源的综合效应。综合开发的理念在共生资源研究中得到了深化，同时也是共生资源观点走向成熟的标志。衣传华（2011）认为，由于行政区划的存在，其在资源共生的相邻行政区划土地产权存在不确定状态，导致了刚性约束问题，在存在公地悲剧的行政相邻边界，要充分保障资源的完整性，保护核心共生产品，以提升共生资源开发的市场绩效，实现共生资源开发的竞合有序化。这需要区域间能够形成共生资源联合开发体，依托联合体，统一规划和布置共生资源的开发，加强共生资源开发分工，实施共生资源整体营销。这一观点的提出，标志着资源共生性本质得到专家学者的认同，在进行资源开发时，一定要注意到这一本性，能够在整体层面进行合理开发和利用。

10. 产际共生

产际共生就是产业与产业之间要保持持续共生状态，特别是在绿色经济发展领域要做到低碳、循环、持续和健康发展，其融合发展的典型产业就是环保性产业，是产业发展的新型模式。陈秋玲、吴艳（2006）以上海18个创意产业集群为分析对象，实证研究了共生模型对创意产业集群的影响机制，并对这种机制的形成进行实证分析。通过实证研究认为，在诸多的共生关系中，互利共生关系对创意产业集群影响最大，而且以此为逻辑起点，如果对称互利共生关系越强，对创意产业集群的效应就越好，当然更能够促进创意产业集群，并使此种关系稳定发展，而且能够提升共生关系的质量。产际共生的具体表现是产业梯度转移和迁移，刘友金等（2012）通过引入共生理论，构建集群式产业转移进化博弈模型，研究对称互惠共生模式与非对称互惠共生模式，并研究了在两种模式影响下的集群式转移达到进化稳定的条件，且以我国中西部地区为例，分析了这些地区制定产业承接政策应该充分考虑这些条件。在此基础上，刘友金等（2012）进一步分析了产业集群式转移和生物群落共生迁徙，对两者的相似性进行了研究，并在此基础上构建DLSN模型，此模型揭示了产业集群式转移一般演进过程，而且对阶段特征与条件进行了深层次探究，提出了产业集群式转移演进的基本规律，并利用案例进行了实证检验，这一规律为制定产业集群式转移政策具有重要的引导作用。张梅青等（2012）认为，发展物流产业一定要注意做好与民族地区发展的协调共生关系，因为它们之间具有重要的紧密联系，能够相互促进。并且要做好物流产业与民族地区发展之间的信息对称和供需对称，使物流产业与民族地区充分协调，做到同步发展，而且要充分做好它们之间的竞合关系，构建互惠共生模型，实现共生作用。这一观念从具体的物流产业出发，研究了其余民族地区发展的共生关系，对探索其他产业间的共生关系具有重要作用。邓欣等（2011）从产业转移角度出发研究了产业转移工业园区的构建问题，并且以珠三角中小城镇产业转移工业园模式为例，对其形成过程进行了设想与探索，根据此地区资源与空间环境的现实情况，提出低碳的空间发展战略，探索出具有节能减排功能的生态发展模式，这种模式能够有效地指导珠三角中小城镇产业转移工业园发展。通过产业转移工业园的发展，能够有效地实现产际的充分合作，实现合作共生，也证明产际共生的存在和实践的可能性。

11. 企际共生

企际共生正是表明了企业间的共生发展问题，以及企业对民族地区发展的共生效应问题。可以得出结论，企业是推动民族地区共生发展的最基层单位，其共生也表现在两个方面：一是企业与企业之间的共生发展问题；二是企业对民族地区共生发展问题。其主要通过企业转型升级和企业转移来实现共生，即通过转型升级可以尽可能地实现企业绿色水平，从而与其他企业实现循环对接；另外可以通过企业在区域间的转移，实现跨区域合作，从而促进民族地区共生发展。庄晋财、陈剑林（2004）认为，企业共生的推进需要对共生模式进行有效选择，因为不同的共生模式其共生效率是不同的，根据比较研究认为，互惠连续共生模式是民族地区中大小企业共生的最佳模式。这一观点肯定了互惠连续共生模式，对企际共生的引导具有重要的意义。符正平、曾素英（2008）认为，集群企业的转移与网络异质性、网络中心性的强度有很大的关系，网络异质性和网络中心性越强，集群企业的选择性转移倾向性越强，基本不会选择复制性转移。而且通过研究认为，企业转移模式与网络联系强度没有很大的联系，而网络异质性越强，会导致网络联系强度越弱，集群企业转移就越倾向于采取独立行动，而不是集体行动。而网络中心性与企业转移行动特征没有显著相关关系。彭建仿等（2012）通过对我国东部、中部、西部6个省（市）105个企业进行了实证调查，实证研究了供应链环境下企业共生合作行为选择的影响因子。通过研究认为，影响企业共生合作的影响因子主要有企业与农户的互动程度与依赖程度、利益分配方式、安全农产品生产能力、安全农产品生产意识、企业实力、合作伙伴特质、安全农产品生产环境，这些因子对企业的共生合作行为在实证分析中都有显著的正效应，而安全农产品经济效益对企业的共生合作行为虽然存在一定的正效应，但是其显著性不是很强。这说明要较好地关注企业共生的影响因子，并分析好影响因子对企际共生的影响机理。邹磊、孙长雄（2009）认为，种群互利模型是企际共生模式中最具优势的模式，能够较好地处理企业共生行为关系，而共生程度的高低对共生企业群的演化影响显著。这些文献也从一定程度上论证了企际共生的存在，企业共生模式的有效选择能够提升企际共生水平，促进企业合作共生程度。

12. 文化共生

文化共生是文化通过渗透、融合、包容来实现文化的共享、共存和共生，从而实现文化属性的相通性，提升区域整体文化水平，而且可以通过形成文化产业作用于民族地区，从而促进民族地区的共生发展。宋安顺等（2006）认为，在条件成熟时，企业可以选择使企业和员工双方受益的跨文化融合模式；若条件尚未成熟时，则企业可选择跨文化共生或移植等其他模式实施跨文化管理。这一观点直接点出了文化共生的概念，对文化共生的研究具有重要的指导作用。陈宪、韩太祥（2008）关于文化对经济增长的作用机制从三个方面给出了初步解释：一是文化作为一种软因素，会通过影响企业家职业选择和企业管理者选择机制来影响企业层次生产率，进而影响总生产率和经济增长；二是文化作为知识资产，以其特有的方式进入总生产函数，决定了经济增长率和增长路径；三是经济和文化的共生演进，将成为服务经济时代的典型化事实，并影响经济增长方式和经济竞争方式。杨威（2013）认为，中华文明五千年绵延不绝，具有极强的包容性和开放性，在这个过程中，其自身也在不断地丰富和发展。文化资源是共生的纽带，而满足共生的条件因共生情境而定。文化共生分为互反性共生、互补性共生、和谐性共生。张沭宁（2013）认为，生态—文化协同共生的文化产业发展模式独具特色，盱眙的自然生态、文化基础条件得天独厚。在自然遗址与文化遗产相互交融的生态中、在人文历史与生态环境的互动中发展基于精神旅行的文化消费形态，构成乡村生态与生态城市、自然生态与人的精神世界、城市文化与形象营销的耦合关联。

在文化共生过程中，其产生的精神共生力量是非常大的，并且会形成强大的精神资本。罗卫东（2001）在正规经济学理论的框架内考察影响经济增长的精神因素，并将这种精神因素定义为“精神资本”。为了寻求构成精神资本的具体内容，他通过对经济增长的逻辑和历史过程的考察，归纳出精神资本至少包含特定的经济观念、劳动态度、企业家精神、企业文化四个方面，同时简述精神资本的形成渠道：道德教育、精神激励和竞争。黎育松（2006）对精神资本的基本内涵提出了自己的看法。他认为精神资本是人们仅凭一定物力资本和通常意义的人力资本不能发生的社会实践，能赖以发生并主导其过程预定进行的，尚能在其他条件相同情况下提高既定物力、人力资本效率，推进实践发展的积极性精神力量的集中体现。同时他对精神资本的主要特征和运行规律进行了概括。他认为精神资本的主要特征有实践动力的终极性、占有使用的无偿性、价值财富的创造性、利欲节制的自觉性和积累主体的一元性等，精神资本的运行规律有精神资本的投入使用量同投入使用的劳动量正向变动、精神资本投入量与同时投入的物力资本量反向变动、精神资本的投入使用效度与社会组织化程度高度正相关等。程文普（2006）对精神在经济活动中的作用进行了概括，他认为精神对经济活动的作用力不是自然而然的，它需要国家对“经济精神”的科学认识。如何认识“经济精神”这种客观存在？有意识、自觉地发挥精神对经济发展的作用，是经济发展所面对的重要课题。同时他指出，精神是以一种新资本的形态在经济实践中得以运用。这种新资本具有敬业精神、合作精神、诚信精神、竞争精神等形态，它的运行具有无形性、多层次性、自身收益增长的长期性。秦其文（2007）认为在经济起飞时期和经济现代化过程中，究竟哪些精神因素起了重要作用，各国情况不尽相同，对精神因素的理解也不尽相同，但发展经济学家对精神因素在经济发展和经济奇迹中的作用却是认同的。他概括为民众精神潮流、企业家创新精神、城市精神、民族主义精神等。韩顺法、李向民（2009）认为经济增长既取决于物质资源，也取决于人的行为，而人的行为受精神的支配与控制。因此，精神资本作为表征人的行为因素的变量，它是一个综合性概念，统筹了政治、文化等因素。精神资本决定着经济增长的内在动力机制，并最终反映在经济增长的水平上，精神产品与人的内在价值观念都属于精神资本的范畴，精神资本不仅反映了新的经济增长要素，还是经济增长的动因，节约交易成本的有效手段，实现集体理性、提高经济绩效的关键。为此，他对精神资本的内涵和内在结构进行了概括和简述，同时他还就精神资本的内在结构进行了分析，构造出精神资本的内在结构与联系以及精神资本影响经济增长的路径。钟昌标（2006）等从物质资本与人力资本不变规模报酬的 C－D 生产函数中，将制度因素分离出来，建立经济制度与经济增长的作用模型，利用一国经济制度和经济增长指标的面板数据，对经济制度和经济增长的作用机制进行了实证研究。结果表明，近年来我国经济制度对经济增长不仅是重要的而且是有效率的，并且政府对当前的经济增长起着决定性的作用。庄子银（2007）在继承熊彼得关于企业家精神的思想基础上，扩展了这种思想，将企业家活动的配置引入内生技术创新模式。他把企业家活动的配置引入宏观的分析中，考察了企业家活动的配置对宏观总量的影响。将企业家活动的配置对经济活动影响的一般性分析引入创新活动分析中，考察了企业家活动的配置、相对报酬结构与技术创新水平之间的动态关系。他指出企业家活动的配置决定了一个经济的 R&D 投入水平、技术水平和经济增长率。不同经济活动的报酬结构决定了企业家活动的配置，而且报酬结构是内生的，存在历史依赖性。这样要提高经济中 R&D 投入水平，进而提高技术创新水平及经济增长率，必须通过政治、经济、法律和文化制度创新，营造激励创新的报酬结构，促使企业家更多地从事生产性的创新活动，经济才能打破低水平的均衡陷阱，趋向将发达的均衡。杨宇、郑垂勇（2007）将企业家精神量化，采用计量经济模型分析了我国东部、西部及中部的企业家精神与经济增长的关联性，各地区的企业家精神对相应地区经济增长的贡献。

可见精神资本是经济增长的重要因素之一。邹哈和马歇尔认为，精神资本区别于物质资本（包括人力资本）和社会资本，它为人类提出了我们行为动机的最终目标和终极价值体系。在经济增长与发展中，精神资本要素已备受重视，越来越多的学者探讨民族地区发展与当地文化的关系、探讨企业家精神对经济增长的作用。当前，对精神资本的研究主要是精神资本的内涵、精神资本对经济增长的影响机制、精神资本的度量等方面。然而关于精神资本的外延在学术界并没有达成一致观点，如何合理度量精神资本及如何有效发挥区域文化的作用是非常值得研究的。欠发达地区特别需要创新创业精神，特别是自主创新精神，民族地区属于欠发达地区，如何从自身的实际出发，结合发达地区及国际经验，创新体制机制，推动各项管理政策的创新、完善与落实，是保证自主创新能力提升的重要战略课题。

二、民族地区共生发展影响因子的实证调查

为了论证需要，选择这十二大因子，肯定会有所偏差，同时也可能有重复交叉的地方，并且，这些影响因素的提出也相对比较主观，缺乏实证依据和检验。在此，以共生理论为理论出发点，开发民族地区共生发展的关键影响因素量表，在此基础上通过问卷调查和因子分析方法对民族地区共生发展的关键影响因素进行实证检验和识别。如此，需要通过相关专家的调查问卷来确定，并对调查情况做一个基本的分析。

（一）量表开发与问卷调查

1. 量表开发

民族地区共生发展的本质主要体现在共生利益、共生资源和共生价值三个方面：其实现标志是区际联系更加紧密和深化；构建依托资源本性的共生领域；民族地区包容性增长。共生利益主要产生在区域与区域之间（区际共生）、当代人与下代人之间（代际共生）、企业与企业之间（企际共生）、产业与产业之间（产际共生）四个方面，在这四个方面可以寻找到彼此之间的共生利益目标，探寻合作共生模式。共生资源是对区域内各单元间的资源进行综合利用，其中包括狭义方面的项目资源（资源共生）、制度资源（制度共生）、文化资源（文化共生）、生态资源（生态共生）等。共生价值主要体现在通过共生演化产生的价值增值，在此，主要体现在经济发展水平（发展共生）、低碳产值（低碳共生）、社会和谐水平（和谐共生）以及民生水平的提升（民生共生）。根据相关影响因子的内涵界定和文献的初步判断，可以基本确定民族地区的十二大影响因素，并构建量表，如表 4－1 所示。对这十二大因子需要进行进一步取舍，需要进行问卷调查和分析。

表 4－1　民族地区共生发展潜在影响因子量表

本质层	相关变量
共生利益	区际共生
	代际共生
	企际共生
	产际共生
共生资源	资源共生
	制度共生
	文化共生
	生态共生

续表

本质层	相关变量
共生价值	发展共生
	低碳共生
	和谐共生
	民生共生

表4-1中的各变量因素并不都对民族地区共生发展产生影响，有些变量表达得可能会不清楚。因此，下面将针对这些初选的影响因素设计调查问卷，统计相关人士如何评价这些因素的重要程度，并在此基础上进行维度划分，从而对民族地区共生发展关键影响因素进行识别。

2. 问卷设计与调查

（1）设计目的。问卷设计目的是为了进一步论证影响民族地区共生发展的影响因子，特别是上文通过理论和文献找出的十二大因子。通过设计问卷的形式，让专家对这些因子按照重要性原则分别进行打分，从而确定这些因子得分的初步排序，以更好地确定影响因子的重要性排名，为民族地区共生发展影响因子的稳定性识别提供实证依据，为民族地区共生发展影响因子的探索性分析提供实证数据。

（2）设计原则。问卷在设计时遵循了下列原则：

1）合理性原则：民族地区共生发展相关影响因子其实已经基本确定，量表也基本开发，需要的是用合理的方法让专家学者能够较好地做出判断。

2）明确性原则：问卷内容能够明确地表达民族地区共生发展影响因子的基本内涵，不至于模棱两可，做到通俗易懂。

3）简洁性原则：问卷除了通俗易懂外，还应该做到简洁，不会因为语言啰唆而影响专家学者对民族地区共生发展影响因子的判断。

4）逻辑性原则：民族地区共生发展的影响因子调研问卷方面主要体现在要界定好这些因子，在界定这些因子的时候不要出现逻辑错误。

5）整体性原则：问卷要包括尽可能多的影响因子，使设置的问卷能够充分体现民族地区共生发展的水平。

（3）设计方法。按照以上设计原则，民族地区共生发展影响因子调查问卷主要采用文献分析法和专家学者咨询相结合的方式进行。文献分析法主要是将国内外有关民族地区和共生发展方面的期刊、论文、学术会议报告、论著等进行收集汇总，对依托共生理论来进行工业、产业和民族地区研究的文献进行整理归类，并且从中找到影响民族地区共生发展的影响因子，从而为问卷设计提供影响因子及其内涵界定。同时，通过对民族地区研究领域的专家学者以及部分有经验的鄱阳湖生态经济区的实践者进行调查，汇总他们的意见，对文献分析得出影响因素进行讨论修改，确定了当前的十二大影响因子，其中企际因子、产际因子和文化因子就是在讨论中增加的。

（4）设计过程。调查问卷采用李克特 5 分量表，5 表示对民族地区共生发展的影响程度非常重要，1 表示对民族地区共生发展的影响程度非常不重要。问卷设计主要经历了三个过程：

第一阶段：综述现有共生理论下的民族地区研究的相关文献，构建民族地区共生发展的影响因素量表。本书主要从共生利益、共生资源、共生价值三个方面设计了 12 个变量，对民族地区共生发展影响因素进行识别。

第二阶段：对本校民族地区研究领域和南昌大学中国中部经济社会发展研究中心的专家学者进行访谈，目的是征询被访谈者对民族地区共生发展影响因子初始量表的意见，对相关意见进行综合汇总，以判断量表中变量的设计是否明确、合理和有效，并进行问卷的初步设计。

第三阶段：对鄱阳湖生态经济区的相关实践者进行问卷的调查，以论证调查问卷是否能够较好地被受调研者所明确和理解，以便进一步修改调查问卷的语言表达形式，形成调查问卷的最终稿。

（5）问卷表。根据以上设计目的、设计原则、设计方法和设计过程，通过对文献检索、民族地区研究领域的专家学者和相关实践者的咨询与访谈，设计了民族地区共生发展影响因子的调查问卷，如表 4－2 所示。

表4-2 问卷

请您对下列选项进行重要性打分"√"		1	2	3	4	5
区际共生	区际交通、区际联系、区际交流、区际合作					
代际共生	代际关系、资源承载、资源持续					
企际共生	企业间合作、企业间交流、企业间协调					
产际共生	产业间互补、产业间合作、产业间协调					
资源共生	项目资源合作、资源整合、资源综合开发、资源综合利用					
制度共生	体制机制开放度、灵活度、柔性、市场成熟度					
文化共生	文化共性、文化渗透力、文化包容性					
生态共生	生态保护、自然生态、生态产业					
发展共生	发展水平、收入水平、就业水平、受教育水平					
低碳共生	低碳产业、低碳生产、低碳消费					
和谐共生	诚信程度、离婚率、社会犯罪率					
民生共生	住房情况、恩格尔系数、社会保障					

说明：以上表格是根据量表设计的调查问卷，请按照您认为的重要性程度在相应分值空格内打"√"（说明：1 = 非常不重要，2 = 不重要，3 = 无所谓，4 = 重要，5 = 非常重要）。

3. 问卷调研对象及阶段

（1）问卷调研对象。由于调研涉及的专业知识比较强，采取随机调研的方式是不太现实的，因此，必须选择民族地区研究领域的专家学者进行问卷调查。同时，因为全国这一领域的专家学者相对较多，针对所有专家学者进行调研也不太可能。为了提高问卷的调研和回收质量，本研究采取了"就近原则"对高等院校、政府经济研究中心、社科院、统计局、中国中部经济社会发展研究中心等单位专家学者进行了调研，同时对鄱阳湖生态经济区和民族地区的实践者进行了调研。因此，本问卷的调查对象分为三个层面：一是各高校民族地区研究领域专家学者；二是政府经济研究中心的专家学者；三是鄱阳湖生态经济区和民族地区十家共生发展的典型企业。问卷调查对象是根据民族地区共生发展研究课题的专业性和综合性出发进行选择的，高校民族地区研究领域专家学者对民族地区发展领域具有重要的理论积淀，而政府研究中心的专家学者对民族地区宏观把握性比较强，具有全局意识，再加上企业管理层的践行者具有丰富的经济发展实践经验。因此，这一调查对象的组合是理论联系实际框架下进行的设计，具有较强的理论性和现实性。

（2）问卷调研阶段。主要经历了三个阶段：

第一阶段：利用博士学习阶段建立的同学和导师关系，对高校民族地区研究领域的专家学者、政府研究中心等进行电子邮件式的问卷发放，同时通过参加 2012 年江西省教育厅重大攻关项目和 2012 年江西省社科院重大招标项目，构筑了与鄱阳湖生态经济区和民族地区典型企业的关系，以电子邮件的形式向企业负责人员发放问卷，共发放调查问卷 600 份。

第二阶段：在问卷回收截止日期，通过电子邮箱进行问卷下载回收，经问卷回收与整理，共回收问卷 565 份。

第三阶段：对回收的 565 份问卷的内容进行逐一检查，发现其中有 15 份问卷没有按要求进行填写以及 13 份空白，在此，认为是非有效问卷，共得到有效问卷 537 份。根据研究方法对问卷发放与有效回收率的基本要求，本次发放与回收问卷的数量符合数理统计的要求。

（二）问卷初步分析

问卷的设计与回收后，需要对问卷数据做一个初步分析和处理，从问卷的原始角度对民族地区共生发展影响因子的识别做一个初步判断，为探索性因子的分析提供设计思路。

1. 问卷数据分析

（1）问卷回收分析。问卷调查经过了三个阶段，问卷调查时间为 2013 年 6 ~ 8 月，共发放问卷 600 份，收回 565 份，有效问卷 537 份，问卷有效回收率为 89.5%。样本分布的具体情况见表 4 - 3。

表 4－3　民族地区共生发展影响因子问卷回收情况

名称	频数	频率（%）
高等院校民族地区研究领域专家学者	230	42.8
政府经济研究中心	50	9.3
地方各级政府政策研究室	55	10.2
区域协调组织	65	12.1
行业协会	70	13.1
生态经济区典型企业	67	12.5
合计	537	100.00

从收回的有效问卷来看，高等院校有效问卷回收率达到了 42.8%，代表民族地区理论研究专家学者的观点有接近半数的问卷回收率，基本能够代表民族地区理论研究专家学者的观点。而其他研究机构及企业占比超过了半数，说明民族地区实践者的观点倾向多数，基本能够反映民族地区发展的现实情况。

（2）问卷数据分析。根据问卷调查的样本数据，把数据导入 SPSS 13.0，可以计算出各个因子的数学期望值、方差、最大值、最小值。具体情况如表 4－4 所示。

表 4－4　民族地区共生发展的各因子统计情况

因子名称	期望值	方差	最大值	最小值
区际共生	4.342	49.253	5	1
代际共生	4.519	47.897	5	2
企际共生	3.765	89.892	5	1
产际共生	3.324	90.579	5	1
资源共生	4.135	75.349	5	1
制度共生	4.578	56.341	5	2
文化共生	3.892	150.253	4	1
生态共生	4.679	34.763	5	3

续表

因子名称	期望值	方差	最大值	最小值
发展共生	4.739	32.376	5	3
低碳共生	4.571	45.519	4	1
和谐共生	3.746	178.579	5	1
民生共生	3.814	115.283	4	1

从表4－4可以看出，一是从期望值来看，区际共生、代际共生、企际共生、产际共生、资源共生、制度共生、文化共生、生态共生、发展共生、低碳共生、和谐共生、民生共生的期望值分别是4.342、4.519、3.765、3.324、4.135、4.578、3.892、4.679、4.739、4.571、3.746和3.814。期望值中最大的是发展共生，其值是4.739，最小的是产际共生，其值是3.324。期望值大于4的有7个因子，分别是区际共生、代际共生、资源共生、制度共生、生态共生、发展共生和低碳共生，其余的因子期望值都低于4。二是从方差来看，区际共生、代际共生、企际共生、产际共生、资源共生、制度共生、文化共生、生态共生、发展共生、低碳共生、和谐共生、民生共生的方差分别是49.253、47.897、89.892、90.579、75.349、56.341、150.253、34.763、32.376、45.519、178.579和115.283。各因子中方差较小的有发展共生和生态共生；其次是低碳共生、代际共生、区际共生、制度共生；最后是资源共生、企际共生、产际共生、民生共生、文化共生和和谐共生。三是从最大值和最小值来看，各个因子的最大值其实是相差不大的，有9个最大值是5，只有3个最大值是4；而各个因子的最小值则相差明显，有2个是3，2个是2，8个是1。

2. 问卷分析结论

经过对调查问卷的初步分析，可以基本确定各个因子的重要性程度排名和稳定性情况。

从期望值的分析可以得出这样的结论：民族地区共生发展影响因子的重要性依次为发展共生、生态共生、制度共生、低碳共生、代际共生、区际共生、资源共生、文化共生、民生共生、企际共生、和谐共生和产际共生。同时根据问卷调查设计时的“说明：1 = 非常不重要，2 = 不重要，3 = 无所谓，4 = 重要，5 = 非常重要”，可以确定发展共生、生态共生、制度共生、低碳共生、代际共生、区际共生、资源共生这七个因子的重要性介于“重要—非常重要”之间，而其他的因子重要性则介于“没所谓—重要”之间。

从民族地区共生发展影响因子的方差来看，可以得出以下波动性结论：发展共生、生态共生、低碳共生、代际共生、区际共生、制度共生、资源共生、企际共生、产际共生、民生共生、文化共生和和谐共生各因子的波动性逐渐加大，也说明了其稳定性问题，说明各个因子对民族地区共生发展的影响力在不断减弱，而且稳定性也在不断降低。同时，从极端值分析也可以看出，这些因子对民族地区共生发展的影响是在逐步减弱的。

因此，根据上述各因子的期望、方差、最值的综合分析，可以认为对民族地区共生发展影响较大的因子主要有六个，它们分别是发展共生、生态共生、制度共生、低碳共生、代际共生、区际共生。

三、民族地区共生发展影响因子的探索性分析

虽然对民族地区共生发展的影响因子进行了重要性程度的初步排名，但是分析还过于粗糙，需要对其进行进一步探索性因子分析。

（一）信度和效度检验

依据研究方法，在进行问卷实证分析之前必须对问卷的信度和效度进行检验，其目的是检验内部一致性和稳定性以及测量结果的有效性。

1. 信度检验

问卷的信度也就是问卷的可靠性，指采用同样的方法对同一对象重复测量时所得结果的一致性程度，也就是反映实际情况的程度。信度指标多以相关系数表示，大致可分为稳定系数（跨时间的一致性）、等值系数（跨形式的一致性）和内在一致性系数（跨项目的一致性）三类。信度分析的方法主要有四种：重测信度法、复本信度法、折半信度法以及 α 信度系数法。克伦巴赫 α 系数评价的是问卷各题项得分间的一致性，属于内在一致性系数。这种方法适用于态度、意见式问卷（量表）的信度分析。该系数可被看作相关系数，即该量表与所有含有其他可能项目数的量表之间的相关系数。其大小可以反映量表随机误差影响的程度，反映测试的可靠程度。系数值越大，则量表受随机误差的影响较小，越可靠。本文所设计的问卷正是需要专家学者对民族地区共生发展影响因子量表进行选择从而表达其意见或态度，适合使用克伦巴赫 α 信度系数法。根据所收集和整理的问卷数据，利用 SPSS 13. 0 软件进行了克伦巴赫 α 信度系数计算。结果显示，民族地区共生发展影响因素总体量表的克伦巴赫 α 系数值为 0. 875，各子量表的克伦巴赫 α 系数值也超过了 0. 70。可见，民族地区共生发展影响因素问卷具有良好的内部一致性信度。

2. 效度检验

本文在进行问卷设计时，其影响因子是在大量文献阅读的基础上形成的，同时经过对专家学者的访谈和预测试等阶段完成，其问卷设置经过了严格的逻辑过程进行了修改，并最终确定下来。同时本研究所选择的调查对象为高等院校、研究所、行业协会等专家学者，在科学性方面可以得到充分保证，具有较强的针对性，可以认为民族地区共生发展影响因子问卷具有较高的内容效度，能够从问卷设计逻辑的科学性方面通过效度检验。

（二）因子分析

根据调查问卷各题项所包含的十二大因素进行总体分析，在此，称为总体因子分析。就是从总体方面对因子进行分析，看是否符合因子分析，以及从总体方面是否可以提取相应的公因子，从而实现减少因子的目的，以利于研究分析。

1. KMO 和 Bartlett 检验

在研究过程中，我们将采用探索性因子分析法把民族地区共生发展的影响因子提炼成少数几个关键因子。在进行因子分析之前，需要借助 KMO 样本充足度测度和巴特利特（Bartlett）球体检验，来确定潜在的影响因素是否适合进行探索性因子分析。为此，对影响因素的 12 个题项进行因子分析，首先要经过 KMO 和 Bartlett 检验以决定数据是否适合进行因子分析。通过 SPSS 13.0 的分析，KMO 和 Bartlett 检验结果如表 4 -5 所示。

表 4 -5　KMO and Bartlett 检验值（KMO and Bartlett's Test）

KMO 全样本测度		0.803
Bartlett 球形测试	近似卡方值	785.623
	df	412
	Sig.	0.000

表 4 -5 是民族地区共生发展的 KMO 和 Bartlett 值。对影响因子的 12 个题项进行因子分析，首先要经过 KMO 和 Bartlett 检验以决定数据是否适合进行因子分析。一是确定各变量调查数据能否进行因子分析。因为表 4 -5 中第一行为检验变量间偏相关性的 KMO 统计量，它比较的是各变量间的简单相关和偏相关的大小，根据统计学知识，取值在 0 ~ 1 之间，大于 0.7 效果较好。本文所分析的 KMO 数值为 0.803，大于 0.7，因此适合进行探索性因子分析。二是确定各变量是否相互独立。根据表 4 -5 第二行 Bartlett 球形检验的结果，该值检验相关阵是否是单位阵，即各变量是否相互独立。表中结果显示，近似卡方值为 785.623，自由度为 412，检验的显著性概率为 0，根据统计学知识，该数据小于 0.05 时，拒绝统计量相关矩阵为单位矩阵的假设，各因子具备相互独立性，因此本文认为民族地区共生发展的十二大因子适合做探索性因子分析，因子分析在此能够适用。

2. 变量共同度分析

对某一个原变量来说，其在所有因子上的载荷的平方和就叫作该变量的共同度。它反映了所有公共因子对该原变量的方差（变异）的解释程度。如果因子分析结果中大部分变量的共同度高于0.8，说明提取的公共因子已经基本反映了原变量80%以上的信息，因子分析效果较好。变量共同度是衡量因子分析效果的常用指标。从数学逻辑角度来看，共同度其实也称公共方差，反映全部公共因子变量对原有变量 x_i 的总方差解释说明的比例。原有变量 x_i 的方差可以表示成两部分：h_i^2 和 ε_i^2。第一部分 h_i^2 反应公共因子对原有变量的方差解释比例，第二部分 ε_i^2 反应原有变量的方差中无法被公共因子表示的部分。因此，第一部分越接近于1，说明公共因子解释原有变量越多的信息。其中 $h_i^2 = \sum_{j=1}^{m} a_{ij}^2$。根据此解释，利用 SPSS13.0 对调研数据进行变量的共同度分析，其结果如表4－6所示。

表4－6　变量的共同度（Communalities）

指标＼数值	初始值	提取值
区际共生	1.000	0.875
代际共生	1.000	0.853
企际共生	1.000	0.735
产际共生	1.000	0.764
资源共生	1.000	0.689
制度共生	1.000	0.918
文化共生	1.000	0.726
生态共生	1.000	0.879
发展共生	1.000	0.882
低碳共生	1.000	0.831

续表

指标＼数值	初始值	提取值
和谐共生	1.000	0.776
民生共生	1.000	0.732

Extraction Method: Principal Component Analysis.

表4－6显示的是因子分析的初始解，显示了所有变量的共同度数据。其中，第一列为原变量名。第二列是因子分析初始解的变量共同度，它表明：对原有12个变量如果采用主成分分析方法提取所有特征根，那么原有变量的所有方差都可被解释，变量的共同度均为1，事实上，因子个数小于原有变量的个数才是因子分析的目标，所以不可提取全部特征根。第三列是在按指定提取条件（这里为特征根大于1）提取特征根时的共同度。从第三列数据来看，如果数据越大，或越接近于1，说明因子提取改变量的信息越多，丢失的信息越少。具体来看，所提取的所有因子共同解释了变量区际共生所产生的87.5%的变异信息，说明提取的公共因子反映了区际共生的大部分信息。同理，代际共生、制度共生、生态共生、发展共生、低碳共生都超过了0.8，说明所提取的因子能够较好地解释这些变量，反映了其大部分信息，丢失的信息较少。

3. 主成分、公共因子的特征值和方差贡献分析

主成分分析是设法将原来众多具有一定相关性的指标（如P指标），重新组合成一组新的互相无关的综合指标来代替原来的指标。主成分分析，是考察多个变量间相关性的一种多元统计方法，研究如何通过少数几个主成分来揭示多个变量间的内部结构，即从原始变量中导出少数几个主成分，使它们尽可能多地保留原始变量的信息，且彼此间互不相关。通常数学上的处理就是将原来P指标作线性组合，作为新的综合指标。而公共因子的特征值需要大于1，方差贡献率越大说明该因子对原变量的解释部分越多，越能够解释原变量大部分的信息，而且丢失的信息也就越少。根

据此解释，利用 SPSS 13.0 对调研数据进行变量的共同度分析，其结果如表 4 -7 所示。

表 4 -7　主成分、公共因子的特征值和方差贡献（Total Variance Explained）

因子	初始特征值			提取平方和载入			旋转平方和载入		
	因子解	变量差异（%）	累加值（%）	因子解	变量差异（%）	累加值（%）	因子解	变量差异（%）	累加值（%）
1	2.532	21.729	21.729	2.532	21.729	21.729	2.316	19.153	19.157
2	2.217	17.653	39.382	2.217	17.653	39.382	2.418	17.251	36.408
3	1.782	13.827	53.209	1.782	13.827	53.209	1.851	14.025	50.433
4	1.325	9.813	63.022	1.325	9.813	63.022	1.428	10.806	61.239
5	1.198	9.102	72.124	1.198	9.102	72.124	1.247	10.025	71.264
6	1.075	8.314	80.438	1.075	8.314	80.438	1.152	9.174	80.438
7	0.781	5.865	86.303						
8	0.632	4.136	90.439						
9	0.513	4.063	94.502						
10	0.284	3.071	97.573						
11	0.251	1.302	98.875						
12	0.172	1.125	100.000						

Extraction Method：Principal Component Analysis.

从表 4 -7 可以看出，第一部分的第一个因子解的特征值为 2.532，它解释了所有 12 个变量变异信息总量中的 21.729%，是方差贡献最大的一个主成分，所以是第一主成分。同理，第二个因子解释了所有变量变异信息总量中的 17.653%，第三个因子解释了 13.827%，第四个因子解释了 9.813%，第五个因子解释了 9.102%，第六个因子解释了 8.314%。从第七个因子解开始，特征值都小于 1（第七个为 0.781，第八个为 0.632……），所以只提取了前六个因子解作为公共因子。并且，前六个因子解共解释了所有变量变异信息总量中的 80.438%，超过了 80%，达到了比较好的水平。由此看来，提取六个公共因子是比较恰当的。第二部分是提取六个公共因子后的特征值、方差贡献率和累积的方差贡献率，确定六个因子提取的依据是默认的提取标准，即特征值大于 1 的主成分可提取出来作为公共因子。第三部分是旋转后因子的特征值、方差贡献率和累积的方差贡献率，从这里也可以看出前六个因子解作为公因子是比较好的。

4. 未经旋转的因子载荷矩阵

因子载荷矩阵表示的是每一个原变量与各个公共因子之间的相关性，体现了其对各变量的贡献。因子分析模型中载荷矩阵 A 中的元素（a_{ij}）为因子载荷。因子载荷 a_{ij}是 x_i 与 F_j 的协方差，也是 x_i 与 F_j 的相关系数，它表示 x_i 依赖 F_j 的程度。可将 a_{ij}看作第 i 个变量在第 j 个公共因子上的权，a_{ij}的绝对值越大（$|a_{ij}| \neq 1$），表明 x_i 与 F_j 的相依程度越大，或称公共因子 F_j 对于 x_i 的载荷量越大。在此，利用 SPSS 13.0 对调查数据进行统计分析，可以得出影响因素的因子负荷矩阵，如表 4－8 所示。

表 4－8　未经旋转的因子负荷矩阵 Component Matrix（a）

	各因子得分					
	1	2	3	4	5	6
区际共生	0.682	0.175	0.481	−0.125	−0.153	0.213
代际共生	0.431	0.812	0.312	−0.146	0.429	0.389
企际共生	0.619	0.418	−0.278	0.172	−0.252	−0.157
产际共生	0.573	0.369	−0.248	0.418	−0.118	0.481
资源共生	0.436	0.417	0.531	0.657	−0.178	−0.165
制度共生	−0.278	−0.176	0.747	0.426	−0.253	0.102
文化共生	−0.289	0.561	0.585	0.371	0.422	0.371
生态共生	0.451	−0.154	0.419	0.748	0.373	−0.218
发展共生	0.476	0.432	0.428	0.348	0.758	0.512
低碳共生	−0.291	−0.189	0.187	0.452	0.332	0.728
和谐共生	−0.263	0.235	−0.136	0.183	0.514	0.417
民生共生	0.108	−0.289	−0.273	0.276	0.613	0.581

Extraction Method：Principal Component Analysis. A6 components extracted.

从表4－8可以发现，有三个变量在第一个公因子的载荷较高，分别是区际共生、企际共生、产际共生，分别达到了0.682、0.619、0.573，都大于0.5；有两个变量在第二个公因子的载荷较高，分别是代际共生、文化共生，分别达到了0.812、0.561；有三个变量在第三个公因子的载荷较高，分别是资源共生、制度共生、文化共生，分别达到了0.531、0.747、0.585；有两个变量在第四个公因子的载荷较高，分别是资源共生、生态共生，分别达到了0.657、0.748；有三个变量在第五个公因子的载荷较高，分别是发展共生、民生共生、和谐共生，分别达到了0.758、0.613、0.514；有三个变量在第六个公因子的载荷较高，分别是发展共生、低碳共生、民生共生，分别达到了0.512、0.728、0.581。

5. 旋转后的因子载荷矩阵

根据未经旋转的因子载荷矩阵显示，文化共生变量在第二个公因子和第三个公因子的载荷都超过了0.5；而发展共生变量在第五个公因子和第六个公因子的载荷也都超过了0.5，因此可以考虑进行因子旋转。采用方差极大化方法进行因子旋转，旋转后得到的因子载荷矩阵如表4－9所示。

旋转后，载荷大小进一步分化，变量与因子的对应关系更加清晰，可以很容易地标识出各个因子所影响的主要变量。公因子一影响的变量为区际共生、企际共生、产际共生，因为考虑到企际共生和产际共生可以跨区域实现，可以包括在区际共生变量中，因此不妨把公因子一命名为“区际因子”；公因子二只是影响了变量代际共生，因此可以把公因子二直接命名为“代际共生”；公因子三影响的变量为制度共生和文化共生，考虑文化可以成为制度的高级形态，因此可以把公因子三命名为“制度共生”；公因子四影响的变量为资源共生和生态共生，而资源共生的目的也是为了生态共生，因此可以把公因子四命名为“生态共生”；公因子五影响的变量为发展共生、民生共生和和谐共生，和谐共生和民生共生也是发展的目的之一，不妨把公因子五命名为“发展共生”；公因子六影响的变量主要是低碳共生，可以把公因子六命名为“低碳共生”。

表4-9 影响因素旋转因子载荷矩阵 Rotated Component Matrix (a)

	各因子得分					
	1	2	3	4	5	6
区际共生	0.695	0.197	0.495	-0.137	-0.176	0.257
代际共生	0.477	0.882	0.336	-0.176	0.435	0.426
企际共生	0.628	0.476	-0.281	0.226	-0.271	-0.165
产际共生	0.581	0.391	-0.259	0.438	-0.125	0.491
资源共生	0.475	0.429	0.415	0.682	-0.181	-0.179
制度共生	-0.281	-0.185	0.782	0.448	-0.267	0.178
文化共生	0.469	-0.192	0.436	0.756	0.382	-0.225
生态共生	0.485	0.451	0.446	0.359	0.778	0.476
发展共生	-0.252	0.498	0.598	0.382	0.438	0.383
低碳共生	-0.271	-0.214	0.195	0.471	0.341	0.757
和谐共生	-0.265	0.256	-0.148	0.198	0.595	0.435
民生共生	0.187	-0.275	-0.287	0.281	0.642	0.596

Extraction Method: Principal Component Analysis. Rotation Method: Varimax with Kaiser Normalization. A Rotation converged in 7 iterations.

至此，提取的公因子分别是区际共生、代际共生、制度共生、生态共生、发展共生和低碳共生，分别用 F_1、F_2、F_3、F_4、F_5、F_6 来表示。从表4-9影响因素旋转因子载荷矩阵，可知因子分析模型：

$$\begin{cases} x_1 = 0.695F_1 + 0.197F_2 + 0.495F_3 - 0.137F_4 - 0.176F_5 + 0.257F_6 \\ x_2 = 0.477F_1 + 0.882F_2 + 0.336F_3 - 0.176F_4 + 0.435F_5 + 0.426F_6 \\ \cdots \\ x_{12} = 0.187F_1 - 0.275F_2 - 0.287F_3 + 0.281F_4 + 0.642F_5 + 0.596F_6 \end{cases}$$

这一结果与问卷调查初始结果的分析是一致的，初始结果认为民族地区共生发展影响较大的因子主要有六个，它们分别是发展共生、生态共生、制度共生、低碳共生、代际共生、区际共生。同时，对提取的这六大因子进行协方差分析，分析结果如表4-10所示。从表4-10可以看出，六个因子变量之间是不相关的，可以把这六大因子作为民族地区共生发展的核心因子，并进一步在这些因子的基础上进行拓展和延伸，从而构建民族地区共生发展的评价体系。

表4-10　主因子变量的协方差矩阵（Component Score Covariance Matrix）

因子	1	2	3	4	5	6
1	1.000	0.000	0.000	0.000	0.000	0.000
2	0.000	1.000	0.000	0.000	0.000	0.000
3	0.000	0.000	1.000	0.000	0.000	0.000
4	0.000	0.000	0.000	1.000	0.000	0.000
5	0.000	0.000	0.000	0.000	1.000	0.000
6	0.000	0.000	0.000	0.000	0.000	1.000

Extraction Method：Principal Component Analysis. Rotation Method：Varimax with Kaiser Normalization. Component Scores.

6. 公共因子得分

因子分析模型建立后，还有一个重要的作用是应用因子分析模型去评价每个样品在整个模型中的地位，即进行综合评价。设公共因子 F 由变量 x 表示的线性组合为：

$$F_j = u_{j1}x_{j1} + u_{j2}x_{j2} + ,\ \cdots,\ + u_{jp}x_{jp}(j = 1,\ 2,\ \cdots,\ m)$$

该式称为因子得分函数，由它来计算每个样品的公共因子得分。在此，取 $m=6$，则将每个样品的 p 个变量代入上式即可算出每个样品的因子得分 F_1、F_2、F_3、F_4、F_5、F_6，在此，主要利用SPSS 13.0进行统计分析，从而求得各因子的得分矩阵，如表4-11所示。

表 4-11 各因子的得分矩阵（Component Score Coefficient Matrix）

	各因子得分					
	1	2	3	4	5	6
区际共生	0.535	0.219	0.215	-0.081	0.091	0.137
代际共生	0.431	0.581	0.133	-0.029	-0.056	0.283
企际共生	0.395	-0.239	-0.211	-0.138	0.028	-0.461
产际共生	0.421	-0.216	-0.178	-0.272	0.031	0.318
资源共生	0.156	-0.258	0.438	0.488	0.056	-0.282
制度共生	0.237	0.193	0.675	0.374	-0.067	-0.095
文化共生	-0.319	-0.201	0.513	0.332	0.371	0.419
生态共生	-0.216	0.318	0.331	0.682	0.476	-0.058
发展共生	0.175	0.094	-0.217	0.102	0.421	0.619
低碳共生	0.278	0.216	0.189	0.198	0.712	0.337
和谐共生	0.156	0.227	0.275	0.231	0.075	0.429
民生共生	-0.075	0.375	0.117	0.273	0.182	0.433

Extraction Method：Principal Component Analysis. Rotation Method：Varimax with Kaiser Normalization. Component Scores.

从表 4-11 各因子的得分矩阵可知因子得分函数：

$$
\begin{cases}
F_1 = 0.535x_1 + 0.431x_2 + 0.395x_3 + 0.421x_4 + 0.156x_5 + 0.237x_6 - \\
0.216x_7 - 0.319x_8 + 0.175x_9 + 0.278x_{10} + 0.156x_{11} - 0.075x_{12} \\
F_2 = 0.219x_1 + 0.581x_2 - 0.239x_3 - 0.216x_4 - 0.258x_5 + 0.193x_6 + \\
0.318x_7 - 0.201x_8 + 0.094x_9 + 0.216x_{10} + 0.227x_{11} + 0.375x_{12} \\
\cdots \\
F_6 = 0.137x_1 + 0.283x_2 - 0.461x_3 + 0.318x_4 - 0.282x_5 - 0.095x_6 - \\
0.058x_7 + 0.419x_8 + 0.619x_9 + 0.337x_{10} + 0.429x_{11} + 0.433x_{12}
\end{cases}
$$

（三）分析结论

通过文献综述和初始资料的收集和整理，民族地区共生发展的影响因子主要有区际共生、代际共生、企际共生、产际共生、资源共生、制度共生、文化共生、生态共生、发展共生、低碳共生、和谐共生和民生共生12个因素；通过对民族地区共生发展的12个影响因子进行实证调查，并通过初步统计分析，根据12个因子各因子的期望、方差、最值的综合分析，可以认为对民族地区共生发展影响较大的因子主要有六个，它们分别是发展共生、生态共生、制度共生、低碳共生、代际共生、区际共生。通过实证调研得出了影响民族地区共生发展核心影响因子的初步判断；这一初步判断是否合理有效，论文根据调研数据进行了进一步的分析，利用影响因子探索性分析法对12个因子进行了探索性分析，得出结论，影响民族地区共生发展的因素题项经过旋转后可提取6个主因素，6个主因素分别依次定义为区际共生、代际共生、制度共生、生态共生、发展共生和低碳共生，而且六个因子变量之间是不相关的。提取的6个公共因子，共解释了所有变量变异信息总量中的80.438%，超过了80%，可以说是原信息的大部分，达到了比较好的水平。根据实证分析结果，可以编制民族地区共生发展的核心影响因子量表，如表4－12所示。

表4－12　民族地区共生发展潜在影响因子量表

本质层	核心变量
共生利益	区际共生
	代际共生
共生资源	制度共生
	生态共生
共生价值	发展共生
	低碳共生

实证调研和探索性分析，是民族地区共生发展评价体系的第一步，是寻找核心影响因子的过程，在后续的研究中还必须对民族地区共生发展核心影响因子的影响机理、核心影响因子指标的延伸和演化进行研究，以构建完整的民族地区共生发展评价指标体系，对民族地区共生发展水平进行

综合评价和动态监测。

四、公共因子对民族地区共生发展的影响机理分析

民族地区对于共生发展的考虑因素也相似于共生利益、共生资源和共生价值。共生利益包括区际共生以及代际共生，共生资源则包括制度共生和生态共生，而共生价值维度则由发展共生和低碳共生组成。这些因素就是民族区域对区域经济共生发展的衍生，延伸到了具体层面。民族地区在各自区域融合发展过程中主要是基于区际共生和代际共生，通过对资源的协调，使各自都能够实现可持续发展的目标。可见，这些因素对民族区域共生发展影响深远，从而我们可以通过对其机理的分析为民族区域的发展得到理论基础，以此为制作评价指标体系的思路。

（一）单因子对民族地区共生发展的影响机理分析

1. 区际共生对民族地区共生发展的影响机理

区际共生达成的表现是各区域单元间联系愈加密切，一般通过区域整体的理念来加强各区域之间的联系。区域之间联系的加强势必会影响民族地区的发展，而主要影响方面是在共生发展层面。这种影响体现在基建情况、网络覆盖面、贸易依存状态等方面，使民族地区的经济发展提升，并达到共生发展的目的，如图 4－1 所示。

以共生利益为目标，通过不断加强区际的紧密性使区际联系增加衍生出区际共生，过程中投入资本改进基建状况，增加区际交通里程，如高速公路和高铁等，并完善城市布局，建设海陆空交通网，提高区域之间交通效率，且加大资本投入于区域网络覆盖，加大互联网覆盖率，普及公共网络，提高区域之间网络效率。在发展区域交通以及区域网络的同时也能促

使其他要素在区域之间优化配置，使区域间的资金流、信息流、人流、物流、技术流愈加活跃和有效，由此增加区域之间金融开放度和贸易依存度，构建和发展跨区域的各色产业园区和机构。产业园区和机构的发展势必又会加强企业间的交流和互助，使得生产要素更加有效地移动，从而影响帮助园区和机构的发展，形成良性循环，在良好的基础上又能够促进各区域经济共生发展。

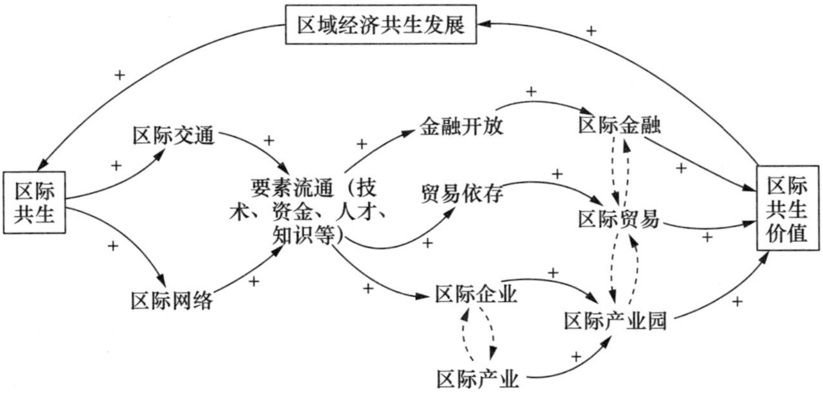

图4－1　区际共生对民族地区共生发展的影响机理

其中，区际产业园、区际金融以及区际贸易在共生发展之下也会互利互助，区际产业园能够增强辐射能力，扩大它的产业能力，因此创造更大的价值，而区域金融的发展帮助各区域单元间贸易结算更加便捷，进一步促进贸易的广度和深度，为区际贸易提供良好的基础，区际贸易的发展也能够反过来促进区际金融资本的流动，帮助区际金融的发展。三者之间相互影响、相互促进，使得区际处于自主的组织共生行为模式下，这势必会使各区域单元之间的共生价值不断增长，扩大共生价值也就是区域发展的目的。

共生价值的扩大同样也会为区际金融、区际贸易、区际产业园带来深远影响。价值的增长可以为区际基建带来雄厚的资金支持，区际金融也能为基建提供融资渠道和方法，使民族地区能够在区际共生的条件下形成一个良性的闭环影响机理机构。民族地区共生发展的重要前提是保留区域的整体性，通过区际共生的方式发展，区际共生所产生的价值也属于民族地区价值，所以，通过区际共生这一方式自然会增加民族地区价值，推动其共生发展，更进一步深化各区域之间的联系。

2. 代际共生对民族地区共生发展的影响机理

代际共生达成的表现关键在于可持续性，主要是经济可持续以及生态可持续，以此作为基础来达成代际可持续性。基于此，主要就是要维护好代际关系，使之处于公平、和谐的状态。代际共生以可持续为前提带来代际的公平以及和谐，即价值的增值，这同样是民族区域共生发展价值的表现形式。由此可知，代际共生的表现形式是由代际公平、代际和谐以及代际持续组成的。

美国著名国际法专家爱迪·维丝将代际公平作为代际持续过程中的一个重点，认为现代人应该考虑给未来的后代留下自然资源；代际和谐则认为现代人同后代之间存在着某种认知上的差别，这种代沟使得两代人在资源的使用和优化上存在不少问题，想要化解矛盾，拉近代沟，就必须要使这两代人和谐交流共处。从这两个概念起始，我们发现在可持续方面，不仅应该满足现代人的需求，还要能够维持下一代人的需求。这同样是民族地区共生发展的要求，可持续发展也是共生发展所期望带来的共生利益，代际持续对民族地区的影响机理结构如图 4－2 所示。

代际共生达成的表现是代际间交流不断增加，交流会影响资源配置，深化交流模式。第一，合作交流的模式多样性。两代人在重合的生命区间内联系密切，有助于缩小代沟冲突、代沟矛盾，交流是代际共生的基础，帮助代际之间的协调相处。第二，代际之间的沟通深化资源配置合理性。资源配置在代际交流下不断优化，对自身的利益维护意识在时代发展过程中不断增强，由此构建了相匹配的法律，从而维护代际公平。第三，代际之间的交流深化资源维护意识。资源具有继承性，要实现资源可持续发展，不损害下一代人的利益，维护后代人的权益，必须发挥代际共生的力量，使代际可持续。

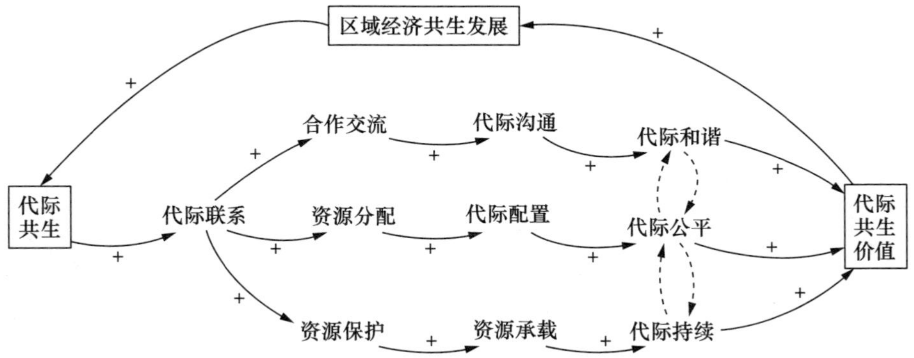

图 4－2　代际共生对民族地区共生发展的影响机理

代际和谐、代际公平和代际持续是存在于一个良性结构中的，不是独立的个体。代际之间的和谐能够有助于交流，在此基础下进行的博弈，使得资源在区域间优化、共生和可持续发展。在这个良性结构中，呈现出了代际之间的共生价值，这种价值是各区域价值的增值部分，这是由代际和谐、公平以及持续三者协调带来的。

综上所述，代际之间的共生价值也属于民族地区共生价值的一部分，是影响共生发展的重要因素，能够带来民族区域的共生价值增长。同理，民族区域共生发展也有利于代际共生的发展，发展会带来改革的源动力，促使代际共生的发展。

3. 生态共生对民族地区共生发展的影响机理

生态共生达成的表现是将生态视为一个整体，维护资源的整体性，优化共生资源配置。这在一定程度上避免了由于行政区域划分导致的生态环境分割，也避免了基于地方保护主义的排他性的扩张，维护了生态在物理方面的客观属性。这一概念顾名思义就是要正视生态的客观属性，将经济和生态紧密结合，优化资源配置，形成一个良性产业。所以，可预见的生态资源的优化会影响生态产业，生态产业优化会推进民族地区发展，形成生态共生，在这一基础下实现共生价值的增长（见图4－3）。

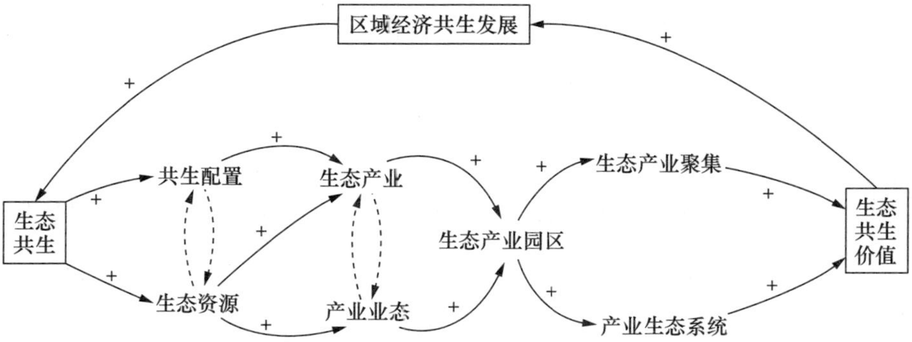

图4－3　生态共生对民族地区共生发展的影响机理

由图4－3生态共生对民族地区共生发展的影响机理可知，生态共生能够优化共生配置和生态资源的优化配置。共生配置能够维护资源在物理方面的整体属性，并且避免了行政区域的划分导致的不利影响，在共生的基础下优化配置，形成了经济融合生态的无缝连接，由此产生了生态产业。生态产业是经济和生态有机融合的重要表现。所以，维护自然资源不仅要求现下的产业依据可持续发展的理念来设计生产方式，而且要对它的生产条件和环境进行革新，以期达到生态产业的标准。

然而，生态产业并不是产业园区等自主革新产生的，是通过政府从法律法规的层面进行约束，传播可持续发展的理念，培养企业构建生态产业的意识，建设生态产业基地，来维持生态产业的不断成长。

生态产业因政策的导向性汇聚在生态产业园区，由于政策的倾斜生态产业园区具备良好的条件维持和发展生态产业，扩展生态产业园区的辐射范围，使生态产业园区获得生态共生价值。生态产业园区具备循环经济的根基，处于有机的生态循环下，这种属性将促使它扩展园区的辐射面，吸引更多的产业生态化，增加整个系统的效益，提升生态价值。

生态产业的汇聚以及生态系统的不断优化，必然使各产业从政府的引导约束转化成自我约束，生态共生价值由此产生。这一价值同样是民族地区共生价值的一部分，生态产业的发展会促使民族地区经济进步，提升民族地区的价值升值。良性的生态系统促使经济进步，也会促使政府和企业共同致力于资源的优化配置，促使生态资源的共生。

4. 制度共生对民族地区共生发展的影响机理

在经济体制改革和机制创新的驱动下，提升市场化程度是关键，也是经济不断提升的核心。创建有机循环的体系、优化市场经济资源配置，改革经济体制，帮助经济持续增长创建良好的制度基础。

（1）制度与市场化的内在联系。从体制的角度来看有市场化的程度、所有制结构情况、非公有制经济发展的环境、政府职能调整。细化来讲：首先，应该以市场为导向合理配置资源，发挥市场无形的手的作用，对市场上的资源进行优化整合。对于各式资源，如资本、人力、技术、自然资源等，应当依赖市场无形的手来调配，“有形的手”对于生产要素的影响应尽量地避免，以期提升市场化程度。其次，对所有制结构情况的调整。要求对国有资产定位合理，国有资产的比重不宜过大，现有情况所有制结构还是过于单一，还需要致力于所有制改革，依据工作的重要性进行合理划分，将国有资产剥离强竞争性的产业，用“无形的手”去推动、去优胜劣汰，寻找最优投资者。对竞争性低、准入门槛高的行业也应该适当宽松市场条件，引入市场竞争的理念，推动投资主体多样化。再次，“有形的手”即政府部门，理应为企业创建良好的沟通和信息交流的平台，为非公有经济创建和谐的发展氛围。不仅在进入、审批方面，在服务指导等方面都应该营造良好、和谐的发展氛围，促进非公有经济良性发展。最后，调整政府职能。从管理职能转化为服务职能，建立良好的服务体系，简化审批手续、程序，建立适应当代经济的体制，完善相应的法律法规，规范市场机制，发展市场化运作区域，优化市场硬件状况，建设良好的市场化的投资、发展平台。

体制机制展现了灵活度、应变能力、发展动力和积极性。首先，是对市场的应变能力。国家政策依据市场所做出的反应，可以看出政策的灵活度是比较高的。企业面对市场的不断变化相应地调整产品的倾向和服务的方式，销售状况也随着市场不断地波动，管理者也根据市场状况进行相应的决策。其次，是发展动力。将竞争这一理念纳入企业文化，帮助企业发展，帮助市场优胜劣汰，这是市场竞争不断增强的产物。最后，这种机制能够调动劳动者的积极性。把竞争理念引入企业，如分配制度、绩效考核制度等有利于拉动员工积极性，淘汰不利于企业发展的“蛀虫”。

在体制机制的本质以及外延的基础上，可以进一步了解到，市场化的内容和观念已经深入到体制机制当中了，并且两者有着密切的联系，而体制机制的内容和市场化同样是密不可分的。体制机制又可以分成两个方面：其一为体制角度，除了体制中所涵括的市场化程度的提升，在遵循市场发展规律的基础上延伸出的国有资本的合理定位也是其中重要的一部分。国有资本的合理定位是吸引民营资本和外资，优化资本结构，加强相关利益主体有效竞争与有效合作等行为的基础。同时市场化也要求政府职能的转变，主要体现在减少政府对市场的干预，建立服务型政府，更好地服务市场，创造良好的企业平台等，以此保证经济良性发展。其二从机制方面来看，机制应该适应市场的多样性，对市场要体现出灵活多样的变化，并且要把市场机制不断地渗入到行业、企业、政府机构等内部，使各自员工可以时刻保持积极性，各自部门可以时刻保持活力。

因此，在发展中，可以利用市场来度量制度机制，包括制度机制的灵活性以及开放性，而体制机制的内容大多涵盖市场化内容，所以市场化的状况很大程度上能够转换为体制机制对经济提升的影响，也可以转化为市场化对经济增长的影响和更可靠的定量指标，以研究制度机制对经济增长的实证影响。

（2）制度对民族地区增长影响的数理逻辑。如今，制度在经济增长中占据重大影响地位这一观点已经在学术界得到了普遍的认可，因为制度是在现有的制约下形成的，制度是历经历史的长河伴随变革不断发展而来的，其中有正式制度和非正式制度。然而体制机制又源自制度化的衍生，从而改变了市场化程度，所以认为它改变了市场导向型经济。

Barro 等（2000）认为，一个国家的经济增长可以用物质资本以及人力资本不变规模报酬的 C－D 生产函数来表示，即 $Y=AK^{\alpha}L^{1-\alpha}$，$Y$ 表示产出，K 表示物质资本存量，L 表示人力资本存量，$\alpha\in[0,1]$，A 表示技术、制度等因素。为了探讨体制机制的最优状况以及对经济增长的绩效影响，我们把经济增长模型分解开来，基于数理逻辑分析它们之间的联系。

人力资本受到劳动力、知识水平以及技术等因素的影响，所以认为 A 里的技术以及知识和人力资本是有联系的，我们将体制机制从 A 里分割，用 F 来体现。F 不仅作为体制机制，又是政府与市场的关系（X_1）、非国有经济的发展（X_2）、要素市场与产品市场的完善程度（X_3）、中介组织的发育程度与法制环境（X_4）的函数，为此，体制机制可以表示为 $F(X_1, X_2, X_3, X_4)$。而生产函数可以用式（4－1）来表示：

$$Y=F(X_1, X_2, X_3, X_4)K^{\alpha}L^{1-\alpha} \tag{4-1}$$

基于一个国家或地区经济发展具有持续性和动态性，引进时间因素 t，有：

$$Y_t=F(X_1, X_2, X_3, X_4)_t K_t^{\alpha}L_t^{1-\alpha} \tag{4-2}$$

又假定在一段时期内资本投入以及劳动力投入保持一定量，体制机制的变化对经济的影响更为显著，由此可得：

$$(Y_t-Y)/[F(X_1, X_2, X_3, X_4)_t-F(X_1, X_2, X_3, X_4)]=K^{\alpha}L^{1-\alpha} \tag{4-3}$$

即 $\Delta Y/\Delta F=K^{\alpha}L^{1-\alpha}$，两边同时乘以 F/Y，并且以 δ 表示体制机制对经济增长的影响弹性，由此有：

$$Y=F(X_1, X_2, X_3, X_4)K^{\alpha}L^{1-\alpha}/\delta \tag{4-4}$$

基于式（4－4）可知，体制机制对经济增长的弹性 δ 与产值 Y 呈反向影响，更为重要的是，它对于 F 的影响，产量的增长和投资的力度呈正相关，这更加有助于完善现有的体制机制，我们通过维护发展政府与市场之间的联系、帮助非国有经济稳步前行、完善要素市场与产品市场、规范中介组织、营造良好的法制环境。这些因素的有机发展将在一定程度上帮助经济稳步前行。

这里我们设定一个假设：体制机制的完善程度对资本以及劳动力来说是外生的，体制机制的优化程度也会作用于资本以及劳动力上，影响资本使用的效率，改进劳动的生产率。从贝努利模型可知，资本的人均占有量可以用经济制度函数来表示，相同的，经济制度可以用物质资本、人力资本、知识或技术等来解释，这表示完全利用所有要素生产率的方法测量制度对经济增长的影响很大程度上会被资本、技术等稀释（沈坤荣、李剑，2003）。

（3）制度共生对民族地区共生的影响机理。制度共生是建立在制度资源上的共生创新，以制度共生为导向，同时也强调活力和穿透力。用体现机制的协调性、灵活性、开放性来考量其实现程度。制度共生的影响因素具有一定的独特性，区别于民族地区共生发展的影响因素，隐性的共生创新制度，促进共生制度开放、协调、灵活，从而发挥共生价值，同时又给民族共生发展提供后盾，不同于软性因子，它主要是通过硬性因子来起作用的。如图 4 -4 所示。

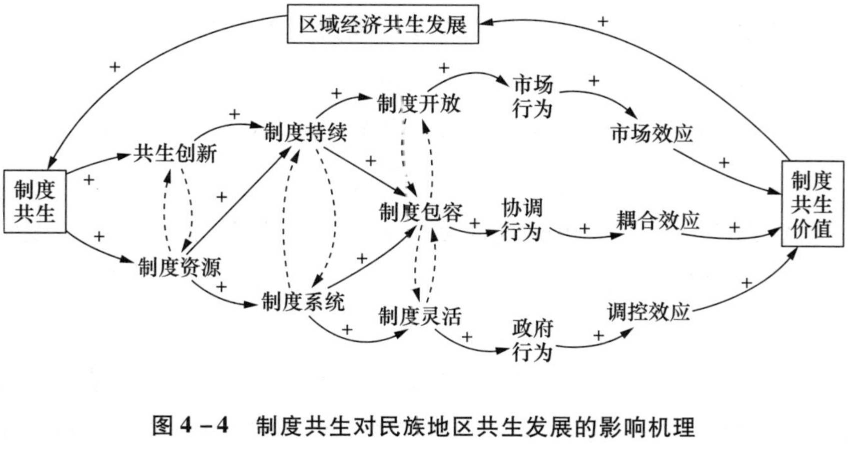

图 4 -4　制度共生对民族地区共生发展的影响机理

制度共生以严密的逻辑性影响民族共生，影响过程不言而喻。制度共生有利于减少内耗，避免制度间的不适配，促进制度资源创新转型，制度的稳健运行是活力的象征，对于制度自己的成长至关重要，包容、灵活、开放地推动制度的平稳运行，制度开放反过来又促进制度的灵活性，它们相互促进相互配合，又相互影响，从而共同促进区域发展，既增加了制度的软性，又把制度的灵活性整体提升上来了。

制度开放度的大小与市场的开放度有直接的关系，在适当开放制度的基础之上，同时综合其他有力政策，合理配置市场资源，确保市场有效运行，规范市场行为，完善市场信息，避免市场失灵。而制度的包容度与制度是否协调发展直接挂钩，制度之间是否摩擦，摩擦程度的大小；制度能否协调，能否适配，是否会内耗都会受区域间包容度的影响。服务型政府的建立，打破政府垄断壁垒和僵化模式，宏观调控的有效运行都受到制度灵活度的影响。

制度共生会产生多种效应。在正的耦合效应、市场效应和调控效应的共同作用下，最后出现的产物是建立在综合效应之上的共生价值。制度共生价值是民族地区价值不可或缺的部分，制度共生的发展可以更有利于民族共生，它们互相促进互相影响。

5. 低碳共生对民族地区共生发展的影响机理

低碳共生的体现要素是低碳消费、低碳生产、低碳生活，低碳共生在概念上不容易跟生态共生相混淆，它往往是民族共生发展的产物，共生资源是生态共生的关注点。从原材料一开始投入到整个的生产运营，再到最后产物的形成，整个过程都是低碳生产的。低碳环保则上升到了居民消费的层面，他要求居民在整个消费过程中都用更加环保的方式去选择，从消费品的选择到消费方式和消费模式的打造都更加文明环保，最终达到低碳消费的目的。低碳生活是未来的趋势，也是我们以后赖以生存的基础，只有真正贯彻低碳生活的理念，并把这一理念细化到具体的行为当中去，最终就一定能够实现低碳共生。如图 4 -5 所示。

低碳共生能通过低碳技术的更新换代，使整个社会的生产方式得到优化，从而降低二氧化碳和其他废气的排量，达到低碳生产的目的。由于对低碳共生宣传力度的加大，群众在低碳共生上不断达成共识，逐渐将低碳理念植入自我意识之中，使低碳理念在人们的消费方式和消费选择中起着导向作用，在不知不觉中影响着人们的生活方式，达到低碳消费和低碳生活的状态。在未来经济和社会发展中低碳生产、低碳生活和低碳消费将成为主旋律，也是社会与大自然得以延续和发展的重要因素。

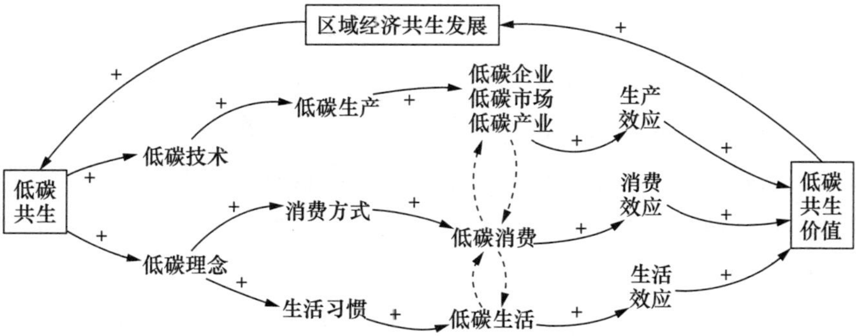

图 4－5　低碳共生对民族地区共生发展的影响机理

低碳生产会促使企业的生产模式和方式发生转变，在未来企业群中低碳企业将成为中流砥柱，且以此为根基由低碳市场为媒介进行低碳产品交易，进而有效地促进低碳要素的流通，这将使得低碳产业的蓝图日渐清晰；与此同时，低碳生产的成果低碳产品也会对消费者的消费习惯和行为起到引导作用，正如生产厂商能引导和改变消费的理论一样，低碳生产也会带来低碳消费。因此，消费者的生活习惯也必然会被低碳生产和低碳消费所牵引，大家将低碳理念执行到生活的各个方面，自然而然地便能进入低碳生活的状态中去。

低碳生产行为、低碳消费行为、低碳生活行为都将给社会和自然带来正向影响。即生活低碳效应（刺激外部经济）、消费低碳效应（进一步改善自然环境）、生产低碳效应（使生态环境得到更加充分的保护）。这三方效应的综合便促成了低碳经济的建立，发展成为低碳共生价值体系。成为构成民族地区共生价值领域的要素之一，这也无疑将为民族地区共生发展增添绿色动力。低碳共生与民族地区共生发展是相互作用相互促进的，环境和生态的改善给人们带来健康舒适的生活环境，人们也将不断落实低碳共生理念，形成良性循环，从而实现民族地区的共生效应。

6. 发展共生对民族地区共生发展的影响机理

经济发展、创新驱动和民生保障既标志着发展共生的实现，又是民族地区共生推进的成果，也是经济建设的迈进及经济建设效益全民共享的体现。发展因子是经济水平的整体反映，具体体现在资源的使用是否有效分配是否合理；基于包容性增长的概念，呈现出经济发展成果普惠居民的状态及经济发展与居民的共生关系。在发展共生的作用之下经济发展、创新驱动和民生保障会贯穿于民族地区共生发展的进程之中，经济发展能使经济实力不断地增强、国民财富日渐充裕，有足够的财力以满足创新驱动和民生保障。经济发展主要是由大力发展国民经济的三大支柱产业以大幅增加财政收入；创新驱动是依托于科技的创新带来的效益来实现集约性增长方式的改变，用技术升级带来生产效率的提高；民生保障是由提高人均收入水平和社会保障的普及程度，以提升居民受惠的广度和深度。如图4－6所示。

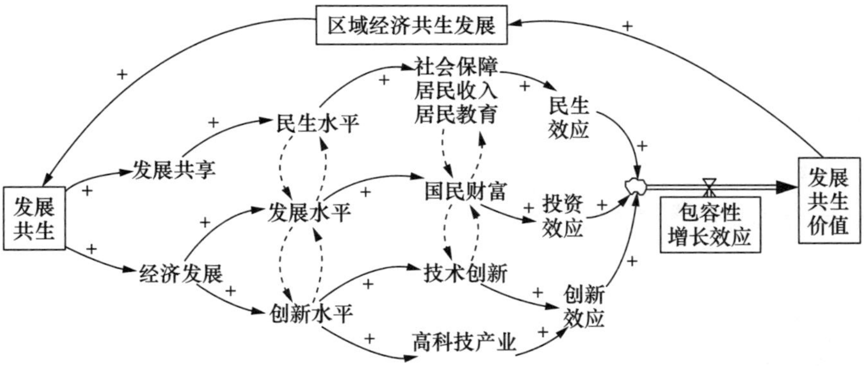

图4－6　发展共生对民族地区共生发展的影响机理

如图4－6所示，发展共生能让全体居民直接共享发展成果，直接作用于经济的向前推进。发展共享有利于民生水平的提升，经济发展也无疑对发展水平和创新水平的提升产生积极的影响。民生水平的提升体现在社会保障率、保障水平、居民收入水平、劳动力就业、教育发展等各方面的拔高；发展水平的改善不但能使国民财富得到增强，同时也能引起投资效应，充裕的国民财富为民生保障和技术创新提供了有力的资金支持；创新的发展有利于技术的更新换代和高新技术产业的繁荣，加快产业升级转型，享受创新带来的改变。

民族地区包容性增长效应是由民生效应、投资效应和创新效应构建而成，民生效应表现为民生价值的提升，是发展共生带来的在民生发展方面的正向效应，是经济发展产生的正向溢出效应。同时发展共生还会带来在投资方面的乘数效应，会使投资价值得到增值。创新辐射和创新移植是创新效应带来的改变，其益处在于提升了技术价值。发展共生价值由民族地区包容性增长效应组成，在民族地区共生价值中发展共生价值也占有重要地位，发展共生价值的提升必然带动民族地区共生价值的增值。由此可见，发展共生与民族地区共生发展间存在相互促进相互作用的关系，二者的发展皆有利于双方价值的提升。

（二）综合因子对民族地区共生发展的影响机理分析

民族地区共生发展的提升与众多因子相关，从民族地区共生发展的基本理念、理论本质和探索性因子剖析可知，发展共生、生态共生、制度共生、低碳共生、代际共生和区际共生是其主要影响因子，这六项影响因子对民族地区共生发展的影响机理重点是通过影响逻辑和机理结构表现出来的。

1. 影响逻辑

影响逻辑重点表现为在民族地区共生发展中发展共生、生态共生、制度共生、低碳共生、代际共生和区际共生对其产生的数理逻辑影响，从数理逻辑角度就六大因子对民族地区共生发展的影响进行考证。现假设民族地区共生发展综合评价指数为 Y，发展共生、生态共生、制度共生、低碳共生、代际共生和区际共生分别为 F_1、F_2、F_3、F_4、F_5、F_6，根据基本理念和理论本质可以把它们的关系记作 $Y=f(F_1, F_2, F_3, F_4, F_5, F_6)$。

依照上述的基本理念、理论本质和探索性分析原理，能够明显得出$\frac{\partial Y}{\partial F_i}>0$ (i=1，2，3，4，5，6)，由此可见发展共生、生态共生、制度共生、低碳共生、代际共生和区际共生中任一因子的增大多能带动民族地区共生发展的扩大。从上述结果可以得出结论，以六个因子中单个因子为切入点，从发展共生、生态共生、制度共生、低碳共生、代际共生和区际共生中着手发展之中任一因子都能促进民族地区共生发展，对民族地区共生发展都具有非凡的意义且功勋卓著。

同时，根据前面的论证，还能得出$\frac{\partial^2 Y}{\partial F_i \partial F_j}>0$、$\frac{\partial^3 Y}{\partial F_i \partial F_j \partial F_k}>0$，依次直到$\frac{\partial^6 Y}{\partial F_1 \partial F_2 \partial F_3 \partial F_4 \partial F_5 \partial F_6}>0$，这里$i\neq j$、$i\neq j\neq k$，$i$，$j$，$k=1$，2，3，4，5，6。也可以得出民族地区共生发展与发展共生、生态共生、制度共生、低碳共生、代际共生和区际共生之间共同联系并存在正相关关系。因此，为达到进一步提高民族地区共生发展水平的目的，以共同影响因子为切入点，以综合提升发展共生、生态共生、制度共生、低碳共生、代际共生和区际共生的水平为必要途径，协调加大各因子间配合程度，减少彼此之间的阻力，聚拢各因子的效力，达到效益最大化。

以此为根基由发展共生、生态共生、制度共生、低碳共生、代际共生和区际共生六大因子作为二级指标加以延伸和扩展至四级指标，设立民族地区共生发展综合评价体系。然后测算每一影响因子的指标值，并最终测算出发展共生、生态共生、制度共生、低碳共生、代际共生和区际共生六大因子的指标水平，最后应用加法合成法测算民族地区共生发展综合水平，即$k=\frac{\sum_{i=1}^{n}\lambda_i F_i}{\sum_{i=1}^{n}F_i}$ $(i=1, 2, 3, 4, 5, 6)$，其中，K表示民族地区共生发展水平，λ表示各因子的权数，F表示六大因子。这一综合水平能够测算民族地区共生发展水平的高低，计算值越大说明民族地区共生发展度越高，六大因子的协调能力越强，可想而知计算值合理也必定加大。

2. 机理结构

由上述论证我们可以清楚地看到，民族地区共生发展水平受到发展共生、生态共生、制度共生、低碳共生、代际共生和区际共生之间密切相关的影响。同影响逻辑相呼应的是，其机理结构同样也分为单一因子对民族地区共生发展水平的影响和六大因子对民族地区共生发展的综合影响。此处以分析六大因子的综合影响机理结构为主，该结构是在综合上述六个单一因子对绿色竞争力影响为基本，形成的多因子对民族地区共生发展的机理结构（见图 4－7），表现为六个因子单独对民族地区共生发展的影响和六个因子相互影响、相互作用，最终形成六个因子对民族地区共生发展的共同作用两个层次。

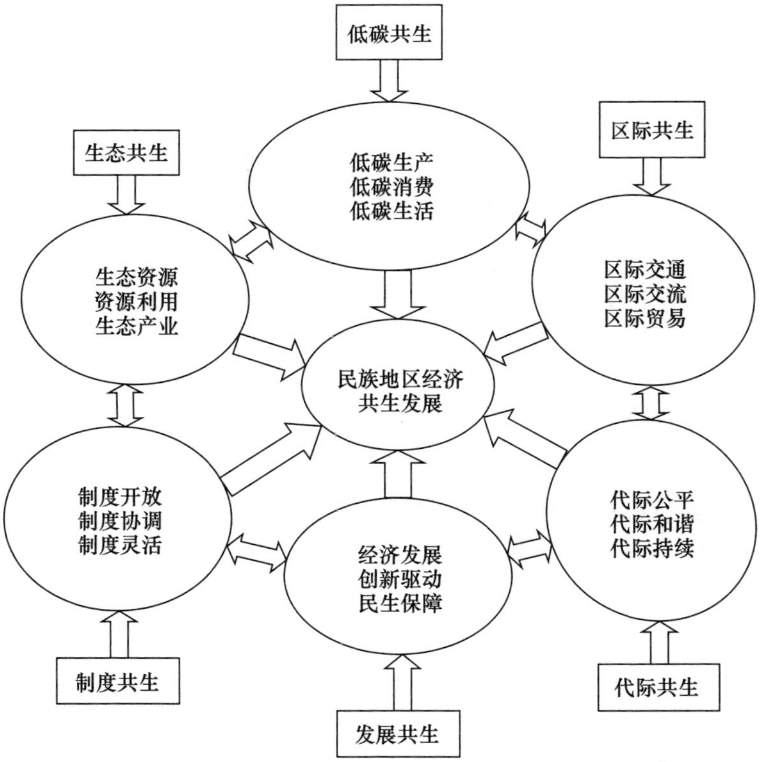

图 4－7　多因子对民族地区共生发展的机理结构

如图4－7所示，第一个层次由低碳共生、发展共生、生态共生、制度共生、区际共生和代际共生组成，其具体影响表现如下：第一个维度是共生利益。包括区际共生和代际共生，具有衡量民族地区发展目标是否相同，利益是否一致的功能。为了深化民族地区共生发展，区际共生从区际交通、区际交流和区际贸易等因素出发，加强民族地区联系；代际共生则从代际公平、代际和谐和代际持续等因素出发，使代际之间的联系更加紧密。第二个维度是共生资源。具体有生态共生和制度共生。生态共生以生态资源、资源利用和生态产业为主要切入点，直接作用于生态共生的发展；制度共生则以制度开放、制度协调和制度灵活等因素为主要切入点，直接作用于制度共生的改善与提升，两者使得民族地区共生发展得到了增强和保障。第三个维度是共生价值。由低碳共生与发展共生组成，其作用在于测评民族地区发展的成果是否具有共生价值。为了使得民族地区共生发展在发展水平和发展价值上最终都能有所拔高，低碳共生以低碳生产、低碳消费和低碳生活等因素为切入点，着力于民族地区低碳化水平的提高；发展共生则是以经济发展、创新驱动和民生保障等因素为切入点，针对于民族地区发展价值的增值。二者合力使民族地区共生发展走向新高度。

由图4－7可知，第二层次作为第一层次的影响因素的综合作用和内循环过程，会产生综合性影响。以区际共生和代际共生的利益方针为向导，将增进二者间的融洽度，消除双方的摩擦，关系得以促进，从而形成内源动力，相互作用使之共同成为共生发展的推力，能左右区际和代际共生程度和状态。更值得一说的是该影响是以合理利用生态资源和制度资源为基本，配备和谐、软性、灵活的制度，历经生态资源的综合利用、生态产业的整合发展，为实现生态的共生和制度的共生提供了有力的保障。以相关利益主体综合利用资源为基本能打造出低碳共生和发展共生为价值维度的民族地区共生发展。最主要的是使每个人都能秉承着低碳理念，减少各类不合规气体的排放，将低碳理念贯彻落实到社会生活的方方面面，深度改善环境。以上这类积极影响会通过社会的可持续发展表现出来，科教文卫事业的不断发展、资源的高效利用及承载水平的拔高、经济的迈进都是正面影响的具体表现。生态、环保、循环、低碳良性循环和经济社会的持续发展是一种健康的发展状态，还能带来社会的深度和谐、生活水平的不断提高和民生保障覆盖率的提升，形成积极的促进作用。在这一内循环过程的作用下，完美地呈现了六大因子的综合影响效应，最大限度地发挥了它们的共生效应，对民族地区共生发展产生积极正面的影响。

第五章　民族地区共生发展的战略意义及其面临的难题

新常态下推动民族地区融合共生发展，是实现民族地区振兴的要点。生态学中的共生概念在处理民族关系中，有利于解决民族地区同步小康。民族地区同步小康的核心是实现共生发展，在此基础上构建民族命运共生体是民族地区同步小康的目标。而民族共生发展是指各民族共生主体在对共生资源进行资源配置过程中以共生为中心，以代表政治、经济、社会和文化的族际、代际、生态、产业和政策等要素为轴心，以人与人、人与自然、自然与自然相互包容发展为民族地区同步小康模式，以达到民族地区经济与自然和谐共生效应为目标，不断促进民族地区形成经济共生体，而且是生态共生体。

一、民族地区共生发展的战略意义

同步小康以民族共生发展为宗旨，民族共生以同步小康为发展方式，两者互为依赖，共生发展对推进民族地区的同步小康意义重大，将民族共生发展引入同步小康，有利于提升民族地区的同步小康水平，并指导同步小康建设。

（一）有利于实现民族地区同步小康的生态目标

共生发展要求构建依托资源本性的共生领域，资源的本性要求资源在开发利用时，不能只是单纯的相互分离，而应当遵循自然和资源的规律，保证资源的完整性，在遵循规律的基础上合理利用资源。资源共生是共生发展的重要体现，同时，也是民族地区同步小康的生态目标。在资源共生理念的指导下，有利于保证民族地区推进同步小康的同时关注生态，让同步小康建设更具有生态特色，提升同步小康的品质。而且，我们应该以共生资源为标尺，使同步小康和资源的开发利用同步推进，冲破行政区划的资本主义禁锢，密切区域间的合作，使同步小康所涉及的自然资源、人才、资本、技术、信息等生产要素有足够的沟通与协作，进而在产业、企业等领域合作，构建共生产业园区、跨区域企业、跨区域项目。

（二）有利于提升民族地区同步小康的共生价值

少数民族地区的同步小康是实现全民族的同步小康的必要条件，包容共生是民族地区同步小康的价值目标。包容共生能使民族地区间的联系更加密切，构建和谐共同发展的关系，减少民族内耗带来的消极影响。而且能够通过构建持续的共生平台和共生媒介实现民族地区交流更加密切，使融合程度得到深化。这种包容共生可以让同步小康达到升值的效果，在普惠民族地区社区居民的同时兼顾自然生态环境，让全面建成小康社会过渡到一个更高的台阶，在此进程中贫富差距的冲突得以缓和，生活水平和自然生态状况都得以改良，让全体居民都能分得同步小康建设的一杯羹。由此可见，共生发展不但能够带来共生价值的提升，也能为同步小康的繁荣提供源源不断的动力。

二、民族地区共生发展面临的难题

（一）减贫任务艰巨

贫困面广、贫困程度深、减贫率趋缓是造成民族地区贫困的主要原因，这些原因在很大程度上阻碍着同步小康的发展。我国农村贫困人口中，少数民族地区人口是其重要构成。国家统计局对全国除港澳台地区以外的31个省（自治区、直辖市）16万户农村居民家庭的抽样调查，按年人均收入2300元（2010年不变价）的国家农村扶贫标准测算，2015年民族八省区农村贫困人口为1813万人，比上年减少392万人。民族八省区农村贫困人口占全国的比重为32.5%，比上年（31.4%）略有增加，高1.1个百分点。民族八省区减贫率为17.8%，全国同期减贫率为20.6%，民族八省区减贫速度慢于全国。民族八省区农村贫困人口占乡村人口的比重，即贫困发生率为12.1%，比全国（5.7%）高6.4个百分点。

2010～2015年，八省区农村贫困人口占全国的比重保持在30%以上，而同期八省区农村人口占全国的比重为17%左右。从减贫率来看，2011～2015年，八省区5年减贫率分别为22.3%、20.3%、17.9%、13.9%、17.8%，全国同期为26.1%、19.1%、16.7%、14.9%、20.6%。前四年，八省区与全国减贫速度都在逐年下降。若要在2020年让民族八省区达到全面建成小康社会的目标，每一年平均需要减少360万的贫困人口，要达到这个目标是很不容易的，当扶贫工作不断深入，扶贫过程中的难度也会随之加大，扶贫工作任重而道远（见表5－1）。

表 5-1 民族八省区与全国分年度贫困人口及贫困发生率

指标		2010 年	2011 年	2012 年	2013 年	2014 年	2015 年
贫困标准（元）		2300	2536	2625	2736	2800	2855
贫困人口	民族八省区(万人)	5040	3917	3121	2562	2205	1813
	全国（万人）	16567	12238	9899	8249	7017	5575
	八省区占全国比重（%）	30.4	32.0	31.5	31.1	31.4	32.5
贫困发生率（%）	民族八省区	34.1	26.5	20.8	17.1	14.7	12.1
	全国	17.2	12.7	10.2	8.5	7.2	5.7
	八省区与全国对比	高 16.9 个百分点	高 13.8 个百分点	高 10.6 个百分点	高 8.6 个百分点	高 7.5 个百分点	高 6.4 个百分点

资料来源：国家民委网．国家民委发布：2015 年少数民族地区农村贫困监测结果，http：//www.seac.gov.cn/art/2016/4/15/art_31_225897.html.

（二）绿色竞争力弱

绿色竞争力水平是生态与经济深度结合基础上的区域竞争力，绿色竞争力水平是绿色存量和发展增量共存的，是生态与经济高度融合后铸就的区域竞争力。民族地区在历经很长一段时间整治后让生态环境得到了大幅改善，然而在此期间，绿色竞争力的作用没有得到足够的体现，绿色竞争力不强是同步建设小康路上的一块巨大的绊脚石，同步小康的目标是要兼顾民族地区的富裕和保护历时多年建立的绿色发展成果。根据北师大等编著的《2014 年中国绿色发展指数报告——区域比较》研究显示[①]，2014 年，西南民族七省区（西藏由于数据源未参与测算）在我国 30 个省份中绿色发展指数及排名情况如下：青海位列第 2（发展指数为 0.300）、内蒙古位列第 6（发展指数为 0.136）、云南位列第 13（发展指数为 0.012）、新疆位列第 16（发展指数为 -0.046）、广西位列第 17（发展指数为

① 资料来源：北京师范大学经济与管理研究院等．2014 年中国绿色发展指数报告——区域比较，2015.

-0.061）、贵州位列第18（发展指数为-0.092）、宁夏位列第28（发展指数为-0.282）。由上述数据我们可以得出结论，在前十位的名单中有青海和内蒙古，有4个民族省区排在第11~20位，宁夏的排名最为靠后，在后十名当中的倒数第3位。由此可见，西部地区绿色发展水平整体属中等，青海和内蒙古绿色发展指数较高发展状况较好，总体优于中部地区和东北地区。

当然，由于经济增长绿化度、资源环境承载力、政府政策支持度三个一级指标构成了中国省级绿色发展指数。从经济增长绿化度来看，经济增长绿化度较高的东部省份对区域绿色发展指数的贡献巨大，而西南民族七省青海、内蒙古、云南、新疆、广西、贵州、宁夏分别获第28位、第10位、第30位、第25位、第24位、第29位、第26位，排名较后且都低于全国平均水平；从资源环境承载力来看，西南民族七省青海、内蒙古、云南、新疆、广西、贵州、宁夏分获第1位、第7位、第3位、第18位、第9位、第2位、第30位，有5个排在前十位，西部省份还是具有较大优势的，这成为拉动西南民族七省绿色发展指数排名的主要因素。从以上可以看出，西南民族七省具有良好的资源承载力，但是在经济增长绿化度方面又严重不足，这也恰好说明了西部省份存在生态资源与经济融合度不高和绿色竞争力水平较低的问题。

（三）族际和谐度低

推进族际和谐也是全国同步建成小康社会的重要内容，但是因为存在族际间经济和社会发展基础不一致的情况，导致族际和谐度低。从就业方面而言，首先在人口增长速度方面，少数民族总体快于汉族，与之相对应，适龄劳动力人口增长幅度也远高于全国和汉族平均水平；其次在适龄劳动力人口受教育程度方面，少数民族普遍较低，竞争力较弱，这样就会导致他们在就业中处于不利地位，就业机会少，以至于影响民族团结。从民族融合方面而言，随着城市化进程的加快，我国各民族“大杂居，小聚居”的分布特点更为明显，这样为文化和经济的进一步交流提供足够的空间和便利，在更广阔、更深的层面促进了各民族的关系。同时，我国普通民众中对少数民族的文化认知不深，常引发冲突事件，带来双方经济利益的损失，降低了彼此间的信任，从而破坏民族和谐。民族团结也受其他许多方面的影响，如当前国际的不和谐因素较为猖獗，包括民族分裂分子借助宗教所挑起的暴力恐怖事件、宗教极端主义以及突发的宗教事件等。随着经济全球化进程的加快，一些西方国家的反华势力越来越容易蛊惑人心，常常把我国边疆民族地区作为切入点，打着“民族”、“宗教”和“人权”的旗号，鼓动一些民族反动分子进行各种形式的破坏活动，同时一些极端主义思想也纷纷涌入我国，给我国民族团结、民族凝聚力带来一定的威胁。

（四）经济质量不高

以高质量的经济水平为基础既能提高民族地区老百姓的经济收入，又能利于达到全国同步全面建成小康社会的目标和保障其持续发展。2015 年全国国内生产总值的平均水平为 22227 亿元，然而西南民族八省区的青海、内蒙古、云南、新疆、西藏、广西、贵州和宁夏的 GDP 分别为 2417.05 亿元、18032.79 亿元、13717.88 亿元、9324.80 亿元、1026.39 亿元、16803.12 亿元、10502.56 亿元、2911.77 亿元，明显低于全国平均水平，因此可以看出民族地区离达到高质量经济水平的目标还有很长一段距离，并且这与民族地区广阔的地域和庞大的人口规模极不相符，GDP 的差距是民族自治地区与全国经济发展差距的一个重要原因。从东部、中部、西部看，收入差距依然十分显著。2015 年青海省城镇居民人均可支配收入为 24542 元，甘肃暂排最后，为 23767 元。从城乡居民收入的总体情况看，也体现了这种差距——东部：2015 年浙江为 43714 元，江苏为 37173 元，广东为 34757 元；西部：甘肃省城镇居民人均可支配收入达到 23767 元，农村居民人均纯收入仅为 6936 元。城乡收入比均超过 3∶1 的社会稳定警戒线。财政自给率低下是经济发展停滞不前给民族地区带来的最显著的后果。若这个比率低于 50% 并且政府的财政支持、调节经济手段的程度不够，就会出现“保吃饭”与“保建设”的矛盾。以上这些数据暂且仅仅说明了族际间存在很大的经济差距，但是隐藏在其后更大的是有关经济发展质量的问题。根据2014年创新驱动背景下的中国经济质量的研究报告，发现青海、内蒙古、云南、新疆、广西、贵州和宁夏的经济增长质量分别排在第26位、第22位、第29位、第20位、第19位、第30位、第25位，排名都较靠后且经济增长指数小于0。这些数据表明西南民族七省在经济增长质量方面还需要一段时间来追赶全国其他地方。

第六章 民族地区共生发展水平的测度体系与实证分析

区域经济共生发展的内涵界定和理论的解构为民族地区共生发展水平测度体系的构建提供了研究思路，而影响因子的识别和探索性分析，为民族地区共生发展水平的测度体系提供了核心指标，在这些核心指标的基础上进行拓展和延伸，可以形成民族地区共生发展水平的测度体系。本章首先通过文献调研，参考和借鉴了区域一体化和协调发展的一些指标，进行了优选，并根据民族地区共生发展拓展和延伸的思路，从而初步构建了民族地区共生发展水平的测度体系。其次，对民族地区共生发展水平测度体系各指标的权重进行了确定，并解释了每一指标的基本内涵，而且选取和构建了民族地区共生发展水平的测度方法。最后，对民族地区共生发展水平的测度体系进行了实证检验，利用此指标体系对我国各省份 2010 年各相关数据进行了综合评价，测算了民族地区共生发展水平的综合指数及其排名，同时对这一结果进行了基本检验和深度检验，以确定其一致性，从而论证民族地区共生发展水平测度体系的可靠性和可适性。

一、民族地区共生发展指标体系设计依据

民族地区发展水平的综合评价已经有很多专家学者做了相应的研究，

在此，主要是针对这些文献做一个基本梳理，从而为民族地区共生发展水平测度体系的构建和系统分析模型的构建提供一个基本的研究思路和实践指导。

（一）区域一体化评价指标体系及其启示

区域一体化理论对民族地区共生发展中的区际共生具有重要的指导意义，而区域一体化指标体系设计对区际共生指标的设计具有重要的实践意义。王德忠等（2009）认为，大都市圈的形成是区域一体化的重要路径，通过产业共生促进产业集群发展是大都市圈形成的关键，通过产业集群促进大都市圈形成的切入点是城乡一体化，大都市圈产业集群有利于新型工业化有效布局。如此，产业共生下的产业集聚程度应该被认为民族地区一体化的关键，产业集群可以成为评价民族地区一体化的重要因子或者指标。马跃龙（2009）认为，推动长株潭城市群民族地区一体化的关键就是要加快三市产业结构的调整步伐，实现资源的优化配置，避免重复建设、分散经营和同质化竞争，提高集约化水平和产业竞争力，促进三市经济的相互渗透与融合，达到民族地区的协调共同发展。说明民族地区一体化发展除了要关注产业集群外，更要做好产业结构调整，实现产业协同。产业协同也可以成为民族地区一体化的重要指标。江涌（2009）认为，人才是民族地区发展的源动力，长株潭地区的最大优势是人才优势，要实现长株潭民族地区一体化的良性发展，必须对其人才资源与经济发展进行有效协调、优化与控制。说明人才一体化也是民族地区一体化战略的关键，人才一体化也可以成为民族地区一体化的重要指标。吕典玮、张琦（2010）从对民族地区一体化的概念和发展过程的讨论出发，并以京津地区为研究对象，从市场一体化、产业一体化和空间一体化三个方面探讨其一体化整合程度。市场、产业和空间一体化可以认为是构成民族地区一体化的主要指标。周立群、夏良科（2010）构建了包括4个层级28个指标的民族地区一体化评价体系，一级指标包括市场一体化和政策一体化，在市场一体化下包括以下二级指标，城市间联系度、产品市场同一度、要素市场同一度、政府效能同一度、市场化同一度、经济发展趋同。并且用人流（客运总量/总人口）、物流（货运总量/GDP）、资金流（实际使用外资金额/总投资）、信息流（邮电电信总量/总人口）来体现城市间联系度；用地区产品价格差（居民消费价格指数、固定资产投资价格指数、自有住房水电燃气消费价格指数）来体现产品市场同一度；用投资利润率（利润总额/GDP）、资金流动（信贷占GDP比重）、劳动力流动（外来人口或流动人口）、技术流动（技术交易额/科技人员数）来体现要素市场同一度；用财政支出份额（财政支出/GDP）、政府机构规模（政府人员数/总人口）来体现政府效能同一度；用非国有经济发展（非国有经济/GDP）、对外开放（实际利用外资/GDP）、经济结构（工业总产值/GDP、进出口总额/GDP）来体现市场化同一度；用经济发展（人均GDP）来体现经济发展趋同度。用政府规划、政策认同度、一体化效率和协作发展程度来体现政策一体化。学者周立群等构建的指标体系在市场一体化方面值得借鉴，因为这是可以量化的指标，而政策一体化就很难量化，也没有统一的标准。陈辉煌（2011）也构建了相应的指标体系，目标层指标包括市场一体化、规划一体化、基础设施一体化、体制一体化和社会一体化。用贸易依存度（贸易总额/GDP）、资金流（实际使用外资金额/总投资）、居民消费价格指数（CPI）、投资利润率（利润总额/GDP）、工业总产值（工业总产值/GDP）来体现市场一体化；用政府战略规划（区域合作协议）、产业发展规划（产业政策协调性）、经济社会发展规划（社会经济发展重大问题）、财政政策（税负一致性）来体现规划一体化；用高速路网分布（高速公路畅通性）、铁路网建设（铁路可达性）、机场设施建设（机场互补性）、码头设施建设（港口互补性）来体现基础设施一体化；用公共决策机制（区域内决策效率最大化）、对话沟通机制（区域内政府相关部门协作性）、政策环境协调机制（政策方案可行性）、专项事务协调机制（个案决策针对性）、利益协调机制（利益分配合理）来体现体制一体化；用公共教育事业（基础教育均等化）、社会保障事业（社保转移对接便利性）、文化协调发展（文化政策融合度）、生态环境可持续性（和谐高效区域生态经济系统）来体现社会一体化。这一观点虽然对区域一体化体现得更加全面，但是除了市场一体化指标能够较好地获得相应数据，以至于其他4个因子难以获得相应数据进行区域一体化的实证分析。李雪松、孙博文（2013）则选择了市场一体化、行政一体化和社会一体化三大目标层，用劳动力流动（区域内人口流动）、物流（货运周转率）、资金流（银行信贷总额）、信息流（信息产业投资额）、经济发展水平（人均GDP）、经济结构（单位GDP工业总产值）、财政支出份额（单位GDP财政支出份额）、贸易依存度（贸易总额）、投资利润率（投资利润比）、居民消费价格指数（CPI指数）来体现市场一体化；用政府战略规划（区域合作协议成效）、产业发展规划（产业政策协调性）、财政政策（税负一致性）、高速路网建设（高速公路总长度）、铁路网建设（铁路基建投资）、机场设施建设（机场建设投资）、对话沟通机制（政府相关部门协作性）、政策环境协调机制（政策方案可行性）、利益协调机制（利益分配合理性）、政府工作效率（政策透明度水平）来体现行政一体化；用公共教育事业（基础教育总投入）、文化协调发展（文化政策融合性）、生态环境可持续性（生态环境保护总投入）、医疗卫生保障事业（城市与非城市医疗机构比）指标来体现社会一体化。这一观点虽然减少了核心层指标，但是固有的问题还是存在，有许多指标并不能用统计数据来测算，而只能通过主观判断，这会使一体化的评价结果产生重大的不确定性。

区域一体化指标体系的相关文献对本文中关于民族地区共生发展指标体系的设计具有一定的指导意义。主要有：一是民族地区共生发展指标体系的设计一定要能够定量化，尽可能避免主观判断的指标。二是区域一体化中有许多指标可以移植到民族地区共生发展的指标体系中来，如可以用财政支出份额（财政支出/GDP）、政府机构规模（政府人员数/总人口）、非国有经济发展（非国有经济/GDP）、对外开放（实际利用外资/GDP）、经济结构（工业总产值/GDP、进出口总额/GDP）来体现制度共生；用高速路网建设（高速公路总长度）、铁路网建设（铁路基建投资）、机场设施建设（机场建设投资）、信息流（信息产业投资额）、资金流（实际使用外资金额/总投资）、贸易依存度（贸易总额）等指标来体现区际共生；而生态环境可持续性（生态环境保护总投入）可以用来衡量生态共生。

（二）区域协调发展评价指标体系及其启示

协调发展理论对于民族地区共生发展的区际共生和发展共生具有重要的指导意义，而协调发展指标自然对区际共生和发展共生指标的设计会产生重大影响。李兴江、唐志强（2007）认为，民族地区协调发展综合评价指标体系包括经济水平与经济结构、科技进步与人口素质、社会发展与居民物质生活水平、生态环境和自然资源。其中用人均 GDP、第三产业增加值占 GDP 比重、商品出口依存度来体现经济水平与经济结构；用 R&D 经费占 GDP 比重、工业化进程、高考录取率、人均财政教育经费、人口自然增长率来体现科技进步与人口素质；用城镇人口比重、信息化综合指数、城镇居民恩格尔系数、城镇居民人均居住面积、每名医护人员服务人口来体现社会发展与居民物质生活水平；用“三废”处理治理达标率、耕地垦殖指数、城市人均公共绿地面积和环保投资占 GDP 比重来体现生态环境和自然资源。徐盈之、吴海明（2010）通过明确区域协调发展的科学内涵并建立评价指标体系，主要包括经济子系统、科技文化子系统、社会子系统、生态环境子系统。其中用经济水平（人均 GDP 元）、经济结构（第二、第三产业占 GDP 比重）、经济效益［投资产出率、单位 GDP 能耗（吨标准煤/万元）、工业成本费用利润率］、经济外向度［人均进出口总额（美元/人）、固定资产投资来源中外资所占比重］来体现经济子系统；用 6 岁以上人均受教育年限、每万人专利授权数、科学教育支出占财政支出比重来体现科技文化子系统；用人口状况（人口自然增长率）、社会发展水平（居民恩格尔系数、城市化率）、社会信息化水平（人均邮电业务量）、社会公共产品普及率（每万人拥有医院床位数、城市用水普及率、城市燃气普及率、每万人拥有公共交通车辆、建成区绿化覆盖率、人均道路面积）、社会公平水平（城乡收入比）、社会福利水平（失业保险覆盖率、医疗保险覆盖率、城镇登记失业率）来体现社会子系统；用二氧化硫去除率、固体废物综合利用率、工业废水处理达标率来体现生态环境子系统。蔡晓珊、安康（2012）认为，区域协调互动发展本质上是相关区域主体通过内在稳定运行机制在各领域关联互动，区域利益同向增长，区域差异趋于缩小的过程和状态。构建评价体系不仅要进行状态评价，也要进行过程评价。状态指标包括区域总体的状态指标和区域内部差异的状态指标，而过程指标包括市场机制、合作机制、空间组织机制、援助机制和治理机制指标。其中用民族地区总量（GDP）指标、区域人均经济总量（人均 GDP）指标、区域要素禀赋拥有量指标、区域高等教育总毛入学率、区域居民的幸福总指数来体现区域总体的状态指标；用区域各部分间 GDP 差异指标、区域各部分间人均 GDP 差异指标、区域各部分间要素禀赋差异指标、区域高等教育毛入学率差异指标、区域各部分间居民幸福指数差异指标来体现区域内部差异的状态指标。根据这一指标体系可以看出，市场机制、合作机制、空间组织机制、援助机制和治理机制的相关指标主要是主观指标，这也是该指标体系的缺陷。田新翠（2013）认为，生态系统主要从环境保护方面选取，选取了一般工业废物综合利用量和各地区单位面积二氧化硫排放量等指标；资源系统从地区农村居民人均住房面积、人均水资源量、单位地区生产总值能耗、地区湿地面积等指标进行研究。这些指标设计的观点对民族地区共生发展指标体系的设计具有重要的指导意义，特别是对发展共生，人口状况、社会发展水平、社会信息化水平、社会公共产品普及率（每万人拥有医院床位数、城市用水普及率、城市燃气普及率、每万人拥有公共交通车辆、建成区绿化覆盖率、人均道路面积）、社会公平水平（城乡收入比）、社会福利水平（失业保险覆盖率、医疗保险覆盖率、城镇登记失业率）等可以用来体现经济发展的结果。因而，可以作为发展共生指标的来源。

二、民族地区共生发展水平测度体系的构建

民族地区共生发展水平测度体系是基于民族地区共生发展的理论基础，而且是在区域一体化与协调发展体系设计的基础上构建的。

（一）构建原则

1. 要依托民族地区共生发展的核心指标

民族地区共生发展的区际、代际、生态、制度、低碳和发展六大因子是民族地区共生发展水平测度体系的构建基础。在进行指标体系的设计时一定要按照其基本内涵和外延架构来进行设计，使各级指标能够充分体现其理论本质。

2. 要能够用可测性统计数据来充分体现统计指标

民族地区共生发展水平测度体系的延伸指标要能够用统计年鉴的数据来客观地展现，避免人为的主观判断，这样使测算的结果能够符合民族地区发展的现实需要，也能够保证研究结果的客观和公正，而且具有可比性。

3. 要充分借鉴区域一体化和协调化发展指标的优点

民族地区共生发展虽然与民族地区一体化和协调化有较大区别，而且其研究具有侧重点，但是区域一体化和协调发展的相关指标是完全可以借鉴到民族地区共生发展水平测度体系的构建中来的，这也体现了理论研究的延续性和可考性，具有较强的理论基础。

4. 要保证统计数据测算的明确性和特指性

在众多指标体系的研究中发现，民族地区指标设计选取的指标在进行统计数据的测算时不能较好地衡量，或者各区域之间缺乏可比性，从而很

难收集和整理相关数据，造成一些统计数据利用别的数据来替代，或者干脆用增长率的计算来进行预估，这会在一定程度上影响研究的结果，应该尽量减少此种行为。

（二）指标拓展和延伸的基本思路

1. 区际共生因子拓展和延伸

区际因子体现的是区域间的联系，更多的是倾向于区域开放度情况，展现的是区域单元间的共生关系。其指标的拓展和延伸可以从区际联系紧密度和频繁度来选取。主要包括区域高铁路程、区域高速公路里程、互联网覆盖率、贸易依存度、外资开放度、金融开放度。

2. 代际共生因子拓展和延伸

代际因子主要体现在当代人与后代人之间的共生问题，要求做到代际之间的共生。在这一点上来看，代际共生更加倾向于可持续性方面。因此，可以从可持续角度来收集和整理相关指标，主要是资源承载性方面。主要包括：劳动力数量占总人口比重（%）、人均耕地面积（公顷/人）、人均矿产占有量（万吨/人）、人均能源占有量（万吨标准煤/人）、单位产出能耗比（万吨标准煤/亿元）、单位产出污水排放数（万吨/亿元）、单位产出大气污染程度（亿标立方米/亿元）。

3. 生态共生因子拓展和延伸

生态因子主要体现经济与生态的共生问题，关注的是经济增长能够与生态环境和谐共生。主要包括空气质量达到二级以上的天数及占全年比重、森林覆盖率、人均水资源量、高技术产业企业个数、工业固体废物综合利用率、可再生能源消费比重、公共交通客运量（不含出租车）。

4. 制度共生因子拓展和延伸

制度因子体现的主要是体制机制方面，展现的是经济与制度的共生关系。只有使制度与经济达到和谐共生，才能促进经济的自组织发展。因此，可以从体制机制方面着手查找选取相应的指标。主要包括政府消费（政府消费占 GDP 的比重）、非国有经济工业产值（非国有经济工业产值占工业总产值比重）、劳动力择业自主性［个体就业人数（除去各类性质单位就业人数）占就业人数比例］、市场中介人员规模（金融保险业和房地产业就业人数占当地就业人员总数比重）、技术要素市场化（技术市场合同成交额与科技人员比例）。

5. 低碳共生因子拓展和延伸

低碳因子主要是保证经济社会发展的结果是低碳的、环保的、绿色的，以零排放为经济社会发展的目标，减少废气排放和大气污染，保障地球干净美好。为此，主要是要做好低碳生产、低碳消费和低碳生活等工作，使人人为低碳，人人做低碳，从而使整个社会都形成一种低碳理念，并融入人们的生活习惯中。在现实社会中，可以选择以下指标来进行衡量，主要包括人均二氧化碳排放量、平均碳排放系数、非煤炭能源消费比重、单位能源消费的碳排放因子、单位地区二氧化碳排放的产出、人均生活能源消费量、单位地区二氧化硫排放的产出、单位地区氨氮排放的产出、单位化学需氧量排放的产出、公共交通客运量（不含出租车）、轨道交通客运量比重、每万人拥有公共汽车等指标。

6. 发展共生因子拓展和延伸

发展因子体现了经济发展综合情况，是资源合理有效使用和配置的具体表现，其理论基础是包容性增长，体现的是经济发展后对社区居民的惠及，展现的是经济发展与人的共生关系。因此，在这一点上，其指标的拓展和延伸可以从包容性指标出发进行选取。主要包括预期寿命、劳动工资占 GDP 比重、就业增长率与经济增长率之比、城乡收入比、基尼系数、政府社会保障支出、人均 GDP、人均受教育年限、恩格尔系数。

（三）评价指标体系的构建

1. 指标体系构建步骤

（1）根据文献阅读法提出指标设计的最初设想。民族地区共生发展水平测度体系，在目前的文献中几乎未见，这给我们设计其指标体系增加了难度，为此，只能根据民族地区共生发展的前期研究成果，即民族地区共生的理论本质和理论基础，对民族地区共生发展进行理论解构，从而从区域一体化、协调发展甚至民族地区可持续发展、科学发展、转型升级、包容性增长、经济发展质量等评价指标体系中找到相关的指标。

（2）通过频率出现多少来选取民族地区共生发展的三级指标。在已有文献中，找到衡量区域间、生态与经济间、生态与人之间等关联性较强的指标，而且根据其出现的频率大小来选取出现频率较高的指标作为民族地区共生发展的三级指标，并把其归类到民族地区共生发展的六大核心因子中。

（3）通过聘请专家对设计出来的指标体系提出修改意见。指标体系的设计过程肯定也是一个可靠性论证的过程，通过把设计出来的指标发放给民族地区发展研究领域的专家进行修改，并提出修改意见，按照修改意见对这一指标体系进行充分修改，并召开指标体系研究论证会，把修改的指标体系在研究团队间进行充分论证。与专家的互动过程重复3次，召开指标体系设计论证会3次，从而利用头脑风暴法从主观上确定这一指标体系。

（4）对民族地区共生发展水平测度体系的各指标进行专家评分。为了进一步论证指标体系的有效性、可行性和可靠性，把拟定好的指标体系以问卷形式发放给相关专家进行打分，从实证角度对这一指标体系进行充分论证，以保证民族地区共生发展水平测度体系确实有效。通过收集调查问卷，并进行分析，对那些评分较低的指标进行删除，从而最终确定民族地区共生发展的水平测度体系。

2. 指标体系构建

（1）指标体系。根据文献阅读和民族地区共生发展的核心指标的延伸和拓展思路，本书对民族地区共生发展的指标层的各指标进行了优选，并确定了初始指标体系，如表6－1所示。

表6-1 民族地区共生发展初始评价指标体系

	准则层	序号	指标层	单位	指标性质
区域经济共生发展水平	区际共生	1	高速公路里程	公里	正指标
区域经济共生发展水平	区际共生	2	高铁里程	公里	正指标
区域经济共生发展水平	区际共生	3	机场建设投资	万元	正指标
区域经济共生发展水平	区际共生	4	万人拥有互联网用户数	户	正指标
区域经济共生发展水平	区际共生	5	实际使用外资总额/总投资	%	正指标
区域经济共生发展水平	区际共生	6	进出口总额	亿元	正指标
区域经济共生发展水平	代际共生	7	劳动力数量占总人口比重	%	正指标
区域经济共生发展水平	代际共生	8	人均耕地面积	公顷/人	正指标
区域经济共生发展水平	代际共生	9	森林覆盖率	%	正指标
区域经济共生发展水平	代际共生	10	人均淡水资源	亿立方米/人	正指标
区域经济共生发展水平	代际共生	11	人均湿地面积	千公顷/人	正指标
区域经济共生发展水平	代际共生	12	人均能源占有量	万吨标准煤/人	正指标
区域经济共生发展水平	代际共生	13	单位产出能耗比	万吨标准煤/亿元	逆指标
区域经济共生发展水平	制度共生	14	财政支出/GDP	%	逆指标
区域经济共生发展水平	制度共生	15	政府人员数/总人口	%	逆指标
区域经济共生发展水平	制度共生	16	非国有经济/GDP	%	正指标
区域经济共生发展水平	制度共生	17	实际利用外资/GDP	%	正指标
区域经济共生发展水平	制度共生	18	技术市场合同成交额与科技人员比例	%	正指标
区域经济共生发展水平	制度共生	19	服务业增加值占GDP的比重	%	正指标
区域经济共生发展水平	生态共生	20	空气质量达到二级以上天数及占全年比重	%	正指标
区域经济共生发展水平	生态共生	21	人均公园绿地面积	平方米	正指标
区域经济共生发展水平	生态共生	22	环保污染治理投资占GDP比重	%	正指标
区域经济共生发展水平	生态共生	23	工业固体废物综合利用率	%	正指标
区域经济共生发展水平	生态共生	24	可再生能源消费比重	%	正指标
区域经济共生发展水平	生态共生	25	工业用水重复利用率	%	正指标
区域经济共生发展水平	生态共生	26	土地资源利用率	%	正指标
区域经济共生发展水平	生态共生	27	高新技术产业增加值占GDP比重	%	正指标

续表

	准则层	序号	指标层	单位	指标性质
区域经济共生发展水平	低碳共生	28	平均碳排放系数	吨碳/吨标准煤	逆指标
		29	二氧化碳排放量/GDP	吨碳/万元	逆指标
		30	人均二氧化碳排放量	吨碳/万人	逆指标
		31	亿元 GDP 化学需氧量排放量	吨	逆指标
		32	轨道交通客运量比重	万人	正指标
		33	每万人拥有公共汽车	辆/万人	正指标
		34	单位产出污水排放数	万吨/亿元	逆指标
	发展共生	35	人均 GDP	元	正指标
		36	公共财政预算收入	亿元	正指标
		37	社会消费品零售总额	亿元	正指标
		38	R&D 支出占 GDP 的比重	%	正指标
		39	基尼系数	%	逆指标
		40	社会保障覆盖率	%	正指标
		41	城镇居民人均可支配收入	元	正指标
		42	农民人均纯收入	元	正指标
		43	城市居民恩格尔系数	%	逆指标
		44	万人拥有床位数	张	正指标
		45	万人拥有文化机构数	个	正指标
		46	城镇化率	%	正指标

把这一指标体系发放给相关专家学者，通过收集和整理相关意见，归纳起来主要体现在以下几个方面：

一是高校相关专家学者认为，一定要界定清楚民族地区共生发展的内涵和外延，并且在其外延基础上选择相对应的指标，使选取的指标能够充分体现准则层各核心指标的意思。为此，在民族地区共生发展的核心层指标方面，结合各专家提出的修改意见，对各核心层指标的基本外延做了更加详细的规定。认为区际共生主要包括区域之间的物流、人流、信息流、资金流、商品流等的畅通性和精密度，与区域一体化的指标比较类似；而代际共生主要体现客观资源的资源承载性，与可持续指标比较类似，主要包括人、森林、土地、水、矿产、能源等自然客观存在资源的未来可持续性，能否支持未来后代的发展；制度共生主要是制度的开放度、灵活度、柔和度，主要包括政府干预程度、政府服务程度、中介机构发达程度、市场开放度等；生态共生主要体现在发展经济过程中，人类处理生态的态度以及结果是生态与经济融合发展的结果，主要是人为改造后的生态资源状况，包括自然资源的质量、综合利用率、生态产业发展情况等；低碳共生主要针对的是生产、生活中二氧化碳的排放问题，再顾及其他废气、废水的排放问题；发展共生主要是经济发展所带来的结果，主要体现在经济对人的包容度问题，包括政府的收入、人的收入、人的身体、人的寿命、人的幸福度、人的保障、人的精神需求、人的贫富等。

二是实践层面的专家学者认为，民族地区共生发展的提出具有一定的实践意义，民族地区共生发展水平的测评指标能够客观有效，并且能够充分地引导和指引实践工作者做好共生发展的实践，让他们知道在民族地区共生发展方面的努力方向。为此，在设计指标体系时，我们又充分考虑这些专家的意见，在指标的选取方面更加注意其方向导向性，如区际共生中可以把实际使用外资总额/GDP 改成实际利用外资总额，而且在区际共生中可以加入水运货运量。而基尼系数对于全国数据比较容易取得，但是全国各省市的数据难以取得。因此，把基尼系数改成城乡居民收入差距。

三是根据专家反复意见，研究团队成员通过举行研究论证会，在指标的反复修改和斟酌后，确定了评价指标体系。对于无法收集到的数据需要对指标进行修改，把高铁里程改为铁路里程，把机场建设投资改为民用航空客运量，因为航空主要体现在人流方面，而水运主要体现在货运方面，所以把港口建设改为水运货运量来体现物流。增加了农村居民家庭恩格尔系数、人均湿地面积、非国有经济固定资产投资/全社会固定资产投资比重、市场中介人员/就业人员总数和水运货运量指数等 5 个指标。

四是通过设置可适性调查问卷，对形成的民族地区共生发展指标体系的各个指标设置了三个问题，即根据这些指标是否能够反映民族地区共生发展的水平分为：能充分反映、一般、不能反映。对100位民族地区研究领域的专家进行了问卷调查，并收回了98份有效问卷，问卷回收率达到了98%，具备分析的可行性条件，其数据检测结果如表6－2所示（反映的百分比按照取整数方式填列）。

表6－2　民族地区共生发展评价指标体系的可适性分析

	准则层	序号	指标层	单位	指标性质	能充分反映（%）	一般（%）	不能反映（%）
区域经济共生发展水平	区际共生	1	高速公路里程/区域土地面积	公里/百平方公里	正指标	82	15	3
		2	铁路里程/区域土地面积	公里/万平方公里	正指标	84	12	4
		3	民用航空客运量	万人	正指标	81	10	9
		4	水运货运量	万吨	正指标	75	15	10
		5	互联网上网人数/总人口数	%	正指标	90	5	5
		6	实际利用外资额	万美元	正指标	78	15	7
		7	进出口总额	万美元	正指标	79	12	9
	代际共生	8	劳动力资源总数占总人口比重	%	正指标	85	10	5
		9	人均耕地面积	公顷/人	正指标	90	2	7
		10	森林覆盖率	%	正指标	95	3	2
		11	人均水资源总量	立方米/人	正指标	91	7	2
		12	人均湿地面积	千公顷/人	正指标	80	10	10
		13	人均能源生产量	万吨标准煤/人	正指标	84	10	6
		14	单位产出能源消费比	万吨标准煤/亿元	逆指标	77	13	10
	制度共生	15	财政支出/GDP	%	逆指标	75	11	14
		16	国有机关单位从业人员数/从业人员总数	%	逆指标	86	10	4
		17	非国有工业产值/工业总产值	%	正指标	87	12	1
		18	非国有经济固定资产投资/全社会固定资产投资额	%	正指标	89	5	6
		19	实际利用外资/GDP	%	正指标	81	12	7

续表

	准则层	序号	指标层	单位	指标性质	能充分反映（%）	一般（%）	不能反映（%）
区域经济共生发展水平	制度共生	20	技术市场成交合同额/科技人员数量	万元/人	正指标	76	14	10
		21	市场中介人员/就业人员总数	%	正指标	81	13	6
		22	服务业增加值/GDP	%	正指标	79	12	9
	生态共生	23	空气质量达到二级以上天数及占全年比重	%	正指标	85	12	3
		24	人均公园绿地面积	平方米	正指标	83	10	7
		25	环保污染治理投资/GDP	%	正指标	81	15	4
		26	工业固体废物综合利用率	%	正指标	88	10	2
		27	可再生能源消费比重	%	正指标	90	5	5
		28	工业用水重复利用率	%	正指标	93	2	5
		29	土地资源利用率	%	正指标	95	2	3
		30	高新技术产业增加值占 GDP 的比重	%	正指标	86	10	4
	低碳共生	31	平均碳排放系数	吨碳/吨标准煤	逆指标	95	2	3
		32	二氧化碳排放总量/能源消费总量	%	逆指标	82	15	3
		33	二氧化碳排放量/GDP	吨碳/万元	逆指标	95	2	3
		34	人均二氧化碳排放量	吨碳/万人	逆指标	90	5	5
		35	亿元 GDP 化学需氧量排放量	吨/亿元 GDP	逆指标	88	10	2
		36	轨道交通客运量比重	万人/人口总量	正指标	82	10	8
		37	每万人拥有公共汽车	辆/万人	正指标	83	9	8
	发展共生	38	人均 GDP	元	正指标	93	2	5
		39	地方一般公共财政预算收入	亿元	正指标	85	10	5
		40	社会消费品零售总额	亿元	正指标	73	10	17
		41	R&D 支出占 GDP 的比重	%	正指标	85	11	4
		42	城乡居民收入比		逆指标	90	12	8
		43	CPI 指数	%	逆指标	95	2	3
		44	城镇居民人均可支配收入	元	正指标	96	2	2
		45	农民人均可支配收入	元	正指标	88	12	10
		46	城镇居民家庭恩格尔系数	%	逆指标	95	4	1
		47	农村居民家庭恩格尔系数	%	逆指标	95	4	1
		48	万人拥有床位数	张	正指标	82	15	3
		49	万人拥有群众文化机构数	个	正指标	85	10	5
		50	城镇化率	%	正指标	79	12	9

根据调查数据的整理，可以发现所有指标都能够较好地反映民族地区共生发展的各核心指标，超过75%的比例能够充分反映民族地区共生发展水平。详细分析可以发现，50个指标的平均反映程度达到了86%，有86%的程度可以反映民族地区共生发展水平，这也充分证明这些指标的可适性很强，能够有效地反映民族地区共生发展的水平，从而也最终确定了这一指标体系。

（2）指标内涵与意义。

1）区际共生方面：高速公路密度（每百平方千米高速公路里程）和铁路覆盖率（每百平方千米铁路里程）主要体现区际间的物流与人流的可达性、往来深度和广度；而民用航空客运量主要反映人流量，人在区际间的交往程度；水运货运量主要是指物流这一渠道的往来程度；互联网覆盖率主要体现的是信息流，是人们参与信息交流获取知识和形成共同知识的重要渠道，也充分反映了信息交流程度；实际利用外资额和进出口额主要是区际间的开放度，反映了资金流向和外贸依存关系。

2）代际共生方面：劳动力资源总数占总人口比重反映的是劳动力在未来的可持续性，能够支撑后代的发展，体现人方面的代际关系和代际持续；人均耕地面积、森林覆盖率、人均水资源总量、人均湿地面积分别反映了耕地面积、森林、水资源和湿地面积的多少，这些自然资源是否能够支持后代的发展，体现了自然资源的代际关系和代际持续；人均能源生产量和单位产出能源消费比主要体现的是能源的可持续方面，反映了代际间在能源消费上的公平性。

3）制度共生方面：用财政支出占GDP的比重和国有机关单位从业人员数占从业人员总数的比重来反映政府机关的灵活度；用非国有工业产值（私营工业企业工业总产值）占工业总产值比重和非国有经济固定资产投资（全社会固定资产投资—国有固定资产投资）占全社会固定资产投资比重来反映制度的开明性，能够包容除公有制经济外的其他经济的存在，做到融合共生；用实际利用外资占GDP的比重来反映制度的开放度，能够接纳和包容其他区域的资金进入；用技术市场成交合同额占科技人员数量、市场中介人员（金融保险业和房地产业就业人数）占就业人员总数的比重和服务业增加值占 GDP 的比重来反映市场化进程和制度的成熟度。

4）生态共生方面：用空气质量达到二级以上天数及占全年比重、人均公园绿地面积来分别反映经济发展后空气质量和绿地建设情况，是经济与空气和绿地的共生问题；用环保污染治理投资占 GDP 的比重来反映环保共生问题；用工业固体废物综合利用率、可再生能源消费比重、工业用水重复利用率和土地资源利用率来反映民族地区资源循环共生问题；用高新技术产业增加值占 GDP 的比重来反映生态产业发展情况，高新技术产业基本上符合了生态共生的要求，因此可以用此指标来对其进行展现。

5）低碳共生方面：用平均碳排放系数、二氧化碳排放总量占能源消费总量的比重、二氧化碳排放量占 GDP 的比重和单位产出污水排放数来反映低碳生产情况，关注的是生产与低碳的融合共生问题；用人均二氧化碳排放量、亿元 GDP 化学需氧量排放量来反映低碳消费，关注的是消费与低碳的融合共生问题；用轨道交通客运量比重和每万人拥有公共汽车来反映低碳生活情况，关注的是生活与低碳的融合共生问题。

6）发展共生方面：用人均 GDP 来反映经济发展的整体结果，关注的是经济发展对区域的整体包容共生问题；用公共财政预算收入和社会消费品零售总额来反映经济发展对政府的包容共生问题；R&D 支出占 GDP 的比重反映的是经济与科技包容共生问题；城乡居民收入比、CPI 指数反映了收入和消费本身的共生问题；城镇居民人均可支配收入、农民人均可支配收入、城镇居民家庭恩格尔系数、农村居民家庭恩格尔系数反映了经济与居民收入的包容共生问题；万人拥有床位数、万人拥有群众文化机构数（博物馆、图书馆、文化表演团队、文化机构数）反映了经济发展对人的身体保障和文化保障方面的共生问题；城镇化率反映了经济发展与城市化进程的融合共生问题。

（四）评价指标权重赋值与综合指数测算程序

指标体系通过反复论证，已基本确定。在此，主要根据调查问卷所收集的数据进行权重赋值，并做好指标的测算程序，确定指标分析的方法。

1. 评价指标权重赋值

（1）赋值方法。在促进民族地区共生发展的过程中，各核心因子和指标层指标对民族地区共生发展的影响程度是各不相同的，进行民族地区共生发展的评价时，各因子不能同等看待，权重即表示各因子的重要性程度以及各因子所产生的不同共生效应。所以，在民族地区共生发展的综合评价体系中，各级指标权重的赋值是一项重要的内容。由于区域经济共生发展的评价指标体系受较多社会性因素的影响，故评价指标权重的赋值宜采用层次分析法与德尔菲法相结合，具体方法为：

1）采用德尔菲法进行咨询收集，咨询对象为高校民族地区研究专家、政府民族地区政策研究人员、社科院、统计局等研究人员，同时还包括生态、环保、绿色、战略性新型产业的践行者，以及社会发展领域的相关专业权威人士，涉及经济、环保、生态和地理等专业领域。通过对100份咨询问卷的分析，归纳总结出评价指标的相对重要性。具体的标度规则如表6－3所示。

表6－3　指标重要性判别规则

标度	含义
1	两个指标重要性相同，不分先后
3	两个指标的重要性不同，前者高于后者，强度较低
5	两个指标的重要性不同，前者高于后者，强度中级
7	两个指标的重要性不同，前者高于后者，强度高级
9	两个指标的重要性不同，前者高于后者，强度超高
2、4、6、8	为两个指标重要性的中间值
倒数1~9	假设指标 i 和指标 j 进行比较，a_{ij}反映 i 对 j 的重要性，a_{ji}反映 j 对 i 的重要性，$a_{ji}=\frac{1}{a_{ij}}$（即如果 $B1$ 指标与 $B2$ 指标的重要性比较为3，则 $B2$ 指标与 $B1$ 指标的重要性比较则为1/3）

2）以专业人士评价指标的相对重要性为依据，分析标定值，得到矩阵。

$$A=\begin{pmatrix} b_{11} & \cdots & b_{1n} \\ \vdots & \ddots & \vdots \\ b_{n1} & \cdots & b_{nn} \end{pmatrix}$$

3）对 A 矩阵进行计算，求出最大特征根，并得到相应的特征向量。求解根的过程使用层次分析法的根求解，要求 A 矩阵必须达到一致性检验，以下为权重值的求解步骤：

①将 A 矩阵每一行元素进行乘法运算。

$$M_i = \prod_{j=1}^{n} b_{ij} (i = 1,2,3,\cdots,n)$$

②计算 M_i 的 n 次方根（n 为判断矩阵的维数）。

$$\overline{W_i} = \sqrt[n]{M_i} (i=1,\ 2,\ 3,\ \cdots,\ n)$$

以上完成 A 矩阵的几何平均数求解。

③完成向量 $\overline{W}=(\overline{W_1},\ \overline{W_2},\ \cdots,\ \overline{W_i})^T$ 运算，实现归一化求解。

$$W_i = \overline{W_i} / \sum_{i=1}^{n} \overline{W_i} (i = 1,2,\cdots,n)$$

则 $W=(W_1,\ W_2,\ \cdots,\ W_n)^T$ 就是最大特征根所对应的特征向量。

④求解最大特征根。

$$\lambda\max = \sum_{i=1}^{n} \frac{(AW)_i}{nW_i}$$

$(AW)_i$ 表示第 i 个分量。

⑤判断一致性。通过求解一致性指标完成。

$$CI = \frac{\lambda\max - n}{n-1}$$

当 $CI=0$ 时，A 矩阵达到一致性要求，当 CI 非零时，A 矩阵的一致性差，并且 CI 的值越大，A 矩阵的一致性越不容易实现。实际应用中，CI 表示绝对一致性，CR 表示相对一致性，$CR=\frac{CI}{RI}<0.10$ 时，其中 RI 为随机一致性指标，当 CR 的值满足要求时，$W=(W_1,\ W_2,\ \cdots,\ W_n)^T$ 即为权重，

如果 CR 的值不在范围之内，就需要重新调整 A 矩阵，再进行计算，直到满足条件为止。

（2）权重计算过程。按照上文介绍的方法，将回收的100份调查问卷进行整理、分析，建立成偶对比矩阵。成偶对比矩阵的建立是以每一层的评比要素作为基准，并对其所属下一层的 n 个评比要素，进行两两比较，形成成偶对比的评估值，其所产生的 $C_n^2=\frac{n(n-1)}{2}$ 个评估值 a_{ij} 即为成偶对比矩阵（见表6-4）中主对角线右上方的元素值。将右上方元素值的倒数放置在主对角线左下方的相对位置中，并将主对角线上的元素数值均设为1，则可得到完整的成偶对比矩阵 A。

表6-4　成偶对比矩阵例表

评比要素	*A*	*B*	*C*
A	1	2	3
B	1/2	1	2
C	1/3	1/2	1

令 $a_{ij}=w_i/w_j$，其中 w_1，w_2，…，w_n 代表层次中各要素对于上一层次中某要素的相对权数。

此时矩阵有两个特点：一是层次分析法的成偶对比矩阵为正倒数矩阵；二是若专家评比时的判断均非常完美精确，此时矩阵为一致性矩阵。

运用AHP专业软件（yaahp0.5.3）对该矩阵进行计算，得到结果如表6-5所示。

2. *测算程序*

对于指标体系综合指数的分析方法有很多种，其中不乏应用复杂的数学模型，配以SPSS统计软件加以测算。梳理相应的文献，我们可以发现主要有以下分析方法：一是利用SPSS统计软件对各单项指标进行标准化处理，然后按照权重计算各单项指标值，然后合成方面指数，最后合成总指数。二是利用选取的标准值，按照测算值与标准值的关系，计算相应的指标得分，

表6－5 民族地区共生发展评价指标体系

	准则层	序号	指标层	单位	指标性质	权重（%）
区域经济共生发展水平	区际共生	1	高速公路里程/区域土地面积	公里/百平方千米	正指标	2.82
		2	铁路里程/区域土地面积	公里/万平方千米	正指标	2.75
		3	民用航空客运量	万人	正指标	1.36
		4	水运货运量	万吨	正指标	1.24
		5	互联网上网人数/总人口数	%	正指标	2.92
		6	实际利用外资额	万美元	正指标	1.15
		7	进出口总额/GDP	%	正指标	1.71
	代际共生	8	劳动力资源总数占总人口比重	%	正指标	2.13
		9	人均耕地面积	公顷/人	正指标	2.56
		10	森林覆盖率	%	正指标	2.31
		11	人均水资源总量	立方米/人	正指标	2.38
		12	人均湿地面积	千公顷/人	正指标	1.53
		13	人均能源生产量	万吨标准煤/人	正指标	2.85
		14	单位产出能源消费比	万吨标准煤/亿元	逆指标	2.61
	制度共生	15	财政支出/GDP	%	逆指标	2.19
		16	国有机关单位从业人员数/从业人员总数	%	逆指标	2.15
		17	非国有工业产值/工业总产值	%	正指标	1.38
		18	非国有经济固定资产投资/全社会固定资产投资额	%	正指标	1.56
		19	实际利用外资/GDP	%	正指标	1.67
		20	技术市场成交合同额/科技人员数量	万元/人	正指标	1.74
		21	市场中介人员/就业人员总数	%	正指标	1.95
		22	服务业增加值/GDP	%	正指标	2.32
	生态共生	23	空气质量达到二级以上天数及占全年比重	%	正指标	1.08
		24	人均公园绿地面积	平方米	正指标	1.33
		25	环保污染治理投资/GDP	%	正指标	2.49

续表

	准则层	序号	指标层	单位	指标性质	权重（%）
区域经济共生发展水平	生态共生	26	工业固体废物综合利用率	%	正指标	2.05
		27	可再生能源消费比重	%	正指标	2.23
		28	工业用水重复利用率	%	正指标	2.02
		29	土地资源利用率	%	正指标	2.27
		30	高新技术产业增加值占 GDP 的比重	%	正指标	2.14
	低碳共生	31	平均碳排放系数	吨碳/吨标准煤	逆指标	2.18
		32	二氧化碳排放总量/能源消费总量	%	逆指标	2.26
		33	二氧化碳排放量/GDP	吨碳/万元	逆指标	2.38
		34	人均二氧化碳排放量	吨碳/万人	逆指标	2.46
		35	亿元 GDP 化学需氧量排放量	吨	逆指标	2.52
		36	轨道交通客运量比重	万人	正指标	2.17
		37	每万人拥有公共汽车	辆/万人	正指标	1.19
	发展共生	38	人均 GDP	元	正指标	2.95
		39	公共财政预算收入	亿元	正指标	1.05
		40	社会消费品零售总额	亿元	正指标	1.54
		41	R&D 支出占 GDP 的比重	%	正指标	1.12
		42	城乡居民收入比	%	逆指标	2.62
		43	CPI 指数	%	逆指标	2.53
		44	城镇居民人均可支配收入	元	正指标	1.61
		45	农民人均纯收入	元	正指标	1.75
		46	城镇居民家庭恩格尔系数	%	逆指标	2.23
		47	农村居民家庭恩格尔系数	%	逆指标	2.01
		48	万人拥有床位数	张	正指标	1.67
		49	万人拥有群众文化机构数	个	正指标	1.55
		50	城镇化率	%	正指标	1.32

从而依次测算出最后的综合指数。三是先设置相应的取值区间和对应的得

分，然后计算各指标的得分，最后计算总得分。美国传统基金会的评价标准，将指标评分等级分为 1 分、2 分、3 分、4 分和 5 分五个等级，1 分说明程度最高，我们将 1 分所在的区间称为评分的上限区间；而 5 分则说明该项指标或因素所反映的程度最低，我们将 5 分所在的区间称为评分的下限区间。评分标准中分为逆指标和正指标，分别设置了详细的评分标准。得分算术平均的结果，即为类因素指数，类因素指数越低，表明在这个类别上，程度越高，类因素指数算术平均的结果，即为总指数。同理，总指数越低，程度越高。

在此，我们选择了樊纲、王小鲁、朱恒鹏（2006）在中国市场化指数里面的测算方法，并做了相应的修改和调整：区别主要是在选择的比较标准方面，樊纲（2006）主要选择以基期为比较标准，而在此主要选择同一指标中各年份和各区域中最大值和最小值作为比较标准。

第一步：计算指标层各单项指标的得分公式。

为了使各地区的各单项指标得分可以同以往年份相比，从而反映民族地区共生发展的进步情况，对于基期以后年份的单项指标得分的计算，我们采取了如下公式（适用于正向指标）：

$$\text{第 } i \text{ 个指标 } t \text{ 年得分} = \frac{V_{i(t)} - V_{\min(t)}}{V_{\max(t)} - V_{\min(t)}} \times 10$$

其中，下标（t）代表所计算的年份。

$V_{i(t)}$ 代表 t 期某个地区第 i 个指标的原始数据，$V_{\min(t)}$ 代表基期所有地区第 i 个指标相对应的原始数据中最小的一个，而 $V_{\max(t)}$ 代表的是最大的一个。

对于基期以后年份逆指标的计算，采用如下公式：

$$\text{第 } i \text{ 个指标 } t \text{ 年得分} = \frac{V_{\max(t)} - V_{i(t)}}{V_{\max(t)} - V_{\min(t)}} \times 10$$

第二步：按照权重计算准则层指标得分。

$$\text{准则层指标得分} = \sum W_i X_{i_t}$$

其中，W_i 为第 i 个指标的权重，X_i 为第 i 个指标第 t 年得分。

第三步：利用简单算术平均法计算民族地区共生发展水平的综合得分，

即把准则层的各指数相加就是综合得分。

三、民族地区共生发展水平测度体系的实证分析

（一）研究范畴与研究假设

民族地区共生发展的理论解构和测度体系的构建为民族地区共生发展的实证研究提供了理论支持，为了做好实证研究需要对区域研究范畴进行界定，同时在实证研究过程中需要做好相应的研究假设。

1. 研究范畴

区域是本研究的基本范畴，是指特定的地理空间范围。地理空间范围可大可小，大到整个地球，小到一乡、一村或者一个工厂、一个家庭，区域无处不在。作为区域经济学研究范畴的区域，是指一个拥有多种多样的资源、可以进行多种多样的生产性和非生产性的社会经济活动的一个相对较大的空间范围。这样的区域小至县、乡、村，大至省、地区、国家，甚至是由若干国家共同开发的某些跨国界的区域。一般而言，区域经济学研究的区域主要包括三大类：全国国土、一国范围内特定的区域，以及跨国界的特定区域。研究范畴中除了对区域界定外，还要注意到区域经济学的内容问题。按照国内学者的观点，区域经济学的内容主要包括区域发展问题、区域产业问题、区域环境问题、区域规划问题、区域经济问题、区域基础设施问题、区域贸易与合作问题以及区域生态问题等。那么区域经济学的研究范畴有没有其特有的东西？回答是肯定的，即空间问题。有关这一点，众多经济学家都有过论述。杜能的农业圈理论、韦伯的工业区位论、克里斯塔勒的中心地理论和克鲁格鲁的新经济地理理论，都曾论述空间问题。空间问题中的聚集与分散问题是其中的一个基本问题。克鲁格鲁的新地理经济学的核心部分是聚集与

分散关系模型。当然，区域经济学的研究范畴仅局限于上述内容，还是不够的。从发展的角度来看，区域问题的研究范畴应该更大，如区域经济的共生问题，可能包括方方面面，都值得研究。

区域经济与区域问题是两个稍有不同的概念，区域经济的内容是区域经济学的内涵，区域问题则是其外延，内涵当然是越规范越好，外延则可以充分延伸。这里所说的研究范畴是指研究区域的选择问题，在前文分析过程中已经可以确定区域经济共生发展从理论角度可以适合于分析所有区域经济发展的现象，而且通过实证检验区域经济共生发展的测度体系也是适合于分析所有区域经济发展的共生水平的。但是由于民族地区从提出发展开始已经有很多年的时间了，但是其经济发展的总量和水平到现在为止并没有想象的那样，而且在区域经济发展过程中也没有达到同属区域应有的联动优势。因此，选择民族地区来研究区域经济共生发展水平和对其进行实证研究具有典型性。具体到本书，区域是指民族地区，包括青海、内蒙古、云南、新疆、广西、贵州、宁夏、西藏 8 个省区。研究范畴表现为与民族地区区域经济共生发展水平相关的基本概念，具体为准则层中的区际共生、代际共生、制度共生、生态共生、低碳共生和发展共生以及分属于各准则层中的指标层。

2. 研究假设

研究假设是对调查对象的特征以及有关现象之间的相互关系所做的推测性判断或设想，是对问题的尝试性答案。由于这种设想目前还没有获得充分的证据，因此，研究假设需要在调查研究中加以证明。研究假设是概括性地说明社会现象的特征及其相互关系，因此它是对现象的一种理性认识，这种理性认识具有几个特点：一是研究假设必须是针对所要研究的问题作出的尝试性理论解释，它不同于一般的或者普通的理论解释；二是研究假设必须能够由经验事实来检验；三是研究假设必须以明确的概念为基础；四是研究假设必须与有效的检测技术相联系。

研究假设具有三个方面的作用：一是指导调查研究。有了研究假设，可以明确研究的重点和主要方面，能使调查任务具体化，并明确是针对什么问题去收集资料，要收集什么资料，能避免调查方案收集的盲目性和片面性，是设计调查方案的主要依据，有了研究假设，能明确去哪里调查，调查哪些人、如何抽取样本，采用什么抽样方法和抽样程序。二是将抽象的概念与具体的经验事实联系起来。人们对事物的理性认识是运用抽象的概念来概括同类事物，研究假设是对这些概念之间的特定关系所做的尝试性说明。三是探求新的理论知识。研究假设或者是由某一理论推导而出或者通过经验观察得出，但它们的目的都是探求新的理论知识。

本书的研究假设可以归纳为以下几点：

一是文中设定的区域经济共生发展水平这个变量可以通过设定的指标体系中的指标与使用的标准化方法以及通过方法赋予的权重进行计算，同时通过这个变量可以测定民族地区区域经济共生发展的水平。

二是指标体系中设定的这些概念内容明确，可以用来评价区域经济共生发展水平，同时这些指标的数据可以通过官方公布的资料收集到。

三是下文中采用的数据标准化方法适用所有的指标，同时标准化的数据可以进行加权运算。

（二）数据收集和整理

在明确调查目的和调查对象后，本文按照区域经济共生评价指标体系中拟定的指标采取二手资料的获得方式，在中国统计年鉴或民族地区统计年鉴收集数据。对于极少量在统计年鉴中没有收集到的数据，采取网上搜索的方法填补。

数据收集后，由于数据还是比较混乱的，缺乏条理性，同时看不出这些数据的规律性，因此，必须进行整理。这里的整理主要有以下几个方面：

一是指标体系中的指标根据其对区域共生发展水平的影响方向，将指标分为正指标和逆指标。正指标是指设定的指标数值大小与区域共生发展水平高低是一致的；逆指标是指指标数值大小与区域共生发展水平高低是相反的。本指标体系中一共有 50 个指标，其中正指标 38 个、逆指标 12 个。

二是收集到的数据，分区际共生、代际共生、制度共生、生态共生、低碳共生和发展共生六个维度，其中区际共生中有 7 个指标、代际共生中有 7

个指标、制度共生中有 8 个指标、生态共生中有 8 个指标、低碳共生中有 7 个指标、发展共生中有 13 个指标，然后按照年份和地区进行整理。

三是考虑到极少量数据丢失情况，本文采用就近数据平均法插值或者基期增速相同等方法进行填补处理。

四是由于指标体系中各个指标的单位、数量级等不同，不能直接相加，本文将所有指标标准化，选择了樊纲、王小鲁、朱恒鹏（2006）在中国市场化指数里面的测算方法。

五是为了论证指标体系的可适性和可靠性，在此，通过收集和整理我国统计年鉴的相关数据，对我国 2015 年省域经济共生发展综合指数进行测算，并进行了实证分析。

（三）测算结果

利用上文中的指标体系、测算程序和测算工具，同时结合中国统计年鉴数据，可以计算出 2015 年我国各省省域经济共生发展的综合指数，如表 6 - 6 所示。

表 6 - 6　2015 年我国省域经济共生发展水平

区域＼指标	区际共生	代际共生	制度共生	生态共生	低碳共生	发展共生	综合得分	综合指数排名
北京	0.84	0.78	1.01	0.89	1.46	1.46	6.44	1
天津	0.78	0.51	1.00	0.95	1.04	1.28	5.56	4
河北	0.31	0.24	0.68	0.83	0.80	0.92	3.77	19
山西	0.28	0.16	0.69	0.74	0.49	0.86	3.22	26
内蒙古	0.15	0.68	0.56	0.80	0.41	0.92	3.53	24
辽宁	0.38	0.47	0.64	0.72	0.79	1.16	4.16	11
吉林	0.24	0.63	0.70	0.76	0.82	0.86	4.00	15
黑龙江	0.15	0.78	0.69	0.95	0.69	0.88	4.13	12
上海	1.08	0.41	1.01	0.85	1.21	1.47	6.04	2

续表

指标 区域	区际共生	代际共生	制度共生	生态共生	低碳共生	发展共生	综合得分	综合指数排名
江苏	0.53	0.37	0.81	1.02	1.00	1.34	5.06	6
浙江	0.56	0.55	0.80	0.81	1.05	1.44	5.22	5
安徽	0.37	0.38	0.85	0.90	0.86	0.85	4.22	10
福建	0.50	0.54	0.79	0.91	1.03	0.99	4.76	7
江西	0.23	0.45	0.79	0.73	0.90	0.77	3.87	18
山东	0.40	0.33	0.81	0.84	0.83	1.19	4.41	8
河南	0.29	0.30	0.60	0.71	0.90	0.92	3.72	21
湖北	0.23	0.45	0.74	0.71	1.00	0.95	4.07	13
湖南	0.33	0.40	0.83	0.66	0.99	0.86	4.07	14
广东	0.87	0.58	0.94	1.02	1.11	1.21	5.74	3
广西	0.20	0.39	0.62	0.74	0.95	0.64	3.54	23
海南	0.30	0.47	0.85	0.66	0.81	0.87	3.95	16
重庆	0.33	0.39	0.92	0.68	1.06	1.00	4.37	9
四川	0.18	0.36	0.69	0.82	1.03	0.81	3.88	17
贵州	0.15	0.30	0.60	0.84	0.86	0.52	3.27	25
云南	0.11	0.44	0.65	0.80	0.99	0.60	3.60	22
西藏	0.06	0.54	0.27	0.43	0.69	0.58	2.57	31
陕西	0.25	0.62	0.56	0.65	0.78	0.88	3.75	20
甘肃	0.07	0.30	0.64	0.70	0.78	0.55	3.05	28
青海	0.12	0.36	0.61	0.41	0.96	0.67	3.13	27
宁夏	0.19	0.31	0.57	0.62	0.29	0.88	2.86	29
新疆	0.17	0.30	0.41	0.30	0.56	0.90	2.63	30

根据表6-6中的测算结果可以看出：

（1）按照得分标准值0~10的标准来对全国31个省市区计算来看，其综合指数基本都在6.5以下，最高的北京市是6.44，距离10的标准还比较远，处于中等水平，说明全国各区域的经济共生发展水平都不算太好，提升区域经济共生发展水平的任务非常严峻而艰巨，需要各区域能够真正放下唯

GDP 论，促进区域经济共生发展的提升，实现区域经济的绿色发展和可持续发展，真正还地球于绿色，还生态于健康。

（2）从排在前六位的区域来看，主要是北京、上海、广东、天津、浙江和江苏，其综合指数都在 5.0～6.5，而且这 6 大省市都地处沿海发达地区，经济实力雄厚，早已实现了资本的原始积累，走过了粗放型经济发展道路，正走在集约型绿色发展之路上，而且有充分的财力支持对生态、环保的治理投资，能够在资金、技术、人才、信息等方面优于其他区域，从而更好地提升区域经济共生发展。因此，其区域经济共生发展水平有利于排在前六位，这说明上文提出的区域经济共生发展指标体系、测算程序是可靠的，能够用来测算区域经济共生发展水平。同时，发达地区提升省域区域经济共生发展的做法值得欠发达地区借鉴，以更好地促进区域经济共生发展的提升。

（3）而排在后六位的分别是山西、青海、甘肃、宁夏、新疆、西藏，这六个省区综合指数得分都在 3.3 以下，其主要地处西部欠发达地区，自然条件和资源条件本来就比较恶劣，再加上经济发展水平和发展总量的滞后，以至于区域经济共生发展水平与东中部地区有差距，所幸的是中央政府已经认识和正在改变这一状况，相信能够在未来实现区域经济共生发展水平的不断提升，而这也能够进一步论证区域经济共生发展指标体系的可靠性和可适性。

为了更好地体现 2015 年我国省域经济共生发展水平，可以用图 6－1 来加以分析。

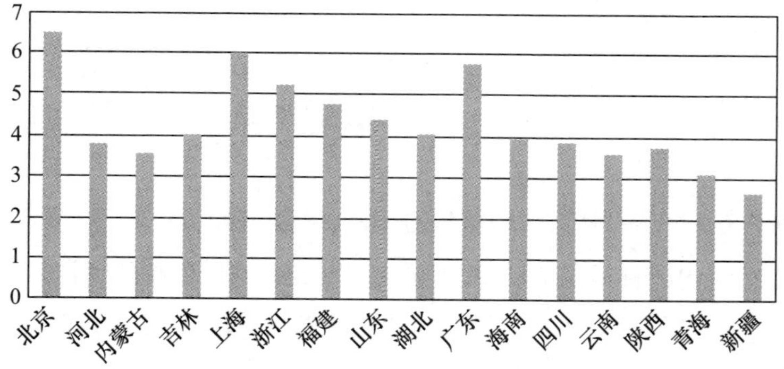

图 6－1　2015 年我国省域经济共生发展水平

从图 6－1 中可以明显地看出区域经济共生发展水平基本集中在 2.5～6.5，而排在前几名和后几名的省市区也是非常明显的。

（四）特征分析

根据表 6－6 的测算结果，还可以看出我国省域经济共生发展的主要特征，在此，对这些特征可以加以分析。

1. 省域区域经济共生发展水平极不均衡

省域经济共生发展水平体现出了不平衡的特征，为了更加直观地体现这种差距，可以利用 SPSS 统计软件对其进行描述性统计分析，从而得到较为直观的结果，如表 6－7 所示。

表 6－7　2010 年我国省域区域经济共生发展水平的描述性统计分析

指标	极小值	极大值	均值	标准差
综合得分	西藏（2.57）	北京（6.44）	4.08	0.95
制度共生	西藏（0.27）	北京（1.01）	0.72	0.17
生态共生	新疆（0.30）	广东（1.02）	0.76	0.16
代际共生	山西（0.16）	北京（0.78）	0.45	0.15
低碳共生	宁夏（0.29）	北京（1.46）	0.88	0.23
区际共生	云南（0.06）	广东（0.87）	0.34	0.25
发展共生	贵州（0.52）	上海（1.47）	0.94	0.26

由表 6－7 的描述性统计分析结果可以看出，综合得分处于极大值的是北京，极小值的是西藏，两者综合指数的差距达到了 3.87，对于总体标准值为 10 来看，这一差距是非常大的。而且从均值与极大值来看也是这样的情况，均值为 4.08，远远低于极大值 6.44，也远远高于极小值 2.57，因此可以进一步说明区域经济共生发展的极不均衡性。同时标准值为 0.95，这一数据也是较大的，充分说明了综合得分水平的内部不稳定性，具有较大的差距。

制度共生极大值也是在北京，为1.01，而极小值在西藏，为0.27，其极差还是较大，为0.74，均值0.72与极大值也有较大的差距，为0.29，而大于极小值0.27，这都说明了地区之间的差距在制度共生方面也体现得很彻底，缩小综合等分差距，制度共生方面要做好相应的工作。

生态共生极小值发生了一定的变化，新疆为0.30，极大值是广东省1.02，极差达到了0.72，这个差距相当大，均值为0.76，在生态共生方面其非均衡性比制度共生还要大，说明了在生态方面区域间存在更大的差距。

而代际、低碳、区际和发展共生都存在不同程度的区域差距，这些差距都比较大，对省域区域经济共生发展的综合水平影响都较大，为此，必须进一步加大这些因子的治理，能够为区域经济共生发展水平提升提供服务。当然，从东部、中部、西部省份来看，排在前十位的都是发达地区，次之的是中部地区，而后五位的都是西部地区，可以说更大区域的东部、中部、西部地区也存在较大的差距。省域区域经济共生发展地区发展极不均衡，需要不断地促进区域经济共生发展水平的区域均衡发展。统计分析结果基本符合我国的国情，进一步论证了前文所提出的省域区域经济共生发展指标体系具有可靠性、可适性。

2. 省域经济共生发展呈低水平橄榄型结构

按照综合得分来看，排在前六位的区域是北京、上海、广东、天津、浙江和江苏，其综合指数都在5.0～6.5之间，而排在后六位的分别是山西、青海、甘肃、宁夏、新疆、西藏，这6个省区综合指数得分都在3.25以下。其他省份都在3.25～4.5之间，具体如表6－8所示。其属于典型的大橄榄形结构。

表6－8　省域区域经济共生发展水平的区域结构

排位及得分	主要区域
第一方阵：排在前六位（综合得分在5.0～6.5之间）	北京（6.44）、上海（6.04）、广东（5.74）、天津（5.56）、浙江（5.22）、江苏（5.06）

续表

排位及得分	主要区域
第二方阵：排在中间位置的19个省市自治区（综合得分在3.25~5.0之间）	福建（4.76）、山东（4.41）、重庆（4.37）、安徽（4.22）、辽宁（4.16）、黑龙江（4.13）、湖北（4.07）、湖南（4.07）、吉林（4.00）、海南（3.95）、四川（3.88）、江西（3.87）、河北（3.77）、陕西（3.75）、河南（3.72）、云南（3.60）、广西（3.54）、内蒙古（3.53）、贵州（3.27）
第三方阵：排在后六位的（综合得分在3.25以下）	山西（3.22）、青海（3.13）、甘肃（3.05）、宁夏（2.86）、新疆（2.63）、西藏（2.67）

从表6-8可以看出，我国区域经济共生发展水平的区域结构属于典型的大橄榄形，两头小，中间大。在区域经济共生发展整体水平较高的情形下，这种橄榄形结构说明状态很好，但是在我国区域经济共生发展整体水平较为低下的情形下，就复杂得多了，因为这种低水平的大橄榄形结构，是在低水平上维持严格的橄榄形结构，这就表明结构稳定而不易变化，要提升省域区域经济共生发展水平就更为困难，要花费更大的力气，做更多的工作，才能打破这一结构，实现省域区域经济共生发展水平的不断提升，推动区域经济共生发展水平向高层次橄榄形结构演化。在第一方阵中，北京（6.44）、上海（6.04）有突破6.5的趋势，广东（5.74）、天津（5.56）和浙江（5.22）有突破6的趋势，变得更好；而福建（4.76）、山东（4.41）、重庆（4.37）、安徽（4.22）、辽宁（4.16）、黑龙江（4.13）有突破5的趋势，向第一方阵进步。但是其任务是非常艰巨的，区域经济共生发展水平的区域结构特征必须得到有效突破。

评价结果基本符合我国区域经济发展情况的基本判断，评价指标体系是相对科学、有效和合理的，也论证了其可适性和可靠性，能够用来衡量我国省域经济共生发展的水平状况，也能够为后续研究区域经济共生发展动态监测提供可靠的测量结果。

第七章　民族地区共生发展的优化策略与动力机制

根据民族地区经济共生发展水平的实证分析，我们可以从民族地区各省份在经济共生方面存在的不足和民族地区自身有关共生发展的条件入手，提出一些针对性的建议，充分调动民族地区的积极性、主动性、创造性来为共生发展提供良好的条件，使共生效应得到更好的发挥，促进经济的可持续发展。

一、发达国家民族地区共生发展经验及启示

（一）主要经验

1. 美国的制度共生经验

为了使美国各部协调发展，对西部和南部投入了大量的财力和物力，根据具体情况制定了相关的优惠策略并且进行了合理的产业布局。美国 1961 年通过的《地区再开发法案》提出对发展落后地区进行帮扶的规定来缩小与其他地区的差距。制定这些制度、法律法规是为了统筹协调，通过培育西部区域来带动协同发展的增长极，最大限度地发挥辐射带动作

用。阿巴拉契亚山以西地区如芝加哥、堪萨斯、旧金山等一些全国性的中心城市涌出了大量不同层次的增长极点。这些城市功能各异组成了不同层次的分层结构，有利于西部地区经济的增长。

2. 英国的组织共生经验

促进不发达地区发展，一方面，可以通过改善它的投资环境，如进行交通、通信等生产性基础设施的建设；另一方面，可以通过增强它的自身发展能力，如加强教育、卫生、文化事业的发展。20 世纪 60 年代以后，英国成立了一些由政府提供丰富资金援助的机构，如苏格兰和威尔士发展署、威尔士农村发展署（现在称为中威尔士发展署）以及对应的苏格兰农村发展署、高地和海岛发展署。在英国有些地方还成立了地方性的发展组织，其中公私合作以及地方社区这两种形式是最主要的，它们也为英国不发达地区的经济建设尽了自己的一份力量。由此而形成的 PPP 模式，也在经济萧条地区得到了广泛的应用。

3. 日本的生态共生经验

日本在建设经济较为落后地区的进程中，以生态、经济和城镇化为支撑，重视产业和城乡化的协同发展，从而形成无城乡差别的产城融合区。我们从它四通八达的交通网、合理的产业规划、城乡规划可以看出城乡差别的消除是建立在环境、产业、城镇化这个深度融合共生的基础上的。这些规划主要体现的是一种以生态为本的理念，这种理念也在产业与城市的规划建设中得到了很好的发扬，做到了更深层次的产城融合，从而达到人与自然和谐共生。在日本的城市中，它的产业带与城市结合较为密切。产业以城市为依托，城市又依靠产业发展，产业发展与城市发展亦步亦趋、互促互动、交相辉映，使得发展动力倍增，产城融合格局得到更进一步的提高。在规划整齐的居民区中也渗透着现代农业、服务业以及工业产业。并且日本的基础设施建设，以保护生态环境为主且依靠自然而建，是对自然的锦上添花。

（二）重要启示

1. 强化基础设施建设

民族地区可以通过多种资金来源如 PPP、政府发债、财政转移支付来增强交通网络密度、优化网络布局，对民族地区基础设施建设加以改善来增加民族地区与其他地区的交流，促进民族地区经济“走出去”并吸取其他区域的经验。

2. 完善制度和政策

美国政府出台一些法律法规来支持西部经济衰落地区的发展，从更有保障的方面促进了这些地区经济持续稳定增长。对我国民族地区而言，也可以吸取美国西部地区和英国的经验，从而制定关于促进全国全面建成小康社会的措施、政策和成立一些帮扶组织、基金来促进经济落后地区的快速发展。

3. 培育经济增长极

民族地区自身经济增长也是全国全面建成小康社会的一个重要方面。促进经济协调发展，找到新的经济增长点是我国民族地区振兴的动力。美国政府运用了培育“增长极”和以后劲地区为一个“点”，并使其逐步发展成不同级别的中心城市，进而以中心城市为基础的方法带动周围区域发展，我国民族地区也可以由此得到一些启示：以促进民族协调发展为主线，以缩小地区间发展差为目标，培育经济增长极点，来形成生动活泼的发展格局。

4. 以生态为本

全国全面建成小康社会也离不开民族地区的生态、经济、社会协调发展。民族地区要消除破坏资源开发和利用的方式，形成良性资源循环发展模式。并且要与日本在处理经济和环境保护方面一样，把能利用的资源都用到关键点，达到环境和经济充分融合，提升绿色竞争水平。

5. 提升开放水平

西方一些发达国家如美国、日本、英国在帮扶落后地区上的表现十分突出，他们采取了补贴、贴息、税收的援助方式，实现了“走出去”和“引进来”的结合。民族地区经济发展好坏也关系到我国市场经济的进步与否。以前那种相对闭塞、相对保守的经济状态已经不再适应当前的经济快速发展了，外向型经济状态能更适应当今经济全球化的需求。

二、民族地区共生发展的思路与策略

依托“西部大开发”战略、“一带一路”倡议，民族地区可以统筹国际国内两个市场、两种资源，形成对外经济走廊从而为它们未来的经济生态化发展铺垫成功之路。

（一）基本思路

1. 拓展共生发展的深度

农业文明、工商文明发展历程是个不断探究、不断发现的过程，生态文明框架下的共生发展模式也是如此。生态文明框架下新提出来的民族地区共生崛起的经济发展模式与农业文明和工商文明框架下明显是不相同的。民族地区经济共生的发展是个由小到大、由浅入深，由简单到复杂的过程。并且这需要各省民族地区间不断强化共生发展这一观念，以至形成共生发展的共同知识。选择共生发展领域对尽早实现多领域、全面的共生发展有重要的作用。例如，可以从较为基础的旅游资源方面为切入点，从而找到共生发展的广度和深度。

2. 扩大共生发展的领域

区域经济共生发展这个过程是漫长的。因此，我们要加强区域间经济联系，了解各区域优势，然后把它们的优势进行互补，建立项目合作示范区。说得更细致就是选择在资源互补合适区域投资建厂来使共生发展涉及领域更广。可以涉及一些生产服务领域如市场开发、技术创新、管理组织、员工培训、人才引进等方面。从而实现各个方面多元化交流、共生发展，达到区域经济创新协调可持续发展。

3. 构筑共生发展的纽带

共生发展是一个不断更新、不断发展的阶段。它需要在各区域关系保持稳定基础上来实现资源的合理利用，为此，构筑区域间共生发展的纽带才是关键。企业间为了实现优势互补、资源共享、拓展资源优化配置的空间通过合并、收购、控股等方式建成跨区域企业，这也是区域共生发展纽带最好的一种方法。在这些资源的基础上可以建成一大批产业集群区和产业共生基地，这样也能推动区域经济共生发展。

4. 制定共生发展的规制

共生发展天生并不是完美的，总会有一些缺陷，这就需要制定规则来对它进行完善。要想实现良好的区域共生发展模式，使得他组织共生与自组织共生协调、和谐，那么必须制定规则来满足其需求。共生发展模式是一个新型模式。新的东西在发展过程中会暴露出与其他方面存在的一些各种各样的问题，这就需要在发展过程中发现问题、找到解决问题的方法从而建立规划和规制，使得区域共生发展得以持续、区域经济发展大步向前。

（二）优化策略

1. 区际共生优化策略

对基础设施完善，如建设布局合理交通网和信息网络是我国发展经济的一个十分重要的方面。当然，实现区域经济共生发展也少不了这方面建设。这些建设与资金、信息、知识等密切相关。所以，完善好民族各区域间基础设施建设，才能促进民族地区经济发展和共生发展。因此，完善对交通网络和通信网络建设是实现区际共生的优化策略。

（1）构建共生交通网络。一方面，要统一规划、建设民族地区区域内的交通网络。加强铁路、高铁、高速公路、航空的建设，完善区际交通网络，使得民族地区重要城市之间有高铁和高速公路通过，各县级城市有高速公路和铁路通过。同时在民族地区各省份省会城市间，要有高铁相连接，而且高铁能够通过城市群中的主要城市，起到辐射和带动作用，以此来实现基础设施的自然共生性。另一方面，也要实现民族区域间在交通网络上的资源共享，如何应用会成为资源最重要的共生性的体现。例如，可以使拥有“交通卡”的用户不受地域的限制在民族地区统一使用。这样可以促进交通网络资源的使用来实现共生。

（2）打造共生信息平台。现如今，互联网在我国发展迅速。互联网信息时刻影响、改变着人们的生活，也是促进经济发展的一个重要工具。民族地区各省份受地域的影响，可以借助互联网信息来打破之前的局限，构建合理的信息共生平台。对共生系统进行完善，使得民族各省份之间信息沟通便利，各交通干道互相联通。为此，一是要形成民族地区电商信息网络。利用信息化打造民族地区特色产业，这样可以形成有个性的产品和资源，然后通过电商网络平台形成统一的市场来保障产品“走出去”的流通性。二是要建立民族地区企业和个人的诚信档案，建立诚信数据库。这就包括了民族地区企业的注册信息、信贷记录、财务状况等以及经营者的个人信用信息。三是要建立政务公开系统。政府可以发挥政府公众信息网的作用，专门在上面建立一个版块发布与企业投资以及与市民生活息息相关的信息。这样让全社会共同分享各种信息资源，创造各种投资机会以及综合功能更强的市场环境。四是要实现民族地区通信的统一收费。可以降低民族各地区的通信资费或者取消漫游收费，使各民族通信交流更方便，从而促进民族地区间的共生发展深度和紧密度。

2. 代际共生优化策略

区域经济共生发展需要在代际共生方面做好策略优化。这主要体现在资源分配与保护、代际间的合作交流方面，这又反映在人力资源与生态资源的利用和开发方面，可以促进实现资源可持续发展的进程。所以，民族地区要对其拥有的资源进行合理开发及利用。

（1）人力资源的代际共生。民族地区的劳动力特别丰富，我国东中部地区的劳动力资源大部分是从这里而来，这些劳动力为建设东中部作出的贡献突出。但是这些民族地区的农民工大多数都会回到自己的家乡，很少会在东中部定居。真正的市民化越来越有难度。随着民族地区的发展，其对劳动力的需求也在上升。为此，民族地区要做好劳动力资源的保护和合理使用，并做好相应的工作。一是要促进民族地区的创业就业与转移就业相结合。把少数民族地区优秀的劳动力留住同时提供一些优惠政策来吸引在东中部的人才回到家乡来，实现家门口创业。这样可以使得民族地区的劳动力层次更上一个台阶，为民族地区的共生发展提供优质劳动力。如加强对劳动力资源工作环境的建设、对合理工作时间的安排，完善对劳动力资源的各种保障措施，使得劳动力资源能主动留在民族地区，为民族地区的发展贡献自己的一份力量。二是加强青少年的培养以及保障民族地区的生育水平为劳动力资源提供可持续性的保障。

（2）生态资源的代际共生。民族地区拥有的各种自然生态资源较为丰富，但是气候条件没有东中部地区好。政府在对这些生态资源进行利用和开发时，要注意保护和开发二者并行，不要破坏生态的平衡。要把民族地区作为一个整体来看待从而进行开发使用。我们要从以下几个方面做好：一是提高民族地区公民的生态保护意识。使得这种意识一代传一代，对后代产生深远的影响并且在代际间能达成共识。二是在开发自然资源时要充分考虑到资源的可持续利用性，不能破坏生态平衡，在使用资源时，要考虑资源的可再生性保证自然资源可以为后代保驾护航，带来巨大的经济效应。三是要因地制宜、合理使用自然资源。民族地区虽然在工业方面较为落后，但是在农业方面相比而言属于农业大省。可以发挥其农业大省的特征，把它与自然资源结合开发。建设农业生产基地，生产出高质量、绿色的有机农产品，可以通过电商的线上服务把这些有特色的农产品卖往全国各地，形成线上和线下相结合的产品生态供应链，使得民族品牌走向全国甚至全球市场。

（3）矿产资源的代际共生。丰富的矿产资源储量也是民族地区的一大特色。所以，矿产资源的合理开采是一项十分重要的工作，应做到：首先在开采矿产资源时，要吸取山西煤炭开采方式的教训，注意保护生态平衡，不能违背自然生长的状态，不要只顾眼前利益而损坏世世代代赖以生存的环境，要以矿产资源能造福子孙后代的思想去开采，为子孙后代谋福利。其次是加强民族地区的电网建设。提倡利用清洁能源进行发电，如水资源、太阳能、光能。这样能使资源得到充分合理利用。促进地区间资源开发和利用方面的联合。

（4）旅游资源的代际共生。民族地区大多数属于历史古城，可以对其进行旅游资源的开发。做好旅游路线的规划，做到代际共生。把民族地区打造成“名城之旅”的强势品牌。

3. 制度共生优化策略

制度共生对民族地区的发展意义重大。使得民族地区的制度更加完善，有利于民族地区制度“走出去”，变得更加开放。制度资源的开发和利用，对民族地区软性共生资源能力的发挥有重要意义。

（1）构建跨区域共生组织制度。应当做到：一是国家与民族地区各政府间应建立一套行之有效的区域共生制度，积极加强各省、高层政府间的互动，以“一带一路”为契机，对各地区在发展进程中遇到的瓶颈问题进行讨论，使其找到解决方法，从而形成各区域间良好的互动机制。并制定能长期保证跨区域共生组织正常运行且发挥其作用的制度体系。二是形成较为稳定的功能性组织机构，可以成立“民族地区共生发展办公室”。并且由中央、地方跨区域组建，这样可以加强其重要性和领导性，可以对民族区域进行统一规划，且对大型的建设项目进行审核，如民族地区的功能划分、大型基础设施规划、生态环境保护规划、水资源利用保护规划等，也负责组织相关人员进行民族地区课题研究、安排相关的互动会议、对民族地区的一些相关信息的发布。三是民族地区跨区域的发展离不开资金的支持，可以成立共生发展基金，用于解决跨地区的基础设施建设问题、处理环境保护等相关问题。使软件、硬件方面不给构建跨区域组织拖后腿。四是构建跨区域的各类半官方及民间的共生发展组织。这个组织可以由产业联合会、行业协会、企业协会及各省会知名大学关于对民族地区的研究机构组成，可以起到共生效应，从而带动民族地区的发展。

（2）营造区域制度共生的环境。一是民族地区要能够形成共同开发的理念。做到共同积极融入其中、共同协作、双方共获利、共生。因为经过其他地区如东北重工业基地、珠三角、长三角等的实践经验可以看出，统一的发展理念是区域经济发展不可缺少的因素，没有它的存在则区域一体化的推进进程十分困难。政府也有其不可替代的作用，政府要以长远、理性、开放、务实的眼光去制定适合民族各省发展的战略，从而促进民族地区的经济发展，做到共生发展。二是需提升政府的执政水平建造共生性政府。现在主要是政府治理的转型阶段，从服务型政府转向共生型政府。应深化经济体制改革，健全现代市场经济体系，要更加尊重规律，处理好政府与市场、与社会的关系，经济领域要更多发挥市场配置资源的基础性作用，营造区域共生的良好环境。民族地区要团结一致，统一行动。尽量提高办事效率，可以跳过一些可省略的办事流程，减少审批事项并且推行审批公示制和承诺制。采取有效措施转变行政人员的工作作风，提高其为人民服务的意识，加强政府的执政水平、管理水平，加强民族地区各省市间政策的沟通。

（3）构建统一开放的市场共生体系。其一是加快行政事业单位的改革。使得民间资本进行投资更加方便，资本进入没有什么限制，打破政府投资的局限性，这样就可以消除市场上形成的各种不成文的规定，打破政府垄断、政府保护、地区封锁。有助于民族地区市场的开放，与其他地区的市场密切联系，促进共生体制的建立。其二是民族地区开放市场形成后，促进市场公平、维护市场竞争秩序的稳定也是一个重要方面。首先要注意以谦逊、开放的态度引进优质产业，转移出一些污染企业。在“走出去”的过程中，发展会受到一些发达沿海城市的影响，要保障引进的产业是高质量的，并且在发展中与沿海城市加强合作，参考它们的市场体系，去其糟粕，取其精华，使得发达地区带动民族地区经济，并向一体化趋势发展。其三是随着经济全球化的趋势，全球化带来了很多新机遇与新挑战。民族地区在推进外贸体制改革的同时也应积极面对全球化带来的一些弊端。实施多元化的发展策略，在产品方面以质量为主，通过股权融资、项目投资等各种融资方式，加强民族地区企业对外合作，加强自身实力，可以进行优秀企业的重组与并购，并探索出一些适合本区域发展的方式。

4. 生态共生优化策略

这里所涉及的生态共生优化策略着重强调对生态的保护方面，特别是民族地区拥有十分富足的生态资源，更加要注重保护和优化，使得生态发展愈加协调。在发展过程中对生态资源的良好保护有利于实现生态共生。其中生态共生优化策略的基本思路主要是通过对生态资源的共生配置形成生态产业链，并且做好产业的生态化。

（1）在民族地区推动产业生态化。应充分发挥自身生态资源优势，着力推进本地区经济水平增长的大目标和产业生态化小目标。民族地区应以节能环保的高科技技术手段为依托，打造一条生态化的产业经济。为此，本章提出以下两点建议：一是增加本区域技术创新科研经费的支出，政府应在政策上建立生态补偿机制为民族地区产业生态化技术创新提供资金支持。民族地区较为丰富的生态资源往往能给周边地区带来良好的经济效益，因此民族地区政府可向周边受益地区收取生态补偿金，将周边地区补充的生态补偿金以完善的申请分配制度下发到民族地区各区县，促进民族地区用先进的环保技术手段保护当地生态资源。二是培养高技术的产业群，在高科技化生态产业作为民族地区的主导产业的领头下，其他产业做好协同创新，在产业内部的整个流程实现技术和生态的双向升级。

（2）在民族地区建立生态产业聚集区。各省政府在对民族地区建立生态产业聚集区的工作指导时，应树立大局观、长远观、整体观，坚持以生态资源共生为基础方针发展制定下属各民族区县的具体发展政策。本文从两方面提出建议措施：一方面，对民族地区的生态资源重新进行统一规划。将民族地区生态资源以山、河、湖为分类依据重新进行统一汇编，以共生发展的理念在保障本区域生态资源可持续发展的前提下实现民族地区的绿色崛起。另一方面，在整个地区建立生态产业聚集区。各省政府应结合民族地区经济发展和生态发展的实际情况，着重发展生态资源密集区的生态产业，并利用互联网通信技术优化本地区的共生体系，最终实现在当地建立生态产业聚集区的目的。

（3）在民族地区优化生态产业园区。发达国家经验表明，当经济水平到一定程度后，本国工业园区向生态化转型是一种很自然的态势。但我国工业园转型的表现稍显迟缓。为优化民族地区产业园结构，在此提出两点建议：一是民族地区应着力于当下，从当前实际情况出发做好本地区工业园的转型工作。民族地区应以绿色化理念引领民族地区工业园的转型工作，做好相关工作使园区内企业增强可持续发展的经营理念，在园区内推崇节能环保、绿色生态的经济模式，拒绝高污染、高损耗的低效经济。二是通过信息化技术将产业链和生态圈进行智能的整合，借助当代互联网经济的高速发展之势，实现产业园结构与生态文明双重新突破，实现聚集区到产业园的跨越。整合好各生态产业间的优势资源，将各生态产业间的资源进行互补，以使生态产业园的配套功能效用最大化，将助推民族地区形成自身的产业特色。

5. 低碳共生优化策略

产业化能助力低碳产业的发展，构建低碳与生态共生网络是必经之路。如何设计这条必经之路将是低碳经济实现产业化的关键。规划产业模式应遵循产业发展规律，在打破产业的现有固有结构后，对现有产业进行重新构建。

（1）对高耗能产业进行重构，推翻原有的高耗能产业结构，打造生态化低碳产业结构。打造生态化低碳产业结构的关键因素在于将前沿科技用于对产业链中龙头企业现有模式的升级，并利用前沿科技对龙头企业的高耗能产品进行升级，将其转化为低碳化的绿色环保产品。如果龙头企业的产品进行低碳化升级，那么原材料供应商及下游分销商也势必要进行企业低碳化升级，这将带来整条产业链的低碳化升级。当生态产业网络中的每一条产业链都进行了低碳化升级，生态产业自然而然形成了生态化低碳产业结构。民族地区可先从龙头企业进行试验，做好产品低碳化升级，为其他企业的产品转型做出良好的示范。实现龙头企业产品低碳化，要求企业做到产学结合、校企合作，形成一条高耗能企业的产品创新链，以技术实现高耗能企业的转型。

（2）对低碳产业链进行优化，打造低碳化产业聚集结构。低碳技术涉及电力、交通、建筑、冶金、化工、石化等行业，在我国这些行业都属于朝阳行业。民族地区可通过对这些朝阳产业进行战略分组，实现朝阳产业链的有机整合，形成生态低碳产业链。民族地区政府应以本区低碳化产业转型为主要工作，重点培养某一低碳产业作为龙头产业，通过使其上下游产业低碳化转型升级，打造低碳化产业聚集结构。将产业链中相似性高的低碳产业进行整合，由政府牵头引入外资，建立信息共享的低碳产业园，在资源共享的平台下使低碳产业的中间交易成本最小化，用这一成本优势促进产业生态化与低碳化的双向升级。

（3）对低碳服务业进行重塑，打造低碳服务产业结构。服务业的质量会影响产业的发展，因此服务业向低碳服务业转型能推动产业进步。通过服务业的资本融通可为本民族地区企业提供充足的资金来源，在资金保障下，现代低碳服务业将快速发展。低碳产业发展需要前沿的技术来源、稳定的资金来源、健全的碳汇市场、相关的法律保障等，民族地区可通过整合上述服务，为低碳产业形成“一体化一条龙”服务结构，在为企业低碳化转型提供保障的同时增加企业低碳化转型的积极性。一体化低碳服务产业结构应从内容、方式等方面出发，做好每个环节为企业低碳化转型的服务工作，实现服务业与低碳产业共生发展。

政府不仅要从大局观、整体观出发重新设计低碳产业结构，还要从微观出发积极探寻转型中出现的问题并及时制定相应的制度来完善，加强其实用性，为全面建设小康社会做出贡献。

6. 发展共生优化策略

在地区经济得到大发展的背景下，民族地区百姓能够分享地方经济发展共生所带来的经济利益，有利于当地百姓幸福感的大幅度提升。因此民族地区政府应综合考虑当地经济、文化、技术等综合能力后制定合理的发展共生策略。

（1）提高经济发展成果的受惠率。提高国民幸福指数是国家的长期发展目标，因此民族地区也要将这一目标作为本地区发展的重要目标。地区政府应制定适宜自身现状的发展策略：一是民族地区应最大程度利用中央关于民生建设的相关政策，借助中央相关财政支持来发展本民族地区的经济。民族地区政府在本地区经济水平提高后，通过建立公平合理的分配制度，实现本民族地区百姓享受经济发展成果的受惠率。二是民族地区应及时收集本区百姓关于经济发展的反馈意见，以此来完善本地区政府的相关民生服务，通过便捷、高效的服务提高民众的办事效率。当百姓对政府的信赖程度提高后，本地区的百姓幸福指数也将随之上升。

（2）增加社会财富总值。地区的财富总值提高，经济水平才会得到相应的发展。促进本地区国企、民企的发展是提高地区财富总值的一把利器。在此，为民族地区发展提出几点要求：一是政府应给予本地区企业相关的财税政策支持，通过担保、税收优惠等方式为本地区中小微企业的融资提供便利，这些政策也能吸引外来资本进入本地区资本市场，从而带动地区经济发展。二是深化国企改制，拓宽民间资金的投资路径。我国发达地区的经验表明，深化国企改制这不仅有利于公有制经济的发展，提高国企的收益，还利于实现社会总财富的快速积累。三是政府牵头带动互联网金融的发展，通过互联网融资这一新兴融资手段将本地区的投融资量带到一个新的高度，从而实现本地区中小企业规模的快速扩大。

（3）加大技术创新改革力度。创新为社会持续发展提供新鲜血液，地区经济也不例外，因此加大技术创造力度有利于本地区经济水平的提高。为做好技术创新改革，民族地区应做好以下工作：一是两方面入手加大本地区的科研经费，一方面积极争取中央相关专项经费，提高本地区科研经费中国家补助的占比；另一方面为外来投资开放政策，提高外来资本的投资欲望。二是培养具有当地特色的高技术产业，将技术革命作为本地区企业发展目标，以地区特色为基础，打造具有地域特点的高新技术产业。三是由政府牵头建立地区民族创新中心，推动本地区创新体系的形成。第一步，试验阶段，以科研机构为试验，通过科研机构在创新方面的成功带动其他机构的入驻。第二步，宣传推广阶段，在这一阶段民族地方政府应在各类媒体中加大宣传力度，增加创新中心的曝光率，以本创新中心的优势及特色吸引犹豫不决的机构和外来机构。第三步，整体提升阶段。当机构入驻数开始上升时，民族地区政府应考虑如何做好整体规划，提升本中心的创新质量。有两方面的规划：一方面是硬件规划，民族地区应学习成功经验，将创新中心设立在交通便利、周边配套设施健全的位置，在园区内做好创新中心的功能分区规划，将创新中心按生活、办公、娱乐等功能进行分区，打造一体化服务场所，以合理的租赁费将这些功能分区出租给进驻机构。另一方面是软件规划，民族地区应给创新中心配套基础软件设施，构建园区内的信息交流平台便于对园区内机构进行便捷的服务，对园区内的机构制定税收优惠、融资平台、引进高端人才等方面的政策。

三、民族地区共生发展的突破路径

（一）构建贫困大数据库，做好共生扶贫

民族地区根据现有的全区扶贫信息，在互联网高速发展的大背景下建立本区集中数据库。民族地区应成立共生扶贫专项小组，主持数据库建设企业的选拔工作，为保证选拔工作的公平开展，建议采用对外招标的方式进行。通过与数据库建设企业的合作，建立具有信息共享、实时监测、精确定位功能的综合性大数据库，并为数据库使用者提供相应的详细数据库使用指南，保证使用者将共生扶贫数据库的作用发挥到最大化。在地区实现数据库建设后，省政府可将各民族地区贫困数据进行整合，利用这一整合后的数据库对全省的贫困信息做到实时监控，这将有利于本省扶贫工作的工作效率，降低全省贫困率，并加速全国全面同步建设小康社会的实现。

（二）推动产业连片发展，做好产业共生

民族地区可通过产品转型、招商引资等方式重点培养具有当地特色的产业，将民族地区的生态资源与当地经济基础相结合，给当地产业增加附加值，达到生态与产业共生。为提高民族地区的产业数量、产业质量，提出几点建议：一是民族地区各区县因地制宜发展具有自身特色的产业，在区县政府相关政策的支持下在区县形成产业链。二是民族地区可联合各区县产品属性类似的跨区域产业园，整合各产业园的优势资源，打造大型特色产业园。三是民族地区可选择全区普遍具有的产业特色，打造属于本区的具有区域特

色的特色产业园。四是在实现以上三条后，民族地区政府可通过优惠政策引进外来投资，全面升级本区的特色产业，将特色产业带来的经济效益发散至周边产业，线动成片式实现产业共生的规划，并提高本民族地区的整体经济。

（三）推进“一县一企”上市，做好金融共生

民族地区应建立健全本区资本融通市场，拓宽企业筹融资渠道，保证本区资本的流通，为本区经济发展做好资金保障。建议民族地区创建“一县一企”的发展结构，并实现各县拥有一个上市公司的大目标：第一，要求民族地区以指导本地区企业上市为方针制定有关一个县发展一个上市企业的政策性文件。第二，民族地区政府牵头建立“一县一企”专项工作组，成立民族地区区县重点企业数据库，从数据库中选择有竞争优势，有发展前景的企业为重点扶持上市对象。第三，专项工作组应组建拥有法律、财务、金融等专家的上市服务小组，做好相关服务工作，为重点扶持上市对象提供指导，并为其争取相关的政府政策支持。第四，在本区金融机构为下设区县设立专门的办事窗口，为资本流通提供更便捷的服务。第五，民族地区下设区县可成立风投机构，打造一个社会资本参与的公私合作模式，拓宽民间资本的投资渠道。

（四）优化民生项目建设，做好保障共生

民族地区整体经济上升时，提高民生工程的数量将有利于当地百姓享受经济改革所带来的经济成果。因此民族地区可以将民生工程中的扶贫工作作为本次经济成果共享的重点任务，扶贫工作应从两方面入手：一方面积极争取中央关于民生建设的财政支持，提高民族地区债务置换的力度，为下属区县的扶贫工程减轻财务负担，提高下属区县打造扶贫工程的积极性。另一方面推进本地区的扶贫政策。一是民族地区应改善本地区的公路建设管理体制，推动本地区公路市场化、专业化的体制改革。要发展，先修路，畅通的道路不仅为政府带来相关的经济效益，也将为当地旅游业推波助澜。二是民

族地区应改革本区教育体制，推广职业技能教育，提高本地区百姓的职业技能，使其掌握至少一门生存技能。完善低收入家庭子女入学保障系统，使其通过接受教育改善生活质量来预防遗传性贫困。三是民族地区应完善各类救助体系，如最低生活保障救助体系、医疗保险救助体系、临时救助体系和社会救助体系等。民族地区政府可通过提高当地最低生活保障金标准和扩大特困群众范围来改善低收入家庭的经济状况。通过扩大医疗保险救助范围、提高重大疾病补助金等方式降低低收入家庭在重大疾病中的经济负担。通过及时完善的反馈制度了解本区突发性贫困人群数据并及时下发临时性救助金。通过整合群众爱心与政府补助来改善当前的救助体系。

（五）构建民族地区旅游共同体，做好旅游共生

一是民族地区通过将本地区的旅游资源打包开发，形成大型旅游共同体，这不仅有利于实现旅游资源开发最大化、开发成本最小化的目标，还有利于增加当地居民的生财之道，改善当地居民的收入。二是民族地区应及时出台相关旅游配套政策，一方面保障当地旅游资源整合工作的顺利进行，另一方面用完善的配套政策为宣传点吸引外来旅游公司及游客的青睐，促进当地旅游业的发展。三是民族地区政府应积极响应中央关于旅游开发政策的号召，积极争取相关专项经费，将专项经费用于本地区旅游开发的各个基础项目，以推动本地区旅游共同体的建设。四是民族地区政府可构建公私合营的融资模式来打造更具当地特色的基础设施，在提高本地区旅游服务业质量的同时建设更多高品质的旅游风景区。

（六）挖掘放大政策效应，做好政策共生

挖掘放大政策效应，做好政策共生，应该从以下几方面着手：一是民族地区应推进国家关于对口援建项目的相关措施，深化与发达地区援建项目的有关合作，实现双方效益最大化的目标。二是民族地区政府应及时精准地解读中央关于对口援建的政策，并因地制宜制定适合本区经济特色的相关政策文件，以积极的态度吸引国家更多项目在本民族地区落户，实现中央政策转

化为本地区生产力的成果。三是民族地区政府应精准预测国家的战略走向和未来财政资金的投资方向，在国家重点关注的七大投资领域做好建设平台，为财政资金流入本地区起到引导作用。四是在国家“十三五”规划的大机遇下，民族地区政府应积极组织建设项目入库的申报工作。五是在“一带一路”这一国家主推的合作和发展理念下，民族地区应积极推进本地区的城市建设，深化与周边地区的大型合作。

四、民族地区共生发展的动力机制

将共生发展的能量源进行有机整合，制定相应的能量源转型机制，有利于民族地区实现经济崛起。

（一）动力源及转化机理

1. 能量源

体系内的各单位以互利为运转理念，通过内部制度组成本地区共生发展的能量源。共生效应指体系内的各单位利用共生发展系统实现本民族地区“1+1>2”的经济发展成果。民族地区应积极探索能量源的获取渠道，配合中央关于经济增长的相关战略方针，整合本地区的内外发展源动力，带动地区经济的共生发展，摆脱民族地区在国家经济发展中拖后腿的尴尬地位。

（1）内部能量源是指起源于地区内部的内生动力。由地方政府内部的政策、地区内的产业结构、地区内企业间形成的经济资源组成，在整合地区内特有的传统文化、传统政府制度、传统生态资源后，形成属于本地区的内在能量源，给本地区经济组织的发展注入持续的血液。在民族地区这一内部能量源也发挥着其独特的作用，在本地区企业和产业数量与质量双增长的基础上，实现本地区的少数民族文化、丰富的生态资源、独具特色的经济环境三位共生发展。民族地区区县可配套相应的发展政策，整合各区县的优势资源，在旅游产业、文化创业产业、加工产业等方面形成独具特色的产业链，打造属于自身的产业能量源。中小企业的数量将随着本地区产业的不断聚集而得到快速的发展，当地区有具有本地特色的企业出现，将打造地区的企业能量源。

（2）外部能量源是指起源于地区外部的外生动力，一般是指中央政府的影响。中央政策在所有政府政策中具有指导性的统治地位，地区的发展体系属于国家战略发展体系的分支，因此中央下发的支持政策对各地区的经济、文化、政治发展起到支撑作用。当下，中央政府已把民族地区的振兴计划列在国家发展战略中，中央在统筹全国经济资源的前提下，为民族地区政治、经济、文化发展提供了充足的外部能量源。民族地区所要做的，是把国家补给的能量进行规划，细分到下面各个环节，实现民族地区下属区县的共生发展。内外能量源不仅为本地区的经济发展提供支持，还具有指导地区振兴发展方向的作用。因此，在发掘本地区的各类资源的同时，配合好国家资源的细分工作，优化内外能量源，为地区共生发展保驾护航。

2. 民族地区共生发展的动力转化机理

民族地区在拥有充足的发展能量源后，需要将能量转化，助力本地区在经济上的共生发展。摸清影响能量转化的原因是实现内外能量源转化的关键因素，失败的转化将阻碍民族地区共生发展，将本应该活跃的当地经济推向困境。民族地区的振兴需通过制定合适的转化机制，优化本地区各类资源，在优势互补的前提下取长补短，达到各区县经济共生效应。

（1）内部能量源转化机制需体系内各主体遵循市场经济规律，将内部能量源转化为持续发展的动力，达到各类资源利用最大化，这一过程也称内部能量源转化机制。民族地区下属各区县应做好各自的区域共生发展工作，准确把握共生发展的发展现状，将区县间的合作与本地区的经济发展相关联，以共生效应使各区县的经济发展相互依存。各区县的经济增长是相互作用的，各区县政府应深化企业间的交流。在基础设施、关键技术、资本流通等方面达成合作，实现各区县的资源利用效率最大化，并在合作中推进本民族地区的共生发展。民族地区自身具备独特的生态资源和充足的中央政策支持，因此民族地区可发挥这两方面的优势打通本地区的产品交易市场，打造地区内的大型交易市场以降低下属各区县的中间交易成本。民族地区政府也可牵头组建地区产业联盟，在地区内实现企业间技术共享，加速企业的高科技技术化转型。综上所述，以政府政策带动下属区县改革创新，将自有的内部能量源转化为经济发展的动力，就能最大程度地发挥内部能量源的作用。

（2）外部能量源转化机制需整合体系外的各类资源，打造内部需求最优化组合，将外部能量源转化成整个体系发展的持续动力，这一过程又称为外部能源转化机制。外部能量源的主要来源是中央政府，次要来源是体系外的其他各个资源。中央政府一般采取宏观调控来分配整个国家的资源，民族地区可结合本地区当前的经济发展特征，以科学发展观、共生发展观为基本理念，配合中央有关的政策、制度、规划，将以此形成的综合资源作为本地区经济发展的持续能量。民族地区实现本地区经济共生发展是一项长期的工作，地区政府可以以地区利益出发积极配合国家各项政策的落地。民族地区各级政府、企业、产业和个人应在中央政策的落实上具有高度的一致性。中央政府也可以自身具有的政治统治地位帮助民族地区进行政治、经济、文化等方面的共生发展。

（二）动力机制

内外部能量源在发挥其自身作用时并非单独发酵，而是通过相辅相成一起助力经济共生发展。共生发展的持续性也需要内外能量源共同作用。尽管发展的能量来源不同，但有一个相同的目标即地区共生发展，地区实现共生发展也能反作用促进内外部能量源的不断创造。因此，综合内外部能量源的动力，组建动力合作机制，减少能量源间的摩擦。

民族地区在开展本地区共生发展工作时应综合考虑下属区县政府间、产业间、企业间的联系，使各主体的目标利益一致，减少各主体间的利益冲突，便于地区的共生发展。中央政府应将民族地区的发展归入中央关于整体发展战略的规划中，这有利于提高民族地区的经济水平。组建内外部能量源的合理机制，“金字塔”式由上至下打造合理机制：先从中央层面出发，中央政府应成立专项调研小组，对民族地区的现行状况有一个细致的了解，并根据所掌握的信息制定对应的振兴政策，由中央下发有关政策，以此落实到各个地方，最终使产业和企业得到实惠。再从民族地区层面出发，民族地区政府应在本次合力整合机制中起到承上启下的作用，即将中央的政策有效传递给下属区县政府，将下属区县政府反馈的动态数据及时传递到中央政府，深化政府的服务职能，为地区内的产业和企业提供便捷有效的服务。最后从基层层面出发，民族地区的各经济主体作为地区经济发展的直接推动力，应及时反馈本企业在经济发展中遇到的困境和发现的政府政策出现的漏洞，提出针对性的建议和意见，以此促进政府服务职能的优化。

民族地区政府应以宽容的理念指导地区共生发展的前进。以实现地区经济共生发展为目标，合理选择内部能量源和外部能量源。梳理两种能量源的工作过程，组建有推动效应的能量源合力机制，将地区所有资源的效用最大化，有效地放大所产生的共生效应。

第八章　区域共生发展应用实践专题

一、共生发展与产城融合

产城融合的研究已经成为区域经济发展领域的热门主题，然而从县域经济，特别是泛县域经济框架下来研究产城融合共生的文献比较缺乏，但是在新型城镇化建设背景下，作为国家经济细胞的县域经济产城融合共生问题又显得尤为重要。本文①尝试性地提出了泛县域经济产城融合共生的理论，并对此进行理论体系的完善和发展，通过研究其演化逻辑，对泛县域经济产城融合共生的概念逻辑、基本内涵和理论本质进行了理论解析，形成完整的泛县域经济产城融合共生的理论体系。同时，根据该理论提出了泛县域经济产城融合的产业共生发展政策路径。

（一）引言

县域经济是我国区域经济发展的核心细胞，是促进我国经济发展的最

① 本章核心内容发表于《宏观经济研究》2016 年第 4 期，原题目为《泛县域经济产城融合共生：演化逻辑、理论解构与产业路径》。

小统计区域，统计年鉴所核算的最小区域单位，其经济发展非常重要。但是县域经济发展又有其特殊性，它可以是单一的经济，例如主要是服务业或者制造业为主，这都是根据各县域经济发展的基础、资源禀赋、区位等情况来决定的，也就是说县域经济发展在自组织基础上能够找到自己合适的位置，并选择好自身最有优势的产业。当然，县域经济的发展如果按照当前经济发展情况，确实可以实现此目标，但是囿于经济发展的规律逐步发展，很容易进入原始经济增长的轨迹，即县域经济发展很容易进入粗放型的先污染、后治理的现实，从而还是以生态环境为代价的经济增长路径。因此，当前我国县域经济应该以什么思想作为指导值得研究和思考，县域经济发展如何在技术水平、产业水平、财政基础等条件不高的情况下实现生态与经济的融合，而不是以生态环境破坏为代价来发展经济，这值得深思和研究。任何脱离生态环境的经济发展方式都是不可取的，污染的扩大化、PM2.5 的存在，我们已经深受其害，谁也不希望在不久的将来，大城市的雾霾因为县域经济的发展和新型城镇化建设而从城市扩散到县域甚至乡村，我们也不希望本应该城市反哺农村的经济行为变成了雾霾包围农村，这就是县域经济产城融合共生研究主题的意义，而且是非常急迫的工作。正是在此背景下，本文提出了泛县域经济产城融合共生的理论研究主题。

（二）文献综述

国外关于产城融合的研究主要是集中在城市与产业相互关系的理论研究方面。亚当·斯密和马克思等古典经济学家主要是关注分工与城市化的关系，研究分工对城市化的影响。Young（1928）认为，分工可以与经济发展产生良好的互动关系，这是一个彼此相互强化的过程，而且分工与专业化能够带来较好的经济利益，这为城市化进程提供了资本积累。城市化进程的研究开始进入产业与城市相互关系的研究领域，在这个阶段产生的理论主要有 Weber 的工业区位论、Perroux 的极化理论和 Boudeville 的里昂惕夫乘数效应论。这些理论都从一个侧面研究了城市化进程的演化规律和产业发展的匹配关系，城市化进程与产业发展有着千丝万缕的关系。而且通过研究认为，经济发展的不均衡性使得主导产业形成集聚效应，包括工业集聚和商业集聚。20 世纪 60 年代后，Rannis 和 Fei、Harris 和 Todaro、Kelley 和 Williamson 等研究了二元经济结构问题，并在此基础上构建了二元经济结构模型，进而研究二元经济结构转型问题，从而实现经济发展与城市化进程的合理互动。城市化进程的理论研究促进了实证研究的进展，钱纳里（1988）曾对 1950～1970 年 101 个国家的经济发展水平数据与城市化水平数据进行了回归分析，证实了人均国民生产总值与城市化水平有着较为密切的关系，Henderson、Wheaton 和 Shishido 等通过研究也得出了类似的结论。这一结论从实证方面检验了经济发展对城市化进程的影响。处理城市化进程与经济发展的关系具有非常重要的意义，而产业又是经济发展中非常重要的中观因素，因此处理好产业与城市化建设的关系就显得尤为重要。正如 Fay 和 Opal（1999）所认为的，在城市化发展的中前期，城市化发展主要取决于一国经济部门构成和政府政策的影响。

国外关于城市化进程与产业发展规律的相关文献论证了他们之间的关系，但是并没有提出产城融合的概念，产城融合是在我国城乡二元经济结构下提出的具有中国特色的区域经济发展概念。刘友金等（2009）根据创意产业的三大特点及与城市发展的关系，通过构建基于系统科学理论的创意产业与城市发展耦合模型，研究了其耦合演化过程，指出创意产业与城市发展的耦合系统将经历低级协调共生、协调发展、极限发展和螺旋式上升四个阶段，并由此得出了相关的政策启示。创意产业如此，其他产业与城市发展都有其内在演化规律，产城融合成为新的研究趋势。蒋华东（2012）认为，产城融合不仅仅互为依托互为促进，而且互为渗透复合发展，成为具有丰富内涵和多元价值并可创造更大生产力的新的经济社会复合体或新的经济社会形态。孔翔、杨帆（2013）认为，我国的开发区建设主要刺激了普通劳动力的聚集，但难以促进城市功能和社会网络的优化，很有必要通过产业区与城区的协调发展，改善区域人口结构和社会资本状况，从而为产业转型升级创造条件。产城融合的理论研究也推升了对产城融合度的实证研究，王霞等（2013）构建了由城镇化指标、工业化指标及分离指标构成的产城融合测度体系，采用因子分析与聚类分析相结合的思路，以全国主要城市高新区为例，测度其产城融合水平并进行等级分类。张开华、方娜（2013）运用主成分分析法和复合系统协调发展模型，通过构建新型城镇化与产业园区发展水平评价指标体系，对湖北省12个地级市的新型城镇化和产业园区综合发展指数和系统协调度进行了评价。王菲（2014）认为，产城融合发展模式是目前产业集聚区发展的主流趋势，它强调区内产业性、宜居性和生态性的高度协调，避免大城市病和新旧城区脱节，以及实现城市组团发展的重要理念。并且据此提出了产业集聚区产城融合发展评价的理论模型，且基于组合赋权和四格象限法对河南省20个具有典型代表性的产业集聚区进行了实证研究。

虽然国内文献提出了产城融合的理论概念，而且对产城融合进行了实证研究。但是从共生角度来分析产城融合的文献较少，研究县域经济产城融合共生就显得尤为重要了。而且泛县域经济的研究也比较少见，但这又是一个非常重要的问题，对县域经济在更广泛的区域内融入且配置资源具有重要的意义。正是基于此，本文才提出了泛县域经济产城融合共生的理念。

（三）泛县域经济产城融合共生的演化逻辑

泛县域经济产城融合共生肯定不是一蹴而就的，它有其严格的演化逻辑过程，也是区域经济共生发展研究基础上的延伸和拓展，更有着关键的嫁接逻辑和理论基础。是在充分尊重生态自然、绿色经济，根据共生发展的理念，集融合思想在内的经济发展模式，并以绿色经济、共生经济和融合经济作为其理论研究的基础。

1. 泛县域经济的绿色演化逻辑

泛县域经济产城融合共生是县域经济走向绿色的嫁接逻辑，绿色经济是未来经济的发展趋势，是全球经济的下一个未来和发展主题。而县域经济作为国家经济的核心细胞，在细胞中植入绿色，并成为主要成分，这是县域经济的现实演化逻辑。无论是通过对传统产业转型升级、还是发展具有生态特色的生态产业、或是资源枯竭型县域的经济发展，都应该是在绿色经济这一逻辑下展开的，都需要遵循这一现实逻辑。绿色应该成为县域经济发展的准绳，衡量县域经济三大产业的标准，从而促进县域绿色经济的发展，提升县域经济绿色竞争力。但是现实往往又是无情的，在城市经济扩展到不能容忍和容纳污染型企业的时候，县域往往成为了这些企业的温床，更有甚者对这些企业不加控制，污染势必成为对当地经济的祸害，内蒙古沙漠污染的报道已经充分证明了这一点。企业追求经济利益没有错，而不顾社会利益，并且以损害整个自然为代价的行为，应受到全社会的谴责，并受到法律最严厉的制裁，这才能保住最后的生态屏障，固守我们的绿色家园，提升绿色竞争力。因此，绿色经济的发展，需要以生态、经济、人的发展结合起来，并达到共生，这是共生发展逻辑在绿色经济发展领域的充分体现，是追求人与自然、人与经济、生态与经济、人与人之间的和谐共生，实现协调发展。县域经济在此过程中要作为更加特别的典型加以研究，因为它关系到我们的经济细胞是否纯净，是否绿色。唯有保障县域经济的绿色血液，才能保障国家整体经济的绿色健康。

2. *泛县域经济的共生演化逻辑*

泛县域经济产城融合共生是县域经济走向共生的嫁接逻辑。经济模式永远是与社会发展的主流模式相适应的，在什么样的社会发展模式下就会选择什么样的经济发展模式。农业社会造就的农耕经济模式，工业社会造就的产业经济模式，而生态社会应该选择什么样的经济发展模式？这是一个非常值得研究的主题，因为在生态文明框架下有着更为广阔的研究空间，它可以包含从微观至宏观的所有方面，因为这是全球经济发展所需要的，而且包括地球以外的太空领域，这都是一个生态系统，自然也包含在生态文明框架的研究之下。这就需要在生态文明框架下寻找更加具有包容性和广泛性的经济发展模式，符合这一条件的唯有共生发展，这也符合社会与经济协调发展的逻辑。而县域经济这一微观主体更需要共生发展的经济模式，因为县域经济往往因为其优美的自然环境而为我们保留了最原始或者最原生态的共生资源，这一资源需要共生发展的经济模式，来充分保障资源的完整性和生态性。但是，从另外一个角度来讲，县域经济发展因为其资源依赖性高，反而更加容易蚕食优质的生态资源，这从近年来新型城镇化建设情况就可见一斑了，有些地方充斥着建设的尘土，水质污染、水土流失、基本农田骤减、森林面积大量减少，而且在建设过程中还缺乏统一规划。这种掠夺式的经济发展模式除了能够带来一时的经济发展，对后代和可持续没有一点好处，不仅损害了当前的资源，而且损害了后代应该有的资源。并且这种做法只会令我们的后代效仿，这种代际不公带来的直接后果就是代际恶性循环。城市经济发展模式要转变，同样县域经济发展更要转变，而共生发展模式是转型的关键，它是经济模式由工业社会的粗放型向共生型的彻底转变，是经济模式转变的现实逻辑。

3. 泛县域经济的融合演化逻辑

当前，全球信息化已初具规模，并正在影响着全球经济，国际经济的融合趋势已经不可避免，信息化正以不可估量的速度和规模，利用大数据模式构架着全球经济，经济融合或者融合经济成为新的经济增长点，信息整合力量显示为下一个经济时代的着力点，融合经济下的经济蓝海将更加宽广。正是在这样的背景下，县域经济更要适应这种趋势和潮流，充分利用信息化做好经济融合，跳出县域来发展县域经济，跳出县域的思维适应融合共生的观念。在发展县域经济过程中，许多的县域囿于自己的行政区划，故步自封、恶性竞争、以邻为壑的行为还是比较普遍，产生的污染不仅自己不去治理，还危害到周边县域的发展。同时，资源的过度开发和利用，也影响到了其他县域的毗连资源的生命力，以至可持续性不断降低。而且，在产业发展过程中，没能破解同质竞争的难题，实现毗连县域间的产业融合，更不能有效引进具有生态资源融合性质的企业，以实现产业的更新换代和转型升级。此种低水平的县域经济发展模式正在波及新型城镇化的整个建设进程，而且在不断地蔓延。同时，县域经济的发展主体也处在矛盾之中，县委县政府处在既要发展经济又要保障生态环境的困境中，企业处于又想追求利润又得治理污染的尴尬境地，这些困境和难题统一起来就是用融合的思想找到新的经济发展模式，即具有融合功能的共生发展模式。因此，我们可以得出结论，县域经济共生发展可以通过融合使力量得以发挥，并取得较好的经济价值发展模式，而且能够形成融合经济，所以县域经济共生发展模式是融合经济的演化模式。

（四）泛县域经济产城融合共生的理论解构

泛县域经济产城融合共生的理论演化逻辑告诉我们，泛县域经济产城融合共生离不开绿色、共生和融合，它既是理论的基础，也可以利用其思想来解析县域经济共生的理论。对县域经济产城融合共生进行理论解析，可以延伸和拓展县域经济发展理论。

1. 概念演化

（1）县域经济——泛县域经济。县域经济是区域经济或者整个国家经济的细胞，其涉及领域除了县城中心区还包括广袤的农村地区，是城市与农村协调发展的主要方面之一，对解决“三农”问题，建立新型城镇化具有重要的现实意义。传统意义上认为，县域经济就是以县域行政区划为标志的，对县域所拥有的资源进行宏观调控和配置的区域经济，具有典型的县域区划特征。但是，随着四通八达的交通等基础设施和信息技术的发展，传统县域经济发展模式正在不断得到改变和冲击，县域经济的行政区划特征正在不断被打破，农村正在迅速重新整合，新农村建设正在融合到新型城镇化的建设大潮中，县域经济发展变得更加开放，开放型的县域经济正在实现内部开放和外部开放的态势。县域经济正在呈现泛县域经济的发展趋势，其经济发展的穿透力可能覆盖几个县域，或者整个主体区域，并融合成一个大的区域，相邻区域都在不断融入，不管是否在行政区划上属于哪一个省、哪一个县，如海西经济区、鄱阳湖经济区、环渤海经济区等的提出。这种趋势导致的直接结果是资源配置不再囿于一个县域，而是配置在整个区域，资源的综合利用和配置的整体效应会得到提升；产业发展不再局限于一个县域，而是跨县、跨省的合作；而且工业园区的建设也不再是某个县的工业园区，而是跨区域的工业园区，这都是在跳出县域经济来发展县域经济。

在新形势下，县域经济不再需要大而全，完全可以在优质资源下做优质的企业和产业，而且是为了满足别的县域或者区域的需要，而别的县域或者区域发展经济也可能是为了本县域的需要。县域经济概念应该用泛县域经济来体现，即泛县域经济是指任何一个县域都应该把自身作为一个资源主体融入更大的区域经济体中，构建更加开放式的体制机制，在更大范围内综合利用和配置资源，构建内外开放型经济体系。这种经济体系的特征就是开放、合作、融合、绿色、共生，而且更加符合人与自然的本质，既做到以人为本，也做到以自然为本。

（2）产城融合——产城融合共生。产城融合要求在我国经济转型升级背景下实现产业与城市的优化融合，破除产业与城市分离的壁垒，在产业发展与城市功能上达到无缝对接，在时空组合上实现立体整合，以达到"以产促城，以城兴产，产城融合"的目的。这一观念是针对全国城市建设或者城镇化建设过程中出现的"空城"、"睡城"现象而提出的，因为产业必须依托城市作为载体，否则即便再高端的产业，也只是远离城市的喧嚣，不能获得人气的支撑，注定是不能得到可持续发展的，因而城市发展必须与产业发展相呼应，在产业发展的同时，布局好城市发展规划，做到城市与产业同步。而对于县域经济发展而言，产城融合也是非常适用的，这种产城融合的现实不仅仅存在县域经济内部，而且必须在更大范围内实现产城融合，或者讲应该在泛县域经济的范围内实现产城融合。一个县域经济的发展为另外一个县域经济的发展提供产业或者城市居住的功能，而这种对接往往出现在跨县域资源的边界点，这就可以构建跨县域产城融合基地，促进县际结合部的发展，并以此为模式向周边扩散和辐射，从而带动多个县域的连片式的产城融合。

2. 内涵界定

县域经济与产城融合在共生领域的碰撞，形成了县域经济产城融合共生的基本理念和思想，县域经济研究开始向县域经济产城融合共生方面演化，特别是在泛县域经济下融合共生变得更加符合县域经济发展的现实情况，而且能够破解发展难题和瓶颈，这就是县域经济产城融合共生所具有的魅力。它能够促进县域经济的转型升级和保障县域经济在更加生态的基础上实现可持续发展。

县域经济产城融合共生是基于泛县域经济基础上，能够融合运用包括本县域资源在内的更加广泛地利用周边县域资源，而且以最大限度保障资源整体性，在大区域内有条件地进行综合配置和开发，以保障县域资源的共生性，且在此基础上进行城市功能的完善和促进产业的发展，并做到产业与城市在融合基础上的共生，使城市不仅是一个产业融合体，更是生态共生体。产业发展与城市功能的完善一定要在共生基础上形成生态共生体，即产业发展不仅是为了促进城市功能的完善，更重要的是为了城市更加生态，更加以自然为本，而不是仅仅以人为本。同时，城市功能的完善，不是在原有基础上修修补补，而是按照共生标准来进行规划和建设。产城融合绝不仅仅是结果，而是包括产业发展和城市功能完善的过程，是从规划的源头开始就要体现共生的理念和指导思想，产业发展配合城市功能的完善，实现产业生态化和生态产业化。而且城市功能的完善也是以自然为本，尽量不破坏自然环境，在合理规划和设计基础上，充分尊重自然生态，在适合人居环境和产居环境的基础上进行城市建设。因此，产业发展与城市功能完善在共生理念下达成了一致，这个一致性就是体现在都是为了尊重生态环境，使生态环境更加宜居、更加宜产。

从这个意义上讲，泛县域经济产城融合共生就是县域经济所涉及的各共生主体，应该在泛县域基础上综合开发和利用共生资源，实现人、产业和城市在融合基础上共生，在共生基础上实现宜居和宜产的融合，通过构建泛县域生态共生园区，形成县域经济生态共生体。这是县域经济产城融合共生的主要内涵，这一内涵体现了县域经济要跳出县域来发展县域，融入更大的经济圈，形成泛县域经济体系，从而在更大的范围内配置资源。使资源的开发和利用保障其整体性和生态性，实现资源的共生使用。

3. 理论本质

（1）泛县域经济共生主体。这些主体应该自我转型为共生主体。因为只要共生主体才会形成“美美与共”的思想，而且践行通过满足别人的需求来满足自己的需要，只有这样，才能在帮助自然的同时，满足人类的需要。这些都需要政府能够真正转型为服务共生体、企业转变为产出共生体、消费者转变为低碳共生体。政府转变为真正成为县域生态体的引导者、监督者和服务者；企业也要以社会共生价值为本，在更加生态化的生产基础上为人们提供更加绿色、环保和健康的产品；消费者也要能够自觉抵制和拒绝污染，做到低碳消费，在生态消费的基础上成为消费共生体。

（2）泛县域经济共生资源。县域经济所涉及的资源一定是在泛县域基础上的扩展化的资源，是消除了资源行政区划性质的资源，这些资源原本具有整体性，但是由于县域行政区划的分割而分化，致使资源的整体开发和利用受到了很多的限制。这些问题只有在共生基础上才能够打破资源行政区划的垄断现实，而且只有在泛县域基础上融合到更大区域中才能够实现资源的共享。政府共生体面对资源的开发和利用，要更好地考虑其资源的共生本性，要去研究其涉及的泛区域性质，在尽可能地合作、谈判的基础上实现跨区域合作，甚至彼此都能够让渡一定的产权，以实现区域间的深度合作，为了保证生态资源的完整性和共生性，政府要做到生态优先、兼顾效益。而企业在开发资源的时候，要充分地尊重自然本性，即共生性，在生态自然容许范围内进行资源的综合利用和开发，在设计阶段就要充分考虑自然本身的规律。同时，作为消费者的人们，也要爱护生态环境，在生活、旅游和出行的过程中，把我们的每一寸土地都当作是共生资源。

（3）泛县域经济生态共生体。县域经济生态共生体就是城市宜产、人民宜居，产业适合的生态可持续发展，县域经济共生主体在配置共生资源时所要达到的最高目标，或最终的价值体现，就是生态共生价值。根据现有的城市生态共生体的实践资料，做得较好的就是生态产业园区，而生态产业园区如果能够与县域城市建设结合起来，就可以形成生态共生园区，如果县域经济能够把所有的产业都与城市功能结合起来形成相应的生态共生园区，那县域经济就可以形成以这些生态共生园区为主体的生态共生体。

（五）泛县域经济产城融合共生的产业发展路径

1. 构建共生产业园区，实现产业集聚

在经济发展过程中，各县域也发展了一大批工业园区，这些工业园区转型升级的方向应该是构建共生产业园区。为此，要采取以下策略：一是对现有的工业园区尽快实现转型升级，在转型升级中实现产业集聚；二是对生态产业聚集区进行信息化整合，并形成新的共生产业园区。各县域经济的产业要构建大型集团，并以此为骨干企业形成共生产业园，而且要在工业园区的转型升级过程中实现产业的重新布局和集聚。

2. 构筑循环共生模式，实现产业持续

县域经济要加大对矿产资源的循环绿色供应链的技术研究，从而构建具有规模化、生态化效应的循环共生模式，增强产业发展的持续性。同时要推进信息化与工业化进一步融合，从研发、生产、管理和销售等多个层面加快信息技术的深度应用，促进节能减排的深入推进和工业生产的绿色低碳化发展。

3. 搭建共生创新平台，实现产业整合

在泛县域经济发展过程中，应该搭建共生创新平台，提升深加工技术水平，实现生产、知识和组织的协同创新，延长产业链，实现产业整合。要加强矿产资源、特色工业和特色农业重点实验室的建设，建立和完善泛县域经济公共科研数据库，要实现由低附加值的制造业向高附加值的现代服务业链接，鼓励金融产品和服务创新。

4. 深化区际共生融合，实现产业联动

一是要构建政府联动机制，经常沟通区域产业联动问题，泛县域间要加大与周边区域的交流，寻找引进来和走出去的联动机遇；二是要加大区域交通建设，增加区域间的高速公路里程、高铁里程，布局更多的物流机场和水运码头；三是要投入更多的资金扩大公共网络覆盖率，建设普惠互联网，提升区际网络效率。

（六）坚持生态共生包容，实现产业融合

坚持生态与经济的融合共生，需要使现有产业都能够按照生态要求来进行生产方式、生产条件和生产环境的再造，进行技术升级和改造，达到产业生态化的要求。生态产业化和产业生态化不是产业发展自组织过程，而是需要政府能够站在生态持续角度，培育和发展生态产业，而且引导产业向生态转型。

（七）合理布局共生产业，实现产业互补

一是合理布局工业体系，实现产业互补。要发展特色“板块经济”，形成较为完善的产业链和具有一定竞争力的产业集群。二是合理布局现代农业产业，实现错位发展。三是合理布局现代服务业，实现产业合作。构建现代服务业体系，服务业发达的县域为工业发达的县域提供生产性服务。

二、共生发展与对口支援

近年来，乐安县委、县政府深入贯彻习近平总书记对江西工作的总体要求，坚持《国务院关于支持赣南等原中央苏区振兴发展的若干意见》文件精神，在国家民委的对口支援和倾情帮扶下，解放思想，开拓创新，真抓实干，全县上下紧紧围绕打赢脱贫攻坚、项目带动和美丽城乡建设“三大攻坚战”，大力推进“绿色崛起、跨越发展”，实现了经济社会持续健康较快发展。2017 年，全县生产总值达 63.5 亿元，财政总收入 7.52 亿元，固定资产达 53.38 亿元。为深入了解乐安县的振兴成果，课题组于 2018 年 1 月 22 日赴乐安县进行了调研，收集和整理相关资料，总结了国家民

委对口支援的成效、经验以及启示，为对口支援实现新的突破提供政策支持，为苏区县更好地对接中央部委支持提供决策支持。

（一）主要成效

1. 新农村建设飞速发展，全县上下换新颜

国家民委紧扣“脱贫攻坚”主题，本着着眼实际，抓住重点，目标清晰，讲求实效的工作方针，一步一个脚印，稳扎稳打推进乐安县新农村建设。尤其是在对待边远少数民族地区——金竹畲族乡发展上，国家民委启动直接对口扶持方略。一方面，在改善基础民生工程设施上，国家民委坚信“要想富，先修路”的道理。针对少数民族地区交通落后现状，国家民委挂职帮扶干部，先后进行实地调查研究和梳理认证，并且与当地各级政府部门一道，积极谋划打通群众致富通道，改善贫困地区群众出行环境。截至目前，全乡 25 户以上自然村全部通水泥硬化道路。同时，全乡新修建安全饮水工程设施共 100 余处，实现全乡所有自然村灌溉、饮用全覆盖。狭窄路面得到了拓宽，重点改造了农村危桥 16 座 400 余米；投入资金 1.01 亿元，实施农村安全饮水巩固提升项目 35 个、小型水库除险加固项目 14 个，整治山塘 81 处，中小河流治理和防洪工程 5 处，新增灌溉面积 1.4 万亩、改善灌溉面积 1.2 万亩，增加防洪库容 0.5 亿立方米；全面推进农村电网升级改造，贫困村生产生活用电通达率、低电压改造率均实现 100%；69 个贫困村基本完成小学、卫生室、文化活动室规范化建设，广播电视和宽带网络实现了全覆盖。另一方面，在改善农村生产生活环境，加大秀美乡村建设力度上，国家民委深入贯彻落实“美丽乡村”建设理念。针对流舍畲族村吓通畲族文化示范村建设项目，国家民委将其列为全县重点工程进行建设，争取乐安县县委、县政府投资 2000 万元，现项目内国家民委挂点帮扶建设的畲族风情展示厅、综合管网、畲族门楼、32 栋房屋外立面改造、文化景观提升等项目正有序推进，少数民族村落在保留原有民族风情基础上，将焕发出新的活力与生机，贫穷落后面貌彻底改变。此外，针对部分群众居住在深山区，生产生活条件恶劣的现状，国家

民委指导乡党委、政府在全乡范围内实施金盛园、龙麒新村、上坪移民新村、坪溪移民新村等7处集中异地移民搬迁安置点，2017年计划易地扶贫搬迁206户766人（其中贫困户193户710人），安置点建设项目正在有序推进中，确保在2018年3月底竣工交付使用。对无能力建房的农户，乡政府利用原办公房改造成农村农户安置保障周转房，确保全乡范围内人人居住安全房。

2. 现代农业产业体系建立，产业扶贫成效明显

产业发展是推动经济的重要路径之一，国家民委大力支持乐安县培育和发展特色优势产业，并且鼓励指导发展民族特色商品生产。重点抓好“一村一品”工程，帮助各族群众改善生产生活条件。乐安是传统农业大县，全县耕地面积47.8万亩，粮食总产28.6万吨，实现“十三连增”。一方面，在国家民委的对口帮扶下，乐安县依托生态优势，试点种植了绿色生态水稻6000亩，并且取得了较好的成效。同时，为了进一步发展品牌产业，该县与江西绿能农业发展有限公司的合作，将乐安县资源优势和绿能的技术优势相结合，打造乐安县稻谷绿色品牌，促进乐安县由传统农业大县向现代农业强县转变。另外，乐安县在国家民委和县政府的大力扶持下，结合当地实际情况，大力推行“合作社+基地+贫困户”的模式，发展绿色有机农产品产业，大棚蔬菜、肉牛养殖、食用菌等种养特色产业扶贫基地发展迅速，组建成立各类专业合作社143家，吸纳贫困户1000余家，已经成为产业扶贫的生力军。其中，国家民委对口产业帮扶基地——金竹畲族乡众盛竹笋合作社于2013年成立，目前共有社员108户，其中，贫困户35户、低保户12户、残疾人7户。合作社加工的笋罐头、箬叶、冬笋远销至湖北、浙江、福建等各地，仅冬笋的年销售额就达2000万元。合作社成员人均年收入3万元，不少贫困村民因此脱贫。并且，乐安县积极响应“绿色富民”道路，大力调整林业产业结构，新造高产油茶林7822亩，实施低产油茶、毛竹林改造、退耕还林工程2.4万亩，落实各级发展专项资金282万元。与此同时，乐安县充分发挥龙头企业、致富能人、专业合作社的示范带动作用，将龙头企业、致富能人还有专业合作

社与贫困户的利益“捆绑”在一起，探索出一条产业扶贫新路子——“资金跟着穷人走，穷人跟着能人走”，发展“龙头企业（合作社）带动、能人引领、典型示范、贫困户自主发展”的产业扶贫多元并行的经营模式，使产业扶贫成效得到了大大的提升。2017 年初计划的 30 个退出贫困村，已按照九项考核指标要求，接受了市级考核组评估验收，圆满地完成了退出摘帽目标任务，目前尚有未摘帽退出贫困村 24 个，农民人均可支配收入由上年的 7898 元增长到 8930 元，净增 1032 元，增幅为 13.1%。

3. 绿色生态旅游业升级，群众生活大大提升

大力推广绿色生态旅游时代背景下，乐安苏区结合自身资源优势紧随其后。为了加快该地生态旅游业发展，以增加当地居民收入，乐安县在国家民委对口帮扶下计划投资 2000 万元，结合金竹瀑布旅游开发和吓通村少数民族特色村寨建设，通过在村里新建民族特色广场，对民房外观进行仿畲族古建筑整体改造，打造特色巷道，引导村民发展经营民宿和农家乐。同时流舍畲族村丰坪自然村里还修建了畲族文化长廊，并且将建造于清光绪年间的蓝科进公祠修葺一新，打造成为畲族农耕文化展览馆供游客鉴赏。“风景”转化成“产业”、“美丽”转化成“生产力”，现如今吓通村已一改往日形象，展现在我们面前的犹如一幅精美之作——村前小桥流水，鱼儿嬉游；村后绿树成荫，鸟语花香；村道的两旁被一幢幢绘有畲族图腾装饰的独栋双层小楼包围，显得格外耀眼。不少外出打工的年轻人也抓住了旅游开发带来的“钱景”，纷纷打道回府，回到家中养鸡饲鱼种菜等，经营起了自己的农家乐，吃上了“旅游饭”。此外，2016 年初，位于乐安县牛田镇的牛田古樟林成功入选上海大世界吉尼斯之最，被认定为规模最大的古樟林——中国第一古樟林。这里的古樟林被政府保护起来，并且令其自然生长，不允许人为地干涉。为了更好地保护好古樟林，乐安县林业部门已将十里古樟林全部列入国家生态公益林进行保护，并在 2004 年和 2013 年两次对樟树林 500 年以上树龄的古樟挂牌保护。如今，这片樟树林向游客免费开放，保守估计每年将有 10 万人次以上在这里体验原生态旅游。据业内相关专家称，这片古樟林木材直接价值超过 3 亿元，旅

游开发价值不可估量。

4. 教育医疗重民生，中华民族一家亲

国家民委对口支援乐安县以来，针对乐安县教育等民生事业发展相对滞后问题也给予高度重视，并先后捐赠了价值30多万元的报刊书籍、价值十多万元的教学设备，同时拨付民族教育资金90万元，使得乐安苏区尤其是少数民族地区的教学条件得到了较好的改善。另外，在改善乐安县医疗环境以及治疗条件的同时，国家民委组织了来自清华大学附属医院的专家在乐安县人民医院开展义诊活动，服务1061人次。还专门安排了5场专家授课，对100多名来自乡镇卫生院、村卫生室的医护人员进行专题培训，有效地提高了基层医务人员的专业技术水平。此外，针对民族团结方面，作为乐安县唯一的民族乡——金竹乡是全县少数民族人口最多的乡镇，畲族人口4526人，占全乡总人口近38%。一直以来，乐安县委、县政府等始终对民族团结进步工作保持高度重视，并且拨付专项资金75万元，用于支持乐安县民族团结进步创建和扶贫慰问工作，同时大力推行促进民族团结的创新活动，加深各民族之间的人际交往。自国家民委对口支援乐安苏区工作以来，当地政府人员经常利用节假日、赶集日等时间深入村民家中开展“畲汉是一家”宣传活动，深入人心，并且增强畲汉一心意识。2014年，金竹畲族乡被评为“江西省民族团结进步模范集体”。这些对口扶持计划，极大地优化了乐安县整体教育和医疗环境，同时增强了民族团结的凝聚力。

（二）主要经验

1. 坚持高位推动，政策全力保障是前提

高层政府在政策制度上的高度重视是对口支援工作的重要保障，国家民委上至部级领导，下至司局负责同志，全方位贯彻《国务院关于支持赣南等原中央苏区振兴发展若干意见》（以下简称《若干意见》）精神，充分认识到理论指导实践的重要性。并且第一时间组织专项工作人员开展实地调研、出台对口支援实施意见、启动对口支援帮扶项目，开启了国家民委高位推动对口支援乐安县工作的良好局面。自 2013 年支援方案出台以来，国家民委主要领导先后 7 次深入乐安调研，明确由高位牵头抓好各项工作的落实，将分工细化，确保工作措施落实到实处。2014 年初，国家民委副主任罗黎明一行深入乐安县走访慰问困难户，并召开座谈会听取乐安县关于原中央苏区县振兴发展工作情况汇报和今后工作打算。会议期间，罗黎明主任强调："乐安县要切实用足、用活、用好中央和省委、省政府出台的一系列支持和促进中央苏区、革命老区加快发展的政策；要进一步鼓足干劲、破解瓶颈、提速增效，加快苏区基础设施建设，增强发展后劲和'造血'功能，提高群众的生产生活水平。"本次会议就对口支援方案确定、资金拨付以及挂职干部选派等各方面作出全面部署，明确各项对口支援决议均需国家民委各领导班子亲自过问把关，为国家民委进一步开展工作指明了方向。

2. 构建帮扶机制，高度的责任感是关键

国家民委对口支援乐安县工作是一项系统性工作，涉及面较广，政策性较强，群众关注度高。在国家民委的"牵头"带领下，各省直部门作为对口支援工作主体，激发他们的责任意识直接关系到对口支援工作的成效。因此，一方面，国家民委明确建立了国家、省、市、县四级民委负责制，整合资源，明确责任，加大支持和协调力度，共同做好对口支援乐安苏区的工作。另一方面，国家民委还分别选派优秀干部陈献光和孙箫韵同志到乐安挂职锻炼，为对口支援工作提供人才上的支持。在意识形态领域，国家民委高度勉励各个专项工作组成员以及各省直部门工作人员们不局限于自身职能，遇到困难相互推诿、退缩，要立足被支援地区实际情况，投入自身真情实感，努力培养无私奉献的支援工作情怀。同时，乐安县已选派 20 多名科级干部到中央民族干部学院进行专题培训，力图能够做到给乐安县留下一支精兵强将的人才之队。此外，国家民委还将乐安县人才培训纳入了培训计划，培养振兴发展的后备人才，为乐安苏区的长远发展、深层次发展提供智力支撑，以完善乐安县的帮扶工作。铁一般的事实可以证明，国家民委及各级地方政府部门的高度责任感是进行对口支援工作、构建帮扶机制的关键所在。

3. 坚持援县促市带省，多条道路并行是手段

从整体性层面讲，国家民委在对口支援乐安县振兴发展过程中，通过抓点连线带面方式，同时带动了江西省及抚州现代农业发展和生态资源挖掘，切实践行了青山绿水之路。从局部层面看，国家民委支持乐安县现代农业发展，强调烤烟、蚕桑、油茶等农业特色产业齐头并进发展。目前，农业特色产业规模和效益已稳居全市第一、全省前列，带动了 5 万多农户增收致富。现如今乐安县一园三区格局已经形成，奠定了工业发展平台基础，产业承载能力也得到了进一步加强，乐安工业园区已纳入省级工业园区序列管理。同时针对乐安县特色产业发展，国家民委以及相关部门积极引导民族地区贫困户发展种植油茶、毛竹、竹笋、箬叶等产业，因地制宜施行精准扶贫，由传统“输血”转变为“造血”，由“授民以鱼”转化成“授民以渔”，极大地提高了困难群众尤其是少数民族贫困户的生产生活水平，民族地区也呈现出焕然一新的面貌。此外，在其他层面，根据中央统一部署，国家民委通过派出精英干部挂职，引进一系列重大项目和相关政策，帮助乐安县引进一大批重大产业项目，为推进苏区振兴发展，增强自身“造血”功能起到了重要作用。在《若干意见》出台以来，乐安县城乡基础得到了明显改善，城乡居民生活水平大幅提高，人民幸福指数明显增强。

4. 突出援助重点地区，团结各民族齐心是核心

长期以来，乐安县委、县政府始终将民族团结视为工作重心，通过举行各种创新民族团结进步活动，大力促进各民族之间的交流、交往以及交融。国家民委此次对口支援乐安县，也将乐安县少数民族生活以及经济发展列为重点关注对象。金竹乡作为乐安县少数民族人口最多的乡镇，必然得到大量关注。与此同时，国家民委积极督促各部门结合少数民族特有的民族特色来传承传统文化，并且大力推进民族创建工作。2014 年，金竹畲族乡被评为“江西省民族团结进步模范集体”。乐安县委书记彭银贵提到：“民族团结进步创建活动是强基工程、百年工程和亮点工程，要突出政府

的主导，要同建设美丽乡村和树立文明新风有机结合，要把继承少数民族优秀传统文化与促进民族团结进步相融合，使民族团结之花常开常艳。”十九大报告中指出，实施区域协调发展战略，加大力度支持革命老区、民族地区、贫困地区加快发展。此次国家民委在对口支援乐安县时，从各方面重点支援了少数民族地区，使得民族团结进一步深化。

（三）重要启示

1. 紧跟新时代步伐，创新顶层设计是对口支援的重要保障

正所谓“兵马未动，粮草先行”。国家民委对口支援乐安县工作室是一项系统性工程，务必做到未雨绸缪，方能紧跟时代步伐。“十三五”规划中明确将创新作为我国社会主义现代化建设的重要发展理念之一，显然，创新顶层设计是国家民委走在开展对口支援工作时代前沿的重要保障。根据《国务院关于支持赣南等原中央苏区振兴发展的若干意见》与《国家民委对口支援江西乐安县工作方案》等政策文件的总体精神，国家民委充分立足乐安县发展实际，在顶层设计层面保证挂职干部到基层，确保支援资金到项目，结合“智力”与“物力”两个维度，灵活运用“人才”与“资金”两张牌，实现“智力”与“物力”二者双管齐下，达到有理有节、有条不紊地开展对口支援工作的目标。因此，可以将国家民委对口支援乐安县在顶层设计创新方面概括为“授之以鱼”与“授之以渔”的崭新诠释，进而使对口支援工作由表及里，最终实现对口支援工作“标本兼治”，充分展示出创新顶层设计在对口支援工作中的强大动力。

2. 挖掘新理念精髓，形成善治机制是对口支援的必由之路

从对口支援工作现实情况来看，它的顺利开展会涉及众多主体，具体包括各级政府部门、民间企业团体、基层群众百姓，统筹协调好各方主体利益，转变传统治理观念，形成善治机制是对口支援的必由之路。在实际对口支援工作中，国家民委重要领导曾多次亲自“挂帅”，扎根基层，走访企业，深入群众，打破了传统意义上只注重政府单向政策传输，而忽略来自基层反馈意见的固化局面，形成对口支援工作双向甚至多向互通的善

治机制。特别是在“互联网+”战略大背景下，国家民委立足于政府间电子政务，积极向政府——企业间电子政务与政府——公民间电子政务转变，充分挖掘“互联网+”理念精髓，将大数据、云平台等互联网技术运用到对口支援工作中，从而形成对口支援工作信息共享平台，不仅提高了对口支援工作的效率，而且加强了各级政府部门与政府部门之间、各级政府部门与民间企业团体之间、各级政府部门与基层群众百姓之间、民间企业团体之间与基层群众百姓之间的直接交流沟通，为对口支援工作取得显著性成果奠定了坚实的基础。

3. 贯彻新实践要求，发挥产业优势是对口支援的有效举措

产业是经济发展的内在驱动力，对口支援乐安县工作中，国家民委始终将撬动经济发展的产业摆在核心位置。这充分显示了对口支援工作的重点是“造血”，而不是单一地局限于“输血”。“造血”关键之举是因地制宜，从乐安县发展实际和现有资源出发，探索具有乐安县自身特色的产业发展模式，形成具有辐射效应的产业园和产业链。通过对传统农业、生态环境、传统文化等资源的整合与规划，国家民委协同乐安县政府先后打造出一批具有乐安县本土气息的现代观光农业、生态旅游业、特色民俗文化业等产业项目，初步形成“三园一区”产业格局，为乐安县经济发展打下坚实的后盾。从长远发展角度看，国家民委在对口支援工作中突出发挥优势产业作用，彰显出国家民委对口支援乐安县工作的前瞻性眼光和敏锐性思维。尤其是将乐安县生态资源转化为带动经济发展的生产力，突破“穷山恶水”的传统观念，化劣势为机遇，充分认识到生态环境的产业价值，将其做成带动经济发展的优势生态旅游产业，从实践层面证明了“绿水青山就是金山银山”的科学论断。同时，表明对口支援工作的有效举措必须定位于发挥产业优势上。

4. 瞄准新目标导向，引领全面发展是对口支援的制胜法宝

从全局性角度讲，国家民委对口支援乐安县工作，归根结底就是要服从国家关于2020年全面建成小康社会目标。因此，从国家民委对口支援乐安县工作伊始，就以全面建成小康社会为目标导向，将乐安县经济、社

会、文化、生态等领域全方位纳入对口支援工作中，这为对口支援工作奠定了宏观基调。从微观角度看，乐安县分布着以畲族为主的大量少数民族人口，国家民委亲自对口支援乐安县工作，有利于给予乐安县委、县政府在全面协调少数民族经济、社会、文化、生态方面的专业性建议，切实保障“小康路上一个都不能掉队”。国家民委对口支援乐安县整体性战略，将这项庞大繁重的对口支援工作化整为零，各个击破，使得各项工作进展顺利，成果显著。特别在增强民族凝聚力方面，国家民委引领全面发展战略为民族团结与民族繁荣注入强大的活力，反之，强烈的民族凝聚力又为引领全面发展战略提供坚实的政治基础，二者相辅相成、相互影响，鲜明地展现出引领全面发展在国家民委对口支援工作中的重要地位。

三、共生发展与产村融合

党的十八大从“美丽中国”社会主义建设总布局高度，对建设社会主义新农村重大历史任务进行了阐释，提出建设“美丽乡村”宏伟目标。习近平总书记更是提出“望得见山、看得见水、记得住乡愁”的诗意化要求。党的十八大提出，建设生态文明，是关系人民福祉、关乎民族未来的长远大计。要把生态文明建设放在突出位置，融入经济建设、政治建设、文化建设、社会建设各方面和全过程，努力建设美丽中国，实现中华民族永续发展。江西省第十三次党代会作出了建设富裕和谐秀美江西的决策部署。开展美丽乡村建设试点，是贯彻落实十八大和省第十三次党代会精神、推动农村转型发展、实现全面建成小康社会目标的需要；是提升生态文明建设、实现永续发展的需要；是强化农业基础、推进农业现代化的需要；是优化公共资源配置、推动城乡发展一体化、满足农民群众日益增长的物质文化生活需求的需要。2015 年的中央 1 号文件，提出了一个令人鼓舞的口号，即“中国要美，农村必须美”。此后，全国各地陆续开始推进社会主义新农村建设。为了收集和整理产村融合促进美丽乡村建设的相关实践资料，课题组于2016年6~8月调研了福建省厦门市、河北省武安市口上村、赣州石城县大畲村、广昌县驿前镇姚西村、九江武宁县长水村等地。同时，课题组还利用江西师范大学苏区振兴研究院于2016年4月9日举办的学术讨论会，通过咨询省发改委苏区办、省农业厅、赣州市苏区办、南昌大学、江西师范大学等相关专家，完善了调查报告①。

（一）影响江西省美丽乡村建设主要问题

江西省的美丽乡村建设尚处于起步阶段，通过课题组前期的调研和查阅相关资料，发现当前我省的美丽乡村建设还存在着一系列的问题，主要如下：

1. 乡村建设随意性较大，缺乏统一规划

（1）乡村建设随意性大。绝大部分村庄从最初开始建设到现在从未进行过合理的规划设计，致使村庄景观看起来随意性较大，不具备其所应该有的内涵和功能定位。例如，一些村庄里的村民按照自身喜好来建造住宅，完全不考虑当地的传统特色。物质条件好的人家，其农宅样式更贴近现代风格，且建筑占地面积更大；而家里条件中等偏下的农户，其住宅结构较为单一，外部装修也较为简单，有的甚至没有任何的外部装修，与条件好的农户家里的住宅形成强烈的对比。有些村民从考虑自身经济利益和便利的角度出发，喜欢把房屋选址在交通道路的两旁，这使得村庄内的整体布局较为杂乱。此外，虽然大多数新村在道路两旁配有绿化带，但一方面由于长期无人修理，绿化带早已是杂草丛生，另一方面由于种植的植被较为单一（多为简单的草坪），使得绿化带没有发挥出其固有的观赏性功能。

① 报告核心内容发表于江西省智库内刊《内部论坛》2016年第1035期，原题目为《“产村融合”促进我省美丽乡村建设》。

（2）缺乏文物保护意识。当前农村地区的生活水平已经得到了很大的改善，但如前所述，村民建造住宅一般都是根据自身的喜好，也有小部分人盲目跟随现代建筑风潮。一方面，由于村民缺乏基本的“乡村景观理论”作指导，使得乡村景观看起来随意性较大；另一方面，由于对乡村原始建筑风格的认同感逐渐减弱，使得一大批极具地方特色和历史意义的传统建筑、古树因没有得到重视和保护而遭到破坏，逐渐淡出人们的视线。

2. 配套设施不到位，“产村脱离”严重

相应的配套设施建设，如在生产生活中必不可少的基础设施建设，不仅能满足村民日常生活的需要，也能满足其精神文明与健康的需要，对中国农村居民非富业余生活、资源共享和生存条件的改善等方面也有非常重要的意义。由于城乡二元结构格局、不均衡的社会利益分配制度和城乡有别的公共产品供给机制的存在，农民对改革成果的共享机制缺乏，这不仅增加了广大农民的经济压力，还使得村级公共产品供需失衡，基础设施建设非常落后。改革开放以来，虽然国家财政对乡村公共基础设施建设的投入资金逐年增加，特别是近几年，投入资金都比较大，但因一些地区的历史遗留问题较多以及自身基础较差，使得农村公共基础设施供给与农民生产、生活和小康建设需求之间的供需关系仍无法达到平衡。配套设施不到位这一结果直接导致“产村脱离”严重，非常不利于美丽乡村的建设。

3. 环保意识较差，村庄绿色治理缺乏

农村地区在新村建设上往往存在三个阻碍。一是认知层面，当地政府和百姓环保意识差、短期逐利意识强，不惜以破坏当地不可再生生态资源为代价来满足自身追求资源开发利用最大化的利益需求。二是监管层面，存在大量占用农业用地用于建房的现象，使当地农业用地面积大幅度缩小，这不仅反映了当地政府管理的不到位，还破坏了本可以作为当地旅游特色的自然景观。三是治理层面，尽管农村经济随着改革开放上了一个台阶，但相应的污染治理并没有与时俱进。当地居民不安装排污设施，企业不安装排污设备，政府在污染治理上的无作为共同导致了面源污染、工业污染、生活垃圾污染等日益严峻的现象。克服这三个阻碍，不仅有利于体现当地独特的田园风光和深厚的文化底蕴，更能使建设美丽乡村的可持续发展理念得以持续。

4. 特色产业优势不明显，生态产业发展滞后

农民的观念普遍较为落后，大部分人没有意识到特色产业的重要性，小部分地区还出现了盲目跟随其他地区大力发展某一产业的错误做法。盲目跟风收效甚微，有时只会适得其反，达不到预期的效果。新村建设中应根据当地自然资源、生产条件等情况，充分发挥其特色产业的优势。例如，农业资源丰富的地方，可以发展特色农业以及农产品加工业为主，以发展乡村旅游业为辅；旅游资源丰富的地方，可以农业景观为辅，结合农业采摘等休闲娱乐项目，重点发展生态旅游业。而且，生态产业化和产业生态化在农村的发展程度都比较滞后，没能很好地发展生态产业，从而也不能实现以生态产业促进村庄建设、融产于村、产村皆景的目标。

纵观以上，江西省美丽乡村建设存在的问题主要集中在产业和村庄的功能布局与建设方面，即“产村融合”共生方面。做好“产村融合”，实现“产村融合”共生是美丽乡村建设的一个不错选择。

（二）省外“产村融合”引领美丽乡村建设的经验总结

通过阅读资料和实地调研，对省外实施“产村融合”助推美丽乡村建设成功地区的经验进行了总结，以便江西省借鉴和参考。概括如下：

1. 成立专业合作社

很多“产村融合”成功的地区都采取了建立农民合作社这种发展方式，如四川安县兴仁乡长沟村、内蒙古临河县联丰村等。成立专业合作社非常有利于农村合作组织的发展，为实现带领农民致富、建设最美乡村的目标打下坚实的基础。合作社的成立既有效降低了农产品的成本（如统一采购种子、化肥农药、农具等），而且能更大程度地保证农产品的质量（如聘请技术人员实施统一的经营管理），合作社的建立使得农民变被动为主动，从根本上加大了农民在与农产品收购商谈判时的话语权，可以起到提高销售价格和数量的作用。

2. 接二连三，农旅相融

以旅游为主打产业的海南省，于 2014 年率先推出《海南省休闲农业发展项目规划》，提出将农业资源与旅游结合的农旅相融概念。打造体验当地农民劳作、感受人为的农业景观的农业旅游之路，是对产业经济的创新，是农业与服务业的融合。农业旅游不仅推动了产业结构的升级，还打造了一个城市和农村资源共享的平台。这个平台将城市对休闲的需求与农村的自然资源有机地结合在一起，实现资源利用最大化的效益。农业旅游还将农业与旅游业有机地结合在一起，通过整合两个产业的资源，将两个产业的优势进行互补达到形态的创新，因此这个新兴产业具有良好的开发前景。

3. 基础设施建设到位

农村的发展离不开基础设施建设，省外产村融合成功地区的经验也表明，以农村基础设施建设为切入点，不仅能推动当地经济的发展，还可以提高当地农民的生活水平。抓住农村基础设施建设，就抓住了产村融合引领美丽乡村建设的“牛鼻子”。浙江省在 2003 年开展了“千村示范，万村整治”工程，该工程着重于当地交通、水电、绿化等基础设施建设，在高效完成当地政府有关村庄整治工作的同时，还提高了对外来资本的吸引力。总的来说，在美丽乡村建设过程中，从试点乡村的情况来看，公共厕所、新农合、社会保险、自来水、义务教育、道路硬化率、村级医疗卫生设施配置等普及率较高。

4. 统一规划乡村建设

建设美丽乡村，重在规划先行。在产村融合引领美丽乡村建设规划中，省外的一些先行地区非常注重与村庄的自然景观、历史文化、特色产业对接。例如，早在 2014 年遂宁大英县就通过编制《城镇建设控制性规划》和《县域新村总体规划》规范无序建房行为，印发推广 70 余套突出当地特色、极具农家情趣的农村建房图集，让农民在建房时有图可依。此外，还引导农民相对集中居住，不仅大面积改善了农民的居住环境，而且也大大推动了新型城镇化、农业现代化发展。

5. 注重发展特色产业

产村融合是建设美丽乡村以及实现乡村可持续发展的核心。为此，省外很多产村融合示范村在乡村建设规划之初就非常注重“一村一品”的发展理念，在保证传统优势产业稳步发展的同时，注重发展特色产业，打造地方强势品牌，发展区域特色经济。这样不仅能进一步促进产村融合制度的实施，还能提高就业率，提升百姓的生活水平。

（三）以“产村融合”促进江西省美丽乡村建设的政策建议

1. 尽快制定《促进“产村融合”的指导意见》，引导美丽乡村建设

尽快制定《促进“产村融合”的指导意见》，以指导“产村融合”建设，并做好以下工作：一是坚持原则，即在不破坏乡村自然景观的原则下，使产业和村庄高度融合，做到融产予村、产村皆景、融合共生；二是厘清思路、制定目标，即引导村庄如何实施“产村融合”计划，并分别制定短期和长期的发展目标，分步骤实现“产村融合”；三是出台相应的政策，如产村融合共生措施（指产业、生态、村庄三者融合共生），通过政府出资和引进民间资金的做法构建“产村融合基金”，加大美丽乡村建设资金投入力度；四是推进“产村融合”重点项目建设，可设立督察小组，不定期对重点项目进行监督检查，及时向上级反馈发现的问题。

2. 配合宜居政策制定《生态家园评级授牌制度》，打造美丽乡村品牌

配合宜居政策，在宜居村庄的基础上实施生态家园授牌制度。通过构建生态家园评价体系，对“产村融合”引领美丽乡村建设做得较好的村庄，可以授予不同级别的牌匾，如生态家园县牌、市牌或者省牌，如果能够争取到国家也采取这种政策，还可以争取国牌，这对于“产村融合”促进美丽乡村建设具有非常好的激励作用。而且能够通过授牌，树立美丽乡村品牌，通过品牌效应能够把美丽乡村推向县、市、省、全国乃至全世界，提升乡村知名度。知名度的提升又可以促使村庄发展更多的产业，特别是农旅结合产业，包括“农业 +”、“旅游 +”等，促进农村特色产业链的形成，保障产业与生态的良性循环。

3. 树立“产村融合”共生典型，宣传美丽乡村建设经验

一是通过树立“产村融合”共生典型，对“产村融合”实施成功地区的经验进行总结，并将该经验作为美丽乡村建设的宣传经验，可在其他乡村进行宣传；二是打造美丽乡村“产村融合”示范村，组织全省各村村委会到典型村庄参考学习、轮训，并在学习、轮训结束后开展村委会会议，汇报学习感受；三是定期召开“产村融合”论坛和交流会，聘请专家与村民进行相互交流；四是做好“产村融合”发展杂志，发行给每个村的村委会，在理论上指导村庄如何促进“产村融合共生”，最终达到建设美丽乡村的目的。

4. 构建产村融合共生指标体系，动态监测美丽乡村建设

一是以产业、生态、村庄、人口为核心指标，设计一整套指标体系，即称为“产村融合”共生指标体系；二是成立动态考评组，构建产村融合考评大数据平台，对全省村庄“产村融合”程度进行评价和动态监测，并依此结果进行生态家园授牌；三是通过大数据平台，对监测结果进行分析，以发现问题，构建有助于建立生态环境保护与乡村经济发展的综合决策机制；四是在此基础上动态监测美丽乡村建设，及时反映并解决期间存在的问题，使得在产村高度融合的前提背景下，美丽乡村建设的进程也能达到一个新高度。

四、共生发展与产业转型

江西省委十三届七中全会提出了“发展升级、小康提速、绿色崛起、实干兴赣”的总体思路，“发展升级”排在首位。2014 年 4 月 10 日，江西赣南等原中央苏区振兴发展工作领导小组第二次会议在南昌召开。时任省委书记强卫强调，加快原中央苏区振兴发展，关键还在于激发内生动

力。要着力克服“等靠要”的想法，正确处理争取支持与自力更生的关系、“输血”与“造血”的关系。要充分发挥资源、农业、生态等自身优势，大力提升城镇化水平，着力推动发展升级。2015 年 6 月，江西省又确定赣南等原中央苏区振兴发展 30 个重点平台，以扩大赣南原中央苏区产业振兴战果，发展升级成为指导赣南等原中央苏区产业转型升级的重要战略思路。2015 年 7 月 9 日，强卫在赣州市召开的领导干部大会上进一步强调了指导江西发展的“十六字”方针，而且提出了“抢抓大机遇、干好大事业、推动大发展”的三大要求。根据这一思路，课题团队于 2015 年 6 ~ 8 月，至赣南原中央苏区的赣州市、石城、宁都、大余、广昌、资溪等县进行了调研，收集和整理了赣南等原中央苏区产业发展的相关数据。调研表明，三年多的赣南原中央苏区振兴，为苏区人民带来了较大的实惠和较高的幸福指数，农村居民人均收入增长较大，当然，我们也要看到赣南等原中央苏区只是提升了经济增长和人均收入水平，而产业转型升级水平还不高。为促进产业的可持续发展，增强造血功能，需要走转型升级的共生发展路径。

（一）赣南原中央苏区产业发展升级现状分析

1. 总体情况

根据 2014 年主要统计指标，赣南原中央苏区各项重要指标都有了较大的提高，增长速度较快。

从生产总值来看，赣州、吉安和抚州 GDP 增速分别为 10%、10.2%、9.8%，在全省排名分别为第三位、第二位和第六位，南昌市和九江市分别排在第六位和第一位，赣吉抚增速已超过南昌市，仅次于九江，说明赣吉抚在振兴中央苏区战略规划的实施下取得了较强的效果，经济增长势头非常强劲。

从规模以上工业增加值来看，赣州、吉安和抚州规模以上工业增加值增速分别为 12.4%、12.5%、11.7%，在全省分别排在第三位、第一位和第七位，而南昌县和九江市分别排在第六位和第一位，此指标增速已经超过了南昌县和九江市的水平，说明赣吉抚在产业发展方面，特别是工业产业方面取得了长足的发展。

从固定资产投资来看，赣州、吉安和抚州固定资产投资增速分别为20.9%、19.4%、19.9%，赣州市固定资产投资全省排名第一，超过了九江市的20.2%和南昌市的18.6%，这也说明了赣南等原中央苏区正在落实国家战略的各支持项目，而且推进速度非常快，夯实了发展基础。

2. 综合评价

苏区振兴战略提出三年以来，赣南原中央苏区经济增长速度非常快，但是也存在产业转型升级的压力。利用构建的产业转型升级的评价指标体系对其进行综合评价。综合指数评价标准分为0~10之间，得分越高产业转型升级程度越好。通过测算，2014年赣州市、吉安市、抚州市分别为5.1、5.5、4.8，其平均值为5.1；而南昌市、九江市、萍乡市、宜春市分别为6.7、6.3、5.9、5.7，其平均值为6.2，远高于赣南原中央苏区的水平。这说明在产业转型升级方面，南昌市与九江市处于第一方阵，萍乡、宜春、吉安、上饶属于第二方阵，赣州、新余、景德镇、抚州属于第三方阵，也就是说除了吉安市以外，赣南原中央苏区基本处于第三方阵，产业转型升级压力大、任务重。

从总体情况和综合评价可以看出，赣南原中央苏区的经济增长速度在江西省处于第一方阵的领先位置，而产业转型升级水平却处于第三方阵的落后局面。为此，在未来的经济发展中要尽可能地处理好经济增长与产业转型的矛盾和问题。

（二）赣南原中央苏区产业转型升级的困境分析

1. 产业集中度不高，集群水平低

浙江省早在2012年就规划建设了45个产业集群重点示范区，而江西省在2015年才规划建设了20个，赣吉抚只有6个，赣南原中央苏区产业集中度不高，集群水平有待提升。赣南农业产业呈现大产业、小规模现象，如赣南脐橙种植以家庭小规模为主，规模化种植比例偏低，脐橙经营模式单一，整合水平不高；而赣州钨、稀土矿区多而小，千亿企业少，资源开采利用总体水平偏低；吉安市触控产业行业规模效应不明显，骨干企业规模明显偏小；抚州市的工业园区相互孤立，没有形成产业带优势，离集群化布局仍有较大差距，产业溢出效应不强。

2. 产业发展的资源承载能力有限，持续性不足

由于赣州市资源存在过度开采的问题，现有储量难以保证需求，矿产资源承载能力与产业发展和未来经济社会发展之间的矛盾越来越突出。而吉安市发展的重点是机械制造、医药化工、冶金及建筑材料产业，这些劳动密集型产业和重化工业的发展具有高消耗、高投入、高污染、低效率等特征，可持续发展潜力不足。王雪军等基于 GIS 赣州市资源环境承载能力评价研究，在 GIS 软件的支持下，实现地势地貌、土地利用、森林资源、生态环境、社会经济等 12 个指标因子空间地图数据有效配准、统计分析以及资源环境承载力评价模型的地图代数运算。评价结果显示，赣州市资源环境承载能力状况不容乐观，已接近资源环境容量的临界状态。

3. 产业链不长，深加工技术缺乏

赣州钨矿业问题主要有：一是最终加工产品技术含量低；二是采选业投资周期长、生产能力不足；三是矿产资源粗放型开发，导致资源的大量浪费。以大余县为例，2013 年 4 月，大余县被列入国家“十二五”规划重金属防治污染示范区，工业结构内部粗放型产业多，耗能污染行业多，初级产品多，单体企业多，淘汰落后产能的任务十分迫切。近年来，非矿产业在工业内部所占的比重有所提高，但规模小、档次低和科技含量不高的问题一直没有突破。而吉安市触控行业主要问题有：一是没有产业链支撑。产业链条缺失，产业协作配套能力很低。二是支撑制造业发展的现代服务业发展滞后。已投产触控企业的主营业务收入低，在 2000 万元左右，而且骨干企业规模明显偏小。据不完全统计，吉安市现有触控产业相关的上游、中游、下游和周边产品的企业仅 23 家。

4. 产业联动滞后，开放型经济水平低

赣州由于体制、机制原因，各县（市）政府之间的竞争往往多于合作

联动，而且有时为争夺资源有恶性竞争的内耗现象。同时，赣州市并没有充分发挥区位优势，产业发展主要专注于本区内的产业，在进行产业发展时，比较注重打造承接产业转移的平台，没有将产业发展的触手伸向闽三角、珠三角周边地区，加强产业联动性。根据前期课题调研数据进行综合分析显示，赣南产业联动发展水平明显低于昌九板块，其开放型经济发展水平在0~10分只得到5.2分，而昌九板块得分在7.5分，发达地区的平均水平在8.9分左右。说明在产业联动发展和开放性经济水平方面，赣南原中央苏区是明显落后的。

5. 产业生态化落后，环境问题堪忧

赣州资源产业开采方式十分粗放，资源利用效率低，对生态环境影响很大。一些工业园区重污染企业与低污染企业混杂其中，增加了工业“三废”资源化利用的难度，已导致环境安全水平的持续下降和环境质量的日益恶化。抚州市甚至有些园区为完成“指标”，争取“政绩”，将高能耗、高污染项目也招到工业园区。赣州市工业废水排放量占全省比重在15%左右、工业废气排放总量占全省比重在13%左右、一般工业固体废物产生量占全省比重在8%左右，而赣州市的能源消费总量在全省排名第五左右，说明污染和能耗呈现双高现象。2014年10月，抚州市高新区环保局累计监控重点企业11家，其中，排放废水企业8家、排放废气企业3家、涉重金属企业4家。累计监控其他企业5家，下达责令停产整改通知书3份。2014年1~10月，抚州市高新区环保局共征收排污费230万元。

6. 产业结构单一，同质化竞争激烈

赣州市许多县都把钨矿、稀土、脐橙作为支柱产业，容易形成市场饱和，造成同业竞争。赣南脐橙分布在赣州市20多个县，各县之间缺乏较为有效的协调机制，在科技服务、病虫害治理、统一管理等方面都存在较大问题；而钨矿和稀土资源丰富的县域之间，没能做到错位发展，都把其当作“摇钱树”，造成产业结构单一化、同质化，忽视了产业的可持续发展。而吉安市大多数企业仍以单一中间产品为主导，高端整机优势产品较少，软件和信息服务业发展滞后，基于“互联网+”的现代服务业发展滞后，无法对上游、中游、下游产业进行整合，形成多元化、多系统的产业链。抚州市由于同一产业分散在各个园区，这又造成各园区产业结构趋同现象，难以形成产业链和规模经济，同时加大了整合难度，以至于虽然抚州市工业企业单位数占全省的10%，但其产业分布单一无法体现竞争优势，其协同价值较低。

以上问题主要集中在产业集聚、产业联动和产业生态方面，其本质就是产业共生问题。为此，赣南原中央苏区产业转型升级的主要思路可以归纳为区域间要以共生利益为目标，对共生资源进行优化配置，形成互利共生模式，实现共生价值。

（三）赣南原中央苏区产业转型升级的对策建议

赣南原中央苏区产业转型升级的总体目标是在保持经济高速增长的同时，产业转型升级水平能够在“十二五”规划末期顺利进入第二方阵，在“十三五”规划期间进入第一方阵，完成经济增长与产业转型都居第一方阵的双重任务。当然，缩小差距将会面临资源、环境、制度和创新等因素的约束，解决之道就是在生态文明框架下坚持包容增长，走共生发展之路。

1. 构建共生产业园区，实现产业集聚

一是对现有的工业园区尽快实现转型升级，在循环技术方面实现突破，提升园区企业间的循环水平，在转型升级中实现产业集聚；二是对生态产业聚集区进行信息化整合，并形成新的共生产业园区。赣州市的钨矿、稀土和吉安市的触控产业要构建大型集团，并以此为骨干企业形成共生产业园，园区企业紧紧围绕再生资源、精深加工再制造、节能环保新能源等产业，构建“资源—产品—再生资源”循环利用的共生型产业体系。抚州市要在工业园区的转型升级过程中实现产业的重新布局和集聚，把同类型企业以骨干企业为中心，通过置换、出售、划拨等方式重新进行布局，形成产业集群。

2. 构筑循环共生模式，实现产业持续

赣州市要加大对钨矿与稀土循环绿色供应链的技术研究，从而构建具有规模化、生态化效应的循环共生模式，增强产业发展的持续性。要充分发挥稀土研究中心的作用，能够整合国际国内先进的技术资源，进行循环技术的协同攻关，构筑产业发展的协同共生模式，包括技术、人才、信息、资源、生态等的循环共生。而吉安市要推进信息化与工业化进一步融合，成立循环共生发展办公室，构筑产业循环共生平台，从研发、生产、管理和销售等多个层面加快信息技术的深度应用，促进节能减排的深入推进和工业生产的绿色低碳化发展。

3. 搭建共生创新平台，实现产业整合

赣南原中央苏区应该搭建共生创新平台，提升深加工技术水平，实现生产、知识和组织的协同创新，延长产业链，实现产业整合。赣州要加强稀土、钨矿、特色农业重点实验室的建设，建立和完善苏区公共科研数据库，按行业特色构建苏区产业协同创新平台，推进县域特色产业创新升级。吉安市要实现由低附加值的制造业向高附加值的现代服务业链接，鼓励金融产品和服务创新。以吉安触控行业相关企业为基础，构建触控行业创新协会，通过专利数据分析，提出技术路线图、招商路线图、人才和市场分布状况，建立相关预警平台促进触控产业创新发展，并为企业提供“一对一”的针对性辅导。

4. 深化区际共生融合，实现产业联动

一是要构建政府联动机制，经常沟通区域产业联动问题，赣南要加大与周边区域的交流，寻找引进来和走出去的联动机遇；二是要加大区域交通建设，增加区域间的高速公路里程、高铁里程，布局更多的物流机场和水运码头；三是要投入更多的资金扩大公共网络覆盖率，建设普惠互联网、普惠金融和普惠通信，提升区际网络效率。赣南原中央苏区发展要做到，各苏区县应积极研究自身的产业发展特点，做好与周边苏区县的产业竞合规划，在类似领域要加大县际间的产业协作，在独特的产业领域要形成竞争优势，而且通过类似产业领域的合作，可以增强谈判优势，从而可以与发达区域进行优势合作和竞争。

5. 坚持生态共生包容，实现产业融合

一是坚持生态与经济的融合共生，需要使现有产业都能够按照生态要求来进行生产方式、生产条件和生产环境的再造，进行技术升级和改造，达到产业生态化的要求。二是生态产业和产业生态化不是产业发展自组织过程，而是需要政府能够站在生态持续角度，培育和发展生态产业，而且引导产业向生态转型。赣南苏区有着丰富的自然生态资源，但是由于不合理开采和利用，其破坏也是非常严重的。实现赣南苏区生态屏障的保护措施只能是形成新的生态产业，通过产业融合实现产业创新，发展包括生态保护产业、生态旅游产业、绿色园艺产业、绿色农庄产业、绿色农产品电商产业等。

6. 合理布局共生产业，实现产业互补

一是合理布局工业体系，实现产业互补。要发展特色“板块经济”，形成较为完善的产业链和具有一定竞争力的产业集群。二是合理布局现代农业产业，实现错位发展。三是合理布局现代服务业，实现产业合作。构建现代服务业体系，服务业发达的县域为工业发达的县域提供生产性服务。赣南原中央苏区要实现整体发展，可以在县域之间进行产业布局，而不是局限于某一个区域，在做县域产业规划时，完全可以在赣南苏区办的统一领导下，至少在赣南苏区领域进行产业统筹，而不是各自为政，这样就可以避免产业同质化，实现产业的合理布局，优势互补，错位发展。

参考文献

［1］［美］埃莉诺·奥斯特罗姆. 公共事务的治理道：集体行动制度的演进［M］. 余逊达，陈旭东译. 上海：上海三联书店，2000.

［2］Acemoglu, Daron, Philippe Aghion and Fabrizio Zilibotti. Distance to Frontier, Selection, and Economic Growth［EB/OL］. http://www. nber. org/working paper /w 9066, 2002.

［3］Acs Z J, Audretsch D B, Carlsson B, Braunerhjelm P. The Missing Link: The Knowledge Filter and Entrepreneurship in Endogenous Growth（A）. Unpubl. Manuscript, 2004.

［4］Agarwal A, Strachan P. Is Industrial Symbiosis only a Concept for Developed Countries? The Journal for Waste & Resource Management Professionals［M］. The Chartered Institution of Wastes Management, 2008: 42.

［5］Agarwal A & Strachan P. Literature Review on Eco – industrial Development Initiatives around the World and the Methods Employed to Evaluate Their Performance / Effectiveness, Consultancy Report Prepared for Databuild Ltd. and National Industrial Symbiosis Programme, 7th May 2006, Available from http: //www. abhishekagarwal. co. uk/7. html.

［6］Ahmadjian V. Symbiosis: An Introduction to Biological Association［M］. University Press of New England, 1986: 1 – 10.

［7］Ali I, H Son. Measuring Inclusive Growth［J］. Asian Development Review, 2007, 24（1）: 11 – 31.

［8］ Ali I, J Zhuang. Inclusive Growth toward a Prosperous Asia ［J］. ERD Working Paper Series, 2007 (3): 97.

［9］ Ayres Robert U. Industrial Ecology: Towards, Closing the Materials Cycle ［M］. London: Edward Elgar Publishers, 1996.

［10］ Baas L W, Boons F A. An Industrial Ecology Project in Practice: Exploring the Boundaries of Decision – making Levels in Regional Industrial Systems ［J］. Journal of Cleaner Production, 2004, 12 (8/10): 1073 – 1085.

［11］ Balassa B. The Theory of Economic Integration ［M］. London: Allen & Unwin, 1962.

［12］ Boudeville J. Problems of Regional Economic Planning ［M］. Edinburgh: Edinburgh University Press, 1966: 256.

［13］ Carter H. The Study of Urban Geography ［M］. London: Edward Arnold, 1972.

［14］ Chertow M R. Industrial Symbiosis: Literature and Taxonomy ［J］. Annual Review of Energy and the Environment, 2000, 25 (1): 313 – 337.

［15］ Chertow M R. "Uncovering" Industrial Symbiosis. Journal of Industrial Ecology, 2007, 11 (1): 11 – 30.

［16］ Coase Ronald H. The Nature of the Firm ［J］. Economics, 1937 (4).

［17］ Cooke, Urange, Etxebarria. Regional Systems of Innovation: An Evolutionary Perspective ［J］. Envirnment and Planning, 1998 (30): 27 – 44.

［18］ Ehrenfeld J, Gertler N. Industrial Ecology in Practice: The Evolution of Interdependence at Kalundborg ［J］. Journal of Industrial Ecology, 1997, 1 (1): 67 – 79.

［19］ Ehrenfeld J. Nudging the Market: Kinder, Gentler Public Policies ［R］. Paper Presented at USC Symposium on Sustainable Industrial Development, 7 November, 2003. Los Angeles, CA.

［20］ Engberg H. Industrial Symbiosis in Denmark ［M］. New York,

New York Univ. : Stern Sch. Bus. Press, 1993: 25 – 26.

[21] Fay M. and C. Opal. Urbanization without Growth: Understanding an African Phenomenon [R]. World Bank, 1999.

[22] Gordon Ian R, Philip Mc Cann. Industrial Clusters: Complexes, Agglorneration and/or Social Networks? [J]. Urban Studies, 2000, 37 (3): 513 – 532.

[23] Hannan M T, J Freeman. The Population Ecology of Organzations. American Journal of Sociology, 1977, 82 (5): 926 – 964.

[24] Harris J. and M. Todaro. Migration, Unemployment and Development: A Two Sector Analysis [J]. American Economic Review, 1970 (40): 126 – 142.

[25] Hawken P. The Econlogy of Commerce [M]. New York: Hapercollins, 1994 (8): 151 – 200.

[26] Henderson J. How Urban Concentration Affects Economic Growth [R]. World Bank Policy Research Working Paper, No. 2326, Washington D. C. 2000.

[27] James F. Moore. The Death of Competition: Leadership an Strategy in the Age of Business Ecosystems [M]. New York Harper Business Press, 1990 (4): 69 – 95.

[28] Kelly A. and J. Williamson. What Drives Third World City Growth? A Dynamic General Equilibrium Approach [M]. Princeton University Press, 1984: 358.

[29] Kisho Kurokawa. Each One a Hero: The Philosophy of Symbiosis [M]. Tokyo: Kodansha International, 1997.

[30] Klasen S. Measuring and Monitoring Inclusive Growth [J]. ADB Sustainable Development Working Paper Series, 2010 (8): 12.

[31] Lundvall. National Systems of Innovation Towards a Theory of Innovation and Interactive Learning [M]. London: Biddle, 1995: 56 – 57.

[32] Martin R. & Peter Sunley. Slow Convergence? The New Endogenous Growth Theory and Regional Development [J]. Economic Geography, 1998 (74): 201 - 227.

[33] McKinley T. Inclusive Growth Criteria and Indicators [J]. ADB Sustainable Development Working Paper Series, 2010 (8): 14.

[34] North D. C. Institutions, Institutional Change, and Economic Performance [M]. New York: Cambridge University Press, 1990.

[35] Perroux F. A Note on the Notion of Growth Pole [J]. Applied Economy, 1955 (8): 12 - 27.

[36] Person T. and Tabellini G. Political Economics: Explaining Economic Policy [M]. Cambridge MA: MIT Press, 2000.

[37] Porter Michael E. Cluster and the New Economics of Competition [J]. Harvard Business Review, 1998 (11 - 12): 77 - 90.

[38] Rannis G. and J. Fei. A Theory of Economic Development [J]. American Economic Review, 1961 (51): 533 - 565.

[39] Rauniyar G, Kanbur R. Inclusive Development: Two Papers on Conceptualization, Application, and the ADB Perspective [J]. Independent Evaluation Department, 2010 (6): 48.

[40] Renner G T. Geography of Industrial Localization [J]. Economic Geography, 1947, 23 (3): 167 - 189.

[41] Romer P M. Increasing Return and Long - run Growth [J]. Journal of Political Economy, 1986 (98): 1002 - 1037.

[42] Suan T S. Enterprise Ecologymenti Review, 1996 (8): 20 - 50.

[43] Tang Linghui and Peter E. Koveos. Venture Entrepreneurship, Innovation Entrepreneurship, and Economic Growth [J]. Journal of Developmental Entrepreneurship, 2004 (8): 161 - 171.

[44] Tinbergen J. International Economic Integration [M]. Amsterdam Elsevier, 1954.

[45] Wheaton W. and H. Shishido. Urban Concentration, Agglomeration Economies, and the Level of Economic Development [J]. Economic Development and Cultural Change, 1981 (30): 17-30.

[46] Young A. Increasing Returns and Economic Progress [J]. Economic Journal, 1928 (38): 152.

[47] Zhuang J, A. Ali. Inequality and Inclusive Growth in Developing Asia [J]. Introduction to a Book Publication, 2009 (2): 31.

[48] 阿马蒂亚·森. 论社会排斥 [J]. 王燕燕译. 经济社会体制比较, 2005 (3): 1-7.

[49] 鲍健强, 苗阳, 陈锋. 低碳经济: 人类经济发展方式的新变革 [J]. 中国工业经济, 2008 (4).

[50] 鲍捷. 旅游业与生态环境耦合协调发展研究——以安徽省黄山市为例 [J]. 安徽大学学报 (哲学社会科学版), 2013 (2).

[51] 卜华白. 企业价值网低碳共生演化的序参量控制机理研究——"后危机时代"工业发展模式转型研究 [J]. 经济管理, 2010 (10).

[52] 蔡荣鑫. "益贫式增长"模式研究 [M]. 北京: 科学出版社, 2010: 10-25, 102-104.

[53] 蔡荣鑫. "包容性增长"理念的形成及其政策内涵 [J]. 经济学家, 2009 (1).

[54] 蔡晓珊, 安康. 我国区域经济协调互动发展评价体系研究[J]. 经济问题探索, 2012 (10).

[55] 陈光. 企业内部协同创新研究 [D]. 西安交通大学博士论文, 2005.

[56] 陈辉煌. 长三角区域经济一体化水平的测度研究 [J]. 中国浦东干部学院学报, 2011 (4).

[57] 陈佳贵, 黄群慧, 钟宏武. 中国地区工业化进程的综合评价和特征分析 [J]. 经济研究, 2006 (6).

[58] 陈劲, 阳银娟. 协同创新的理论基础与内涵 [J]. 科学学研

究，2012（2）.

［59］陈秋玲，吴艳．基于共生关系的创意产业集群形成机制——上海18个创意产业集群实证［J］．经济地理，2006（S1）.

［60］陈文俊．长株潭区域协同创新体系建设研究［J］．湖南科技大学学报（社会科学版），2005（3）.

［61］陈曦．论经济发展与环境保护的动态均衡［J］．江西社会科学，2009（10）.

［62］陈宪，韩太祥．文化要素与经济增长［J］．经济理论与经济管理，2008（9）.

［63］陈宪．包容性增长：兼顾效率与公平的增长［N］．文汇报，2010-10-14.

［64］陈秀山，孙久文．中国区域经济问题研究［M］．北京：商务印书馆，2005.

［65］程大涛．基于共生理论的企业集群组织研究［D］．浙江大学论文，2003.

［66］程文普．经济发展中精神资本的一般性分析［J］．徐州：中国矿业大学学报（社会科学版），2006（1）.

［67］代瑞红，田敏．跨国研发对中关村区域创新系统的影响分析［J］．河北大学学报（哲学社会科学版），2009（6）.

［68］邓欣，麦葆莹，蔡一聪．共生·共存·共享——珠江三角洲中小城镇生态型产业转移工业园发展探讨与新模式设想［J］．广东建材，2011（3）.

［69］杜明军．构建低碳经济发展耦合机制体系的战略思考［J］．中州学刊，2009（11）.

［70］段显明，林永兰，黄福平．可持续发展理论中代际公平研究的述评［J］．林业经济问题（双月刊），2001（2）.

［71］段跃庆．始终把保障和改善民生作为第一追求［J］．求是，2010（5）.

［72］范恒山．我国促进区域协调发展的理论与实践［J］．经济社会体制比较，2011（6）．

［73］范铁琳，吴晓波．包容性增长研究述评［J］．经济管理，2011（9）：19－23.

［74］方丽．贵州省经济发展与生态环境的协调路径探析［J］．安徽农业科学，2012（9）．

［75］方玮．可持续发展中的代际关系问题［J］．求实，2001（3）．

［76］冯德连．小企业与大企业共生模式的分析［J］．财经研究，2000（6）：35－42.

［77］冯刚．经济发展与环境保护关系研究［J］．北京林业大学学报，2008（12）．

［78］符正平，曾素英．集群产业转移中的转移模式与行动特征——基于企业社会网络视角的分析［J］．管理世界，2008（12）．

［79］高萍，孙群力．制度变迁对区域经济增长影响的实证分析——以经济体制变迁和产权制度变迁为例［J］．财经科学，2006（11）．

［80］高阳宗．共生资源论：对商誉性质的一个新认识［J］．河北经贸大学学报，2001（1）．

［81］共青团贵州省委书记廖飞．地区发展差距的体制机制因素［J］．当代管理，2004（19）．

［82］顾菁，薛伟贤．高技术产业协同创新研究［J］．科技进步与对策，2012（22）．

［83］关娜，吕立志．包容性增长视域下劳动力价值的理性回归［J］．齐鲁学刊，2012（6）．

［84］郭俊华．后改革时代中国践行包容性增长的原则及路径转型［J］．西北大学学报（哲学社会科学版），2011（2）：13－16.

［85］国家发改委宏观经济研究院课题组（马晓河，黄汉权，罗松山，欧阳慧，相伟，胡拥军）．迈向全面建成小康社会的城镇化道路研究［J］．经济研究参考，2013（25）．

[86] 韩福国. 作为嵌入性治理资源的协商民主——现代城市治理中的政府与社会互动规则 [J]. 复旦学报 (社会科学版), 2013 (3).

[87] 韩顺法, 李向民. 经济增长的新范式: 精神资本的视角 [J]. 南京社会科学, 2009 (3).

[88] 郝寿义. 区域经济学原理 [M]. 上海: 格致出版社, 2007.

[89] 昊照云, 刘灵. 我国国有企业社会责任的层级模型和制度共生 [J]. 经济管理, 2008 (9).

[90] 胡晓鹏, 李庆科. 生产性服务业与制造业共生关系研究——对苏、浙、沪投入产出表的动态比较 [J]. 数量经济技术经济研究, 2009 (2).

[91] 胡晓鹏. 产业共生: 理论界定及其内在机理 [J]. 中国工业经济, 2008 (9).

[92] 黄小勇, 陈运平. 低碳产业的设计与建构 [N]. 人民日报 (理论版), 2012-12-06.

[93] 霍影. 中国经济体制改革及经济增长路径分析 (1949~2009) (上): 制度经济学层面 [J]. 生态经济, 2010 (3).

[94] 贾康, 刘微. 促进经济增长方式转变的财政政策及相关制度创新[N]. 中国税务报, 2007-07-18.

[95] 简新华, 李延东. 中国经济发展方式根本转变的目标模式、困难和途径 [J]. 学术月刊, 2010 (8).

[96] 江涌. 人才战略与区域经济发展——基于对长株潭区域经济一体化发展的思考 [J]. 中南大学学报 (社会科学版), 2009 (6).

[97] 姜文仙. 区域经济协调发展的动力机制研究 [D]. 暨南大学论文, 2011.

[98] 姜嫣, 马耀峰, 高楠, 王永明. 区域旅游产业与经济耦合协调度研究——以东部十省 (市) 为例 [J]. 华东经济管理, 2012 (11).

[99] 姜作培, 陈峰燕. 经济发展方式转变的三大问题 [J]. 中州学刊, 2008 (1).

[100] 蒋华东. 产城融合发展及其城市建设的互融性探讨——以四川省天府新区为例 [J]. 经济体制改革，2012 (6)：42.

[101] 蒋军锋. 创新网络与核心企业共生演变研究进展 [J]. 研究与发展管理，2010 (10).

[102] 景晓芬. 社会排斥理论研究综述 [J]. 甘肃理论学刊，2004 (3)：20-24.

[103] 康伟，段文武. 包容性增长与我国经济发展方式转变 [J]. 北方论丛，2011 (5).

[104] 孔德洋，徐希燕. 生产性服务业与制造业互动关系研究 [J]. 经济管理，2008 (12).

[105] 孔翔，杨帆. "产城融合"发展与开发区的转型升级——基于对江苏昆山的实地调研 [J]. 经济问题探索，2013 (5)：124.

[106] 冷志明，张含平. 基于共生理论的区域经济合作机理研究 [J]. 未来与发展，2007 (6).

[107] 黎育松. 精神资本引论 [J]. 武汉大学学报（社会科学版），2006 (6)：6.

[108] 李刚，周加来. 共生理论视角下的区域合作研究——以成渝综合试验区为例 [J]. 兰州商学院学报，2008 (6).

[109] 李宏岳，陈然. 低碳经济与产业结构调整 [J]. 经济问题探索，2011 (1).

[110] 李惠娟，上官敬芝. 发达地区促进区域协调发展的财税政策对江苏的启示 [J]. 江苏商论，2010 (10).

[111] 李金辉，刘军. 低碳产业与低碳经济发展路径研究 [J]. 经济问题，2011 (3).

[112] 李玲. 新余新能源产业集群协同创新现状研究 [J]. 科技广场，2012 (12).

[113] 李瑞林. 区域经济一体化与产业集聚、产业分工：新经济地理视角 [J]. 经济问题探索，2009 (5)：7-10.

［114］李斯特．政治经济学的国民体系［M］．北京：商务印书馆，1983：124.

［115］李向民．精神经济［M］．北京：新华出版社，1999：140－150，180－189.

［116］李晓园，黄小勇．用和谐动力机制促进民族地区共生发展［N］．光明日报（理论版），2012－09－21.

［117］李兴江，孟秋敏．区域综合工业化指标体系及评价［J］．西北师范大学学报（自然科学版），2006（1）．

［118］李兴江，唐志强．论区域协调发展的评价标准及实现机制［J］．甘肃社会科学，2007（6）．

［119］李兴文，张效忠．振兴甘肃革命老区的财税政策建议［J］．中国财政，2011（19）．

［120］李雪松，孙博文．区域经济一体化视角下的长江中游地区市场整合测度——基于湘鄂赣皖四省面板数据的分析［J］．江西社会科学，2014（3）．

［121］李雪松，孙博文．长江中游城市群区域一体化的测度与比较［J］．长江流域资源与环境，2013（8）．

［122］李应振，李玉举．我国地区发展差距的体制机制因素分析［J］．技术经济，2008（4）．

［123］李英超．浅谈含煤岩系中有益共生资源的开发利用——以河北省邯邢煤田为例［J］．国土资源科技管理，1998（5）．

［124］李煜华，武晓锋，胡瑶瑛．基于演化博弈的战略性新兴产业集群协同创新策略研究［J］．科技进步与对策，2013（2）．

［125］李志萌．生态保护区环保与经济和谐共生发展研究——以东江源区为例［J］．江西社会科学，2006（1）．

［126］李志平，刘世奎．经济发展方式转变的动力测算及实证［J］．统计与决策，2010（11）．

［127］李志青．“后危机时代”与低碳经济［N］．文汇报，2009－

07-21.

［128］梁真. 高新技术企业协同创新中机会主义防范与机制设计［D］. 重庆大学硕士学位论文，2012.

［129］林毅夫. 关于社会主义新农村建设的认识与建议［N］. 北京论坛，2006-10-27.

［130］刘笔利. 包容性增长视角下的我国教育与经济协同发展研究［J］. 学术论坛，2013（1）.

［131］刘嫦娥，李允尧，易华. 包容性增长研究述评［J］. 经济学动态，2011（2）：96-99.

［132］刘钒，李光. 湖北省协同创新平台的发展现状与对策研究［J］. 湖北社会科学，2014（1）.

［133］刘光柱. 基于共生理论的广西北部湾经济区一体化应用分析［J］. 中共南宁市委党校学报，2011（3）.

［134］刘浩，原毅军. 中国生产性服务业与制造业的共生行为模式检验［J］. 财贸研究，2010（3）.

［135］刘金生. 关于以瑞金为中心中央苏区连片开发的思考［J］. 老区建设，2011（19）.

［136］刘荣增. 共生理论及其在我国区域协调发展中的运用［J］. 工业技术经济，2006（3）.

［137］刘世佳，丁伟国. 转变经济发展方式要靠九大驱动力［J］. 学习与探索，2010（3）.

［138］刘友金，胡黎明，赵瑞霞. 创意产业与城市发展的互动关系及其耦合演化过程研究［J］. 中国软科学，2009（1）：151.

［139］刘友金，袁祖凤，易秋平. 共生理论视角下集群式产业转移进化博弈分析［J］. 系统工程，2012（2）.

［140］刘友金，袁祖凤，周静，姜江. 共生理论视角下产业集群式转移演进过程机理研究［J］. 中国软科学，2012（8）.

［141］刘志强，康晓光，张家励. 体制性因素对我国经济稳定增长的

影响研究［J］．经济纵横，2009（8）．

［142］柳德新．中部六省共生发展——中部论坛长沙会议观察［N］．湖南日报，2012－05－18.

［143］鲁传一，李子奈．企业家精神与经济增长理论［J］．清华大学学报（哲学社会科学版），2000（3）．

［144］鲁若愚．企业大学合作创新的机理研究［D］．清华大学博士论文，2002.

［145］路洪卫．区域共生态：民族地区发展的突破点［J］．湖北社会科学，2005（6）．

［146］吕爱华．基于共生理论的东西部和谐发展研究［J］．河南科学，2008（11）．

［147］吕典玮，张琦．京津地区区域一体化程度分析［J］．中国人口·资源与环境，2010（3）．

［148］罗卫东．论现代经济增长与“精神资本”［J］．浙江大学学报（人文社会科学版），2001（11）．

［149］罗志斌．福建省区域经济发展与生态环境的关系及对策［J］．湖北经济学院学报（人文社会科学版），2010（9）．

［150］马可，田亦尧．节能减排技术创新与知识产权制度共生性研究［J］．科技进步与对策，2011（11）．

［151］马克思．资本论：第一卷［M］．北京：人民出版社，1975：202.

［152］马世俊．生态工程：生态系统原理的应用［J］．环境保护，1985（1）．

［153］马跃龙．论长株潭区域经济一体化——从提升产业竞争力角度［J］．财务与金融，2009（5）．

［154］迈克尔·麦金尼斯．多中心体制与地方公共经济［M］．毛寿龙，李梅译．上海：上海三联书店，2000.

［155］南昌大学中国中部经济发展研究中心．民族地区发展与科技创

新［M］．北京：经济科学出版社，2006.

［156］宁波日报报业集团．宁波研发园——开启自主创新之路　打造城市科技之芯［J］．宁波通讯，2009（7）．

［157］宁素嵚．促进经济增长方式转变的税收政策研究［J］．东岳论丛，2007（1）：91－94.

［158］潘凡平，吴兹益．以共生促和谐［J］．党建，2007（5）．

［159］庞博慧，郭振．生产性服务业和制造业共生演化模型研究［J］．经济管理，2010（9）．

［160］庞博慧．中国生产服务业与制造业共生演化模型实证研究［J］．中国管理科学，2012（2）．

［161］佩克曼斯．欧洲一体化：方法与经济分析［M］．北京：中国社会科学出版社，2005.

［162］彭建仿，孙在国，杨爽．供应链环境下龙头企业共生合作行为选择的影响因素分析——基于105个龙头企业安全农产品生产的实证研究［J］．复旦学报（社会科学版），2012（3）．

［163］蒲晓晔，赵守国．我国经济发展方式转变的动力结构分析［J］．经济问题，2010（4）．

［164］齐宇，李慧明．基于共生理论的产业共生构成要素分析——以滨海新区泰达生态产业园区为例［J］．现代财经，2009（3）．

［165］钱淑萍．促进我国经济增长方式转变的财税政策选择［J］．江西财经大学学报，2007（4）：21－23.

［166］秦其文．人的思想影响经济增长和经济发展的路径分析［J］．经济研究导刊，2007（11）．

［167］秦在东，李平．可持续发展理论的哲学前提［J］．北京科技大学学报（社会科学版），2000（9）．

［168］饶燕婷．“产学研”协同创新的内涵、要求与政策构想［J］．高教探索，2012（4）．

［169］任保平．低成本经济发展的制度阐释［M］．北京：中国社会

科学出版社，2003：97.

［170］阮敏．金融体制、金融脱媒与经济增长的动态关系研究［J］．金融纵横，2010（8）．

［171］萨缪尔逊．经济学［M］．北京：中国发展出版社，1992.

［172］沈坤荣，李剑．中国贸易发展与经济增长影响机制的经验研究［J］．经济研究，2003（5）．

［173］石磊，刘果果，郭思平．中国产业共生发展模式的国际比较及对策［J］．生态学报，2012（6）．

［174］宋安顺，马卫，林澍，李伟．基于博弈分析的国际企业跨文化管理模式选择［J］．商业研究，2006（22）．

［175］孙长雄，孙婉睿．建立共生发展理念强化互动协调机——兼谈振兴东北老工业基地与对俄经济技术合作［J］．西伯利亚研究，2006（2）．

［176］孙海燕．区域协调发展：理论与实证研究［M］．北京：科学出版社，2008.

［177］孙久文，李爱民，彭芳梅，赵霄伟．长三角地区生产性服务业与制造业共生发展研究［J］．南京社会科学，2010（8）．

［178］孙翎．包容性增长与基本社会保障均等化——基于机会平等的视角［N］．光明日报，2010－10－19.

［179］孙铮，刘凤委，李增泉．市场化程度、政府干预与企业债务期限结构——来自我国上市公司的经验证据［J］．经济研究，2005（5）．

［180］孙州霞．转变经济增长方式重在体制与制度创新［J］．青海社会科学，2007（5）．

［181］覃成林．论区际经济关系与区域经济协调发展［J］．经济纵横，1996（11）：22－25.

［182］汤敏．如何加快普惠型金融发展［J］．中国金融，2010（10）．

［183］唐强荣，徐学军，何自力．生产性服务业与制造业共生发展模

型及实证研究［J］. 南开管理评论，2009（3）.

［184］陶丹，胡冬云. 产业集群背景下的产学研协同创新运行机制研究——以重庆电子信息产业为例［J］. 科技管理研究，2013（22）.

［185］田虹，尹海英，张颖. 企业文化与企业制度的共生性［J］. 管理现代化，2009（4）.

［186］田新翠. 中国区域协调发展评价指标体系构建及其评价［J］. 现代工业经济和信息化，2013（6）.

［187］田野. 国际制度的形式选择——一个基于国家间交易成本的模型［J］. 经济研究，2005（7）.

［188］汪秀婷. 战略性新兴产业协同创新网络模型及能力动态演化研究［J］. 中国科技论坛，2012（11）.

［189］王承艳. 制度伦理与制度创新［J］. 中国集体经济，2009（4）.

［190］王德忠，吴晓曦，高小青. 大都市圈的形成与区域一体化的关系研究［J］. 四川师范大学学报（社会科学版），2009（3）.

［191］王菲. 产业集群的产学研协同创新机制——基于武汉市光电子信息产业集群的案例研究［J］. 大江周刊（论坛），2013（3）.

［192］王菲. 基于组合赋权和四格象限法的产业集聚区产城融合发展评价研究［J］. 生态经济，2014（3）.

［193］王胜，谭显春. 低碳转型的路径选择：解析一个直辖市［J］. 改革，2010（11）.

［194］王寿兵，吴峰，刘晶如. 产业生态学［M］. 化学工业出版社，2006.

［195］王天营. 产业设计与产业确定的路径［J］. 经济管理，2007（8）.

［196］王霞，苏林，郭兵，李雪. 基于因子聚类分析的高新区产城融合测度研究［J］. 科技进步与对策，2013（8）.

［197］王玉玲. 服务业与制造业关系研究［J］. 中国特色社会主义

研究，2007（3）.

［198］王兆华，尹建华．工业生态学与循环经济理论：一个研究综述［J］．科学管理研究，2007（1）.

［199］魏波．企业文化与企业管理制度的有效融合［J］．商品与质量，2010（4）.

［200］温兴琦，李燕萍．战略性新兴产业产学研用协同创新研究——基于领导型用户的视角［J］．科技进步与对策，2013（12）.

［201］文龙光，易伟义．低碳产业链与我国低碳经济推进路径研究［J］．科技进步与对策，2001（7）.

［202］吴华国．“民族地区发展”存在六大“软肋”亟须加力解决［J］．经济参考报，2006－01－05.

［203］吴青熹．变革型领导、社会资本与协同创新组织学习的视角［D］．南京大学博士论文，2011.

［204］吴亚梅．试论经济发展与环境保护之间的关系［J］．天府新论，2006（12）.

［205］伍山林．劳动收入份额决定机制：一个微观模型［J］．经济研究，2011（9）：55－68.

［206］伍贻康．区域性国际经济一体化的比较［M］．经济科学出版社，1994.

［207］向德平．包容性增长视角下中国扶贫政策的变迁与走向［J］．华中师范大学学报（人文社会科学版），2011（4）：1－8.

［208］谢琦．经济增长的模式转型与体制创新［J］．社会科学辑刊，2007（2）.

［209］谢志宇．产学合作绩效影响因素研究［D］．浙江大学硕士学位论文，2004.

［211］徐立岗，田家林，陈月梅．区域产业协同创新研究——以江苏为例［J］．中外企业家，2012（15）.

［211］徐学军，唐强荣，樊奇．中国生产性服务业与制造业种群的共

生——基于 Logistic 生长方程的实证研究［J］．管理评论，2011（9）．

［212］徐盈之，吴海明．环境约束下区域协调发展水平综合效率的实证研究［J］．中国工业经济，2010（8）．

［213］薛伟贤，孟娟．中国工业化阶段性评价实证研究［J］．经济理论与经济管理，2006（1）．

［214］颜俊．可持续发展中的代际关系研究［J］．中国人口·资源与环境，2007（3）．

［215］杨玲丽．生态工业园工业共生中的政府作用——欧洲与美国的经验［J］．生态经济，2010（1）．

［216］杨威．文化共生视野下传统文化的传承与变迁——基于河南省汝南县开元寺（城隍庙）的田野调查［J］．前沿，2013（10）．

［217］杨小勇．可持续发展的哲学解读——可持续发展的实现与“三大关系”的协调［J］．贵州社会科学，2003（5）．

［218］杨洋，王海荣，徐明珠．湖南省经济发展与生态环境质量变迁分析［J］．环境研究与监测，2010（9）．

［219］杨耀武，张仁开．长三角产业集群协同创新战略研究［J］．中国软科学，2009（S2）．

［220］杨毅，赵红．共生性企业集群组织结构及其运行模式探讨［J］．管理评论，2003（12）：37-44.

［221］杨宇，郑垂勇．企业家精神对经济增长作用的实证研究［J］．生产力研究，2007（8）．

［222］叶时金．加快产业重构　推动区域发展［J］．政策瞭望，2010（25）．

［223］叶卫平．京津冀北区域经济协调发展的体制机制创新［J］．中国特色社会主义研究，2006（3）．

［224］衣传华．基于公地悲剧理论的共生旅游资源开发研究——以环太湖旅游区为例［J］．特区经济，2011（10）．

［225］尹继东，彭道宾．省域经济运行评价指标体系研究［J］．南

昌大学学报（人文社会科学版），2005（7）.

［226］于成学，武春友．基于共生理论的低碳生态产业链多元稳定影响因素分析［J］．科技与经济，2012（8）.

［227］于成学，武春友．生态产业链多元稳定性影响因素识别——基于共生理论［J］．中国流通经济，2013（6）.

［228］于伟，黄秋文．基于产业集群的协同创新发展策略研究——以揭阳市为例［J］．广东技术师范学院学报（社会科学版），2013，34（10）.

［229］俞宪忠．“包容”是民众发展的制度诉求［N］．人民日报，2010-10-14.

［230］袁纯清．共生理论——兼论小型经济［M］．经济科学出版社，1998.

［231］约翰·穆勒．政治经济学原理［M］．北京：商务印书馆，1991：126-128.

［232］曾波，崔爱平，刘伟．新型工业化下基于产业集群的生产性服务业与制造业的协同发展——以长江三角洲经济一体化为例［J］．南昌航空大学学报（社会科学版），2008（4）.

［233］张开华，方娜．湖北省新型城镇化进程中产城融合协调度评价［J］．中南财经政法大学学报，2013（3）：43.

［234］张可云．论区域和谐的战略意义和实现途径［J］．改革，2007（8）：5-9.

［235］张梅青，周叶，周长龙．基于共生理论的物流产业与区域经济协调发展研究［J］．北京交通大学学报（社会科学版），2012（1）.

［236］张琼瑜．高新技术产业集群协同创新网络与创新绩效研究［D］．江南大学硕士学位论文，2012.

［237］张仁开．江浙沪产业集群协同创新的对策研究［J］．江南论坛，2009（8）.

［238］张淑莲，胡丹，高素英，刘建朝．京津冀高新技术产业协同创

新研究［J］. 河北工业大学学报，2011（6）.

［239］张沭宁. 生态文化共生培育模式与文化品牌传播——基于盱眙人文生态的考察［J］. 贵阳学院学报（社会科学版），2013（4）.

［240］张泰城，刘家桂. 试论构建中国特色农村区域经济协调发展理论的必然性［J］. 农业经济，2008（7）.

［241］张巍. 供应链企业间的协同创新模型研究［D］. 重庆大学硕士学位论文，2009.

［242］张哲. 基于产业集群理论的企业协同创新系统研究［D］. 天津大学博士论文，2008.

［243］张卓元. 我国转变经济发展方式的难点在哪里［J］. 经济纵横，2010（6）.

［244］张宗庆. 论我国产业结构调整面临的难题及对策［J］. 东南大学学报（哲学社会版），2000（4）.

［245］赵海婷. 基于产业集群的高新技术产业技术创新模式的研究——以南昌高新技术产业开发区为例［J］. 企业经济，2010（6）.

［246］赵红. 生态智慧型企业共生体行为方式及其共生经济效益［J］. 中国管理科学，2004（6）：130-136.

［247］赵凌云，苏娜. 民族地区的新地位、新定位与政策创新［J］. 华东经济管理，2014（6）.

［248］赵路. 支持教科文事业发展　着力保障和改善民生［J］. 中国财政，2008（11）.

［249］赵敏. 基于区域共生理念的长株潭物流系统［J］. 经济地理，2008（1）.

［250］郑如霞. 产业集群、产业链与高新技术产业的竞争战略［J］. 产业论坛，2006（6）.

［251］郑雪梅，韩旭. 建立横向生态补偿机制的财政思考［J］. 地方财政研究，2006（10）.

［252］钟昌标，李富强，王林辉. 经济制度和我国经济增长效率的实

证研究［J］．数量经济技术经济研究，2006（11）．

［253］钟荣丙．战略性新兴产业协同创新的组织模式研究——基于长株潭城市群的实证分析［J］．改革与战略，2013（2）．

［254］周佰成，朱斯索，秦江波．包容性增长：社会经济发展的新范式［J］．当代经济研究，2011（4）．

［255］周波．促进经济增长方式转变的财税政策选择——基于1993～2004年中国24个省、市、自治区的实证研究［J］．数量经济技术经济研究，2007（8）：3－12.

［256］周浩．产业集群的共生模型及稳定性分析［J］．系统工程，2003（4）：2－37.

［257］周立群，夏良科．区域经济一体化的测度与比较：来自京津冀、长三角和珠三角的证据［J］．江海学刊，2010（4）．

［258］周林刚．论社会排斥［J］．社会，2004（3）：58－60.

［259］周强．"共生发展"引领一个生机盎然的希望湖南［EB/OL］．http：//cq. qq. com/a/20100526/000709. htm.

［260］周文裕．元沙煤矿异体共生矿产资源综合开发利用设想［J］．能源与环境，2009（6）．

［261］周再清，彭建刚．农村金融协调发展：理论依据与经验借鉴［J］．财经理论与实践，2012（5）．

［262］朱传宝．中小企业区域产业集群协同管理研究［D］．天津大学博士学位论文，2007.

［263］朱华晟．匹兹堡地区的产业重构［J］．城市问题，2011（5）．

［264］朱俊成．基于共生理论的区域多中心协同发展研究［J］．经济地理，2010（8）．

［265］朱俊成．基于共生理论的区域合作研究——以武汉城市圈为例［J］．华中科技大学学报（社会科学版），2010（3）．

［266］朱志刚．促进增长方式转变提高财政政策效率［N］．经济日

报，2006－07－04.

［267］庄晋财，陈剑林．区域经济中大小企业共生机理及模式选择［J］．财经科学，2004（4）．

［268］庄子银．创新、企业家活动配置与长期经济增长［J］．经济研究，2007（8）．

［269］邹磊，孙长雄．种群互利模型的企业共生行为机制分析［J］．哈尔滨工程大学学报，2009（12）．

后　记

这部著作是在多年研究区域共生发展的理论与实践的基础上，结合多个关于区域经济共生发展的国家和省级课题研究成果所完成的，且站在包容性增长和共生发展的角度研究了其指标体系的构建和系统分析模型，并结合民族地区实际进行了实证分析。这些研究成果的主要内容已经陆续在相关杂志进行了发表，包括《宏观经济研究》、《江西社会科学》、《企业经济》等，在此，对已经发表本研究内容的杂志表示由衷的谢意。

同时，这部著作得以顺利完成，与课题组成员的团队协作和努力是分不开的，在课题论证和研究期间，课题组成员收集和整理了大量的数据，并对开发的量表进行了大量论证和问卷调查。参加课题研究的研究生成忠厚撰写 10 万字，李怡、熊洁各撰写 5 万字，并在资料整理方面提供了相应的帮助，做出相应的贡献，也得到相应的锻炼。在此，对这些课题组成员表示深深的谢意。

书稿能够顺利完成，确实与团队多年的研究成果相关，陈运平教授在课题研究的过程中提供了极大的帮助，在此表示感谢。当然，书中研究并不完美，可以在后续研究中扩展研究范围，把共生发展的理论应用到实践中，提出更加可靠和可行的政策建议，以服务地方经济。